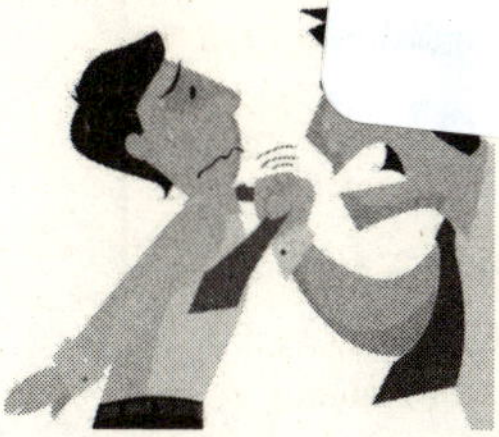

ÖFKE KONTROLÜ VE MOTİVASYON

PROF. DR. İSMAİL HAKKI AYDIN
CAN HİKMET DEĞİRMENCİ

GİRDAP

Öfke Kontrolü ve Motivasyon

Prof. Dr. İsmail Hakkı Aydın
Can Hikmet Değirmenci

1. Baskı: Mart 2016
2. Baskı: Kasım 2016

Sertifika No: 31851
ISBN: 978-605-9725-31-6

Genel Yayın Yönetmeni : Muttalip Asılı
Editör : Semiha Kavak
Sayfa Tasarımı : Adem Şenel
Kapak Tasarımı : Yunus Karaaslan
Baskı-Cilt : Melisa Matbaacılık
Sertifika No: 12088

Girdap Kitap **ASL KÜLTÜR SANAT***'ın tescilli markasıdır...*

GİRDAP KİTAP ®
Kartaltepe Mah. 49. Sok. No. 10/A
Bayrampaşa - İstanbul
Tel: 0212 640 00 35
www.girdapkitap.com
info@girdapkitap.com

ÖFKE KONTROLÜ VE MOTİVASYON

PROF. DR. İSMAİL HAKKI AYDIN
CAN HİKMET DEĞİRMENCİ

GİRDAP

Öfke hayatımızın en tehlikeli duygusudur
Mutlaka kontrol edilmesi gerekir

İÇİNDEKİLER

ÖNSÖZ

Bizler Beyin Cerrahı Prof. Dr. İsmail Hakkı Aydın ve Araştırmacı Yazar Can Hikmet Değirmenci ÖFKE KONTROLÜ ve MOTİVASYON'un ne olduğunu, zararlarını ve nasıl kontrol edilmesi gerektiğini yazdık.

Öfkenin;

- Hayatımızın en tehlikeli duygusu olduğu
- Ne yaptıracağının belli olmadığı
- Her insanın yaşadığı
- Mutlaka kontrol edilmemesi gerektiği
- Acı ancak insanı eğittiği
- Sorumluluk bilincini hissettirdiği
- Kişisel gelişim bilincini duyumsattığı
- Zararlarını
- Nasıl kontrol edilebileceği
- Ve Motivasyonun ne demek olduğu

Konularında neler yapılması gerektiğini paylaştık.

Çünkü;

Öfke hayatımızın en tehlikeli duygusuydu ve mutlaka kontrol edilmeliydi.

İyi okumalar.

ÖFKE
KONTROLÜ
ve
MOTİVASYON

Öfke;

Hayatımız boyunca yaşayacağımız en tehlikeli duygudur.

Ancak bu tehlikeli duygunun farkında değiliz ya da önemsemiyoruz.

Üstelik;

Şiddet içeren bu duygunun neler yaptıracağını bilmiyoruz.

Ne yaptıracağı belli olmayan bu tehlikeli duygu karşısında ne yapmamız gerektiğini hiç düşündünüz mü?

"..."

Araştırmalara göre yanıtlar;

"Hayır."

Peki neden?

Neden öfke kontrolü konusunda neler yapmamız gerektiğini araştırmıyoruz?

Araştırmıyoruz çünkü;

Biraz dikkat ettiğimizde öfke kontrolü konusunda ne yapılması gerektiği bilincimizin oluşmadığını fark ediyoruz. Yani öfkeye karşı silahsız ve savunmasızız. Ne yapmamız gerektiğini bilmiyoruz, sadece öfke anında karar veriyoruz ki bu kararın analitik olduğunu söylemek zor.

Ayrıca;

Öfke konusundaki boş vermişliğin entelektüel bakışı, sorumluluk bilinci, optimizm karakter, marjinal düşünce yapısı ve sorgulama bilincinin farkında olunmadığı gözleniyor.

Madalyonun diğer yüzüne baktığımız zaman karşımıza çok daha şaşırtıcı bir tablo çıkıyor;

Öfke konusunda her iki taraf suçlu.

Yani öfke yaşayan kadar yaşatanda suçlu.

Dolayısıyla öfke kontrolü yaşayan ve yaşatan olmak üzere iki açıdan değerlendirmelidir. Bu nedenle öfke kontrolü konusunu yaşayan ve yaşatan olmak üzere her iki açıdan değerlendirilecektir.

Hayatımıza yön veren öfke ve motivasyon konularındaki duygularımız bizi biz yapan değerlerdir dolayısıyla öfke kontrolü konusuna global pencereden bakmak ve çok geniş kapsamlı düşünülmesi gerektiği bilincinde olmalıyız.

Çünkü;

Öfke yaşamadan önce düşünmediğimiz bir duygudur. Aklımıza bile gelmiyor. Öfke anında ise ne yapmamız gerektiği konusunda hiçbir araştırma yapmıyor, işi oluruna bırakıyoruz.

Daha açıkçası hayatımıza yön veren öfke ve motivasyonun kişiliğimize, işimize ve geleceğimize olan etkisini düşünmeden hareket ediyoruz ya da öfkenin ne kadar önemli olduğunun farkında değiliz.

İşin enteresan tarafı kişiliğimizi şekillendiren, başarımızı belirleyen, geleceğimiz konusunda önemli değere sahip ökenin ne olduğunu, risk faktörlerini ve pozitif enerjisinin ne olduğunu bilmiyoruz.

İnsan öfke ve motivasyon konusundaki tüm kararlarda tek başınadır, yani yalnızdır. İnsanın tek başına vereceği kararlarda başarılı olması için ise en önemli değer kendisine özgüven kazandıracak kendi kendini eğitmesidir. Çünkü öfke kontrolü insanın kendi kendisine yapması gereken eğitimdir.

Öfkenin düşündürdükleri

Öfke ve motivasyonun ne kadar önemli olduğu, bize neler kazandırıp ya da kaybettirdiği bilinci konusunda iyi şeyler söylemek zor çünkü insan bilinçaltı öfke ve motivasyon konularında neler yapılması gerektiğini düşünmüyor.

Bu bize şunu hatırlatıyor:

Bize yön veren ve geleceğimizi belirlemede en önemli değerler olan öfke ve motivasyon konusunda bir kere daha düşünmemiz gerektiğinin farkında olmaya mecburuz.

Çünkü;

Önyargı ve motivasyon konularında neler yapmamız gerektiği bilincini hissedemezsek zor günler bizi bekliyor demektir.

Çünkü;

Öfke ve motivasyon kontrol edilmediği takdirde yapacağımız hatalar ve yanlışlıklar bizi çok zor durumda bırakabilir. Tamamen duygu dünyamızın esintileri olan öfke ve motivasyon kontrol altına alınmadığı takdirde bizi bir kağıt parçası gibi fırlatıp yok edebilir.

Bütün bu olumsuzluklar karşısında yapmamız gereken ilk şey öfke ve motivasyon konularını ciddiye alarak kendimizi eğitmemiz gerektiğidir.

Öfke konusunda kendinizi eğitmezseniz Kendinizi öfkenin acımasız eğitimi içinde bulursunuz.

Öfkede en önemli hareket göstereceğimiz tepkidir.

Çünkü;

Öfke anında göstereceğimiz tepki öfke kontrolü konusundaki doğrularımızın ve yanlışlarımızın yönünü belirler.

Dolayısıyla;

Önemli olan öfke anında doğru tepki göstermektir çünkü kişisel ve toplumsal psikolojinin koruması gerekir.

Aslında öfke yanlış giden bir şeylerin habercisidir.

Mutlaka birtakım yanlışlıklar ya da yapılmaması gereken hatalar vardır. İşte doğru tepki yanlışlıkların ve hataların tespit edilerek çözümü için önemlidir bu nedenle öfkede doğru düşünüp doğru karar vermek gerekir.

ÖFKE NEDİR?

Hayatımızın en güzel, en renkli ve en acımasız beş duygusu.

- Aşk
- Sevgi
- Acımak
- Korku
- Öfke

Hayatımızın en renkli duyguları aslında bizi biz yapan, ne olduğumuzu hissettiren, yönlendiren, yerine göre sınırlayan, uyaran, ne yapmamız gerektiğini düşündüren ve hayattan keyif almamızı sağlayan duygulardır.

Bu duyguların her biri aynı değerde olduğunu söylersem ne düşüneceğinizi bilmiyorum ama doğrusu evet her biri aynı değerlerdedir. Her biri bir diğerine anlam kazandıran, bir diğerinin değerini hissettiren, Her biri bir diğerinin tamamlayıcısı yaşama renk, heyecan ve cazibe katan duygulardır.

Eğer sadece bir tanesi olsaydı yaşam tek düze olur ve aynı duyguyu yaşamaktan bıkkınlık duyar ve hayatın anlamsız olduğunu düşünerek tükenmişlik sendromu yaşardık.

Buradan şu anlaşılıyor?

- Her duygu aynı değerdedir,
- Her duygu yaşanmalıdır,
- Her duygu hissedilmelidir.

Ancak;

Hangisi olursa olsun mantıklı hareket edilmeli ve doğru yaşanmalıdır.

Öfke

Sözlük anlamı:

Engelleme, incinme ve ya gözdağı karşısında gösterilen saldırganlık, kızgınlık ve şiddet olan öfke kontrol edildiğinde insanı eğiten, geliştiren, yönlendiren özelliklere sahiptir.

Ancak tek şartla;

Öfkede doğru tepki göstermek gerek.

Doğru tepkideki kazanımların açılımı.

* Eğitim,
* Farkındalık,
* Sorumluluk bilinci,
* Kişisel gelişim.

Bu değerler hissedildiğinde öfke kontrolü konusunda neden doğru tepki göstermemiz gerektiğini çok daha iyi anlamış oluruz.

Öfke karşısındaki en kötü şey öfkeye yenilmektir.

Yani öfke anında şiddetle karşılık vermektir.

Bu öfkenin en dramatik tarafı.

Dolayısıyla;

Öfke anında ne olursa olsun öfkeyi kontrol etmek bilinci hakim olmalı ve asla öfkenin yarattığı olumsuz düşünceye yenilmemek gerekir.

Öfkenin ne olduğu, neden kaynaklandığı, kontrolü ve yönetimi konusundaki ayrıntılı bilgileri ilerideki sayfalarda bulacaksınız.

Ancak;

Öfke kontrolü konusunda en büyük gücün kendimiz olduğunun farkında olmamız gerek çünkü öfke konusundaki her şey düşünce ve davranış bilincimize göre şekillenir yani öfke önyargı ve motivasyon konularına yön verecek olan sizden başkası değildir. Aslına bakarsanız öfke kontrolü gücü her insanda vardır sadece hissetmek gerekmektedir ve bunu hissedecek olan sizsiniz.

Öfkenin olumsuz kazanımlarından bir tanesi de alışkanlık haline dönüşmesidir. Bazı insanların öfkeyi despot yönetimin bir parçası olarak kullanarak ve bu davranışı karakter haline dönüştürdükleri görülür. Bu insanların hayata bakış açılarındaki pesimizm önemli rol oynamaktadır. Bu insanlar çözümsel ve yaratıcı düşünemeyen asosyal insanlardır ve bu insanlarla birliktelik sinerjisi oluşturulamadığı gibi paylaşım sorunları yaşanır.

Öfke, genel olarak insanın uğradığı haksızlığa karşı verdiği duygusal tepki olarak düşünülse de altında büyük oranda sorumluluk bilinci yatmaktadır yani sorumsuz insanların, farkındalık bilincini hissetmeyen insanların diğer adıyla da aklını kullanmayan insanların neden olduğu duygudur.

Nerelerde öfke yaşıyoruz?

- İnsanın olduğu her yerde
- Eşimizle iletişim sorunu yaşadığımız durumlarda
- Dargınlıklarda
- Aile bireyleri arasındaki aşırı suskunluklarda
- Aşırı inatçılıklarda
- Saygısız davranışlarda
- Kıskançlıklarda
- Özgürlüğün kısıtlandığı hallerde
- İş yerlerindeki iletişim hatalarında
- Baskılarda
- Despot yönetimlerde
- Zamanın doğru kullanılmadığı durumlarda
- Plansızlıklarda
- Sık görülen problemlerde
- Trafikte
- Mantıksız ve dengesiz davranışlarda
- Sorumluluk bilincinin yerine getirilmediği durumlarda
- Ciddiye alınılmadığı durumlarda
- Anlaşılmadığımız durumlarda
- Haksızlık karşısında
- Kötü sözlerde
- Adil davranılmadığı durumlarda
- Başarısız olduğumuz durumlarda
- Haklı beklentilerimizin karşılanmadığı durumlarda
- Sınırlandığımız durumlarda
- Sistemin uygulanmadığı durumlarda
- Hak etmediğimiz davranışlar da
- Hayal kırıklıklarında

Öfke ve duygularımız

Öfkeden söz edildiğinde öfkenin bilinçaltımıza yüklediği buruk duyguları bir kere daha hissediyoruz.

Yaşadıklarımızın ezikliğini, yenilmişliğini ve acısını yeniden duyumsuyoruz.

Öfke anında yaşadığımız travmayı asla unutmuyoruz.

Beynimizin bir köşesinde asılı duran öfkenin o acı tablosuna sinsi sinsi hayıflanıyoruz.

Ve o anları yargılar, geçmişteki yaptığımız iyileri ve kötüleri değerlendirir, hatalarımıza üzülür, iyi yaptığımız şeylere seviniriz.

Ardından öfke sonrası yaşadıklarımızı ömür boyu bir deneyim olarak kullanıyoruz. Yaşadıklarımızın eğitimci özelliği ise yaşam boyu devam ediyor.

Öfkenin iki yüzü

Hayıflanmak, yenilmişlik, ezilmişlik, kırılmışlık gibi acı duygular yaşatan öfkenin iki yüzü var

1. **Öfkenin acı tablosu,**
2. **Öfkenin enerjisi.**

Öfke bilinci yani kontrolü konusunda farkında olmamız gereken bu iki tabloyu çok iyi değerlendirmeliyiz çünkü öfke oldukça ciddi bir sorundur. Bu nedenle öfkenin mutlaka sağlıklı bir şekilde çözülmesi gerekir.

Eğer öfke analizi yapar öfkeyi anlar ve mutlaka çözülmesi gerektiğini düşünürseniz öfkeyi kontrol altına alabilir, öfkenin ikinci yüzü olan enerjisini pozitif anlamda değerlendirebilirsiniz. Bu sizin öfkeyle kuracağınız empatiye bağlıdır.

Her şey analitik düşünmekle başlar kuralından hareketle önce sorumluluklarımızı gözden geçirerek kendimizi eğitmemiz gerektiğini artık biliyoruz.

İnsanın kendisini öfke konusunda eğitebilmesi için kendini sorgulayarak başlaması yapacağı en doğru harekettir.

Birinci soru:

Öfke nedeninde suçlu ben olabilir miyim?

İkinci soru:

Öfkeyi nasıl kontrol atına alabilirim? sorularıdır.

Sorularının açılımı ise öfkeye neden olacak ne yaptım, neden yaptım, yaptığım doğru muydu, öfke nedeninde hatam var mıydı? Öfkeden ne gibi zararlar görebilirim, ne yapmalıyım, neler yapmam gerekir sorularını sorması gerekir.

Öfke kontrolü konusunda en anlamlı yaklaşım öfkeyi nasıl kontrol edebilirim konusundaki doğru karar verme yargısıdır.

Öfkenin bize vereceği ders doğru yargı kuralıyla hareket edildiği takdirde öfkeyi yönetilebilir, kontrol altına alabilir ve öfkeden yararlanılabiliriz.

Öfke ve hayat

Hayatımızın bir parçası olan öfkeyi ne zaman ve nerede yaşayacağımızı kestirmemiz zor.

Her insan öfkeye neden olabilir.

Her insan öfke yaşatabilir.

Her insan öfke yaşayabilir.

Bu nedenlerle öfkeyi normal bir duygu gibi algılayamayız.

Çünkü,

Öfke insanın yaşadıkları içerisinde en tehlikeli duygudur. İnsanın hayatına mal olacak kadar tehlikeli duygulara neden olabilir.

Eğer öfkenin farklılığını, şiddetinin nelere mal olacağını ve ne yapmamız gerektiğini hissedemezsek öfke yönetimi konusunda doğru şeyler yapamayız.

Bazı insanlar öfke karşısında sakin görünürler, bu öfke karşısında güçlü oldukları ya da öfke kontrolü açısından başarılı oldukları anlamına gelmez, sakin görünmelerinin nedeni beyninde kopan fırtınaların baskısıdır. Bu sonradan kopacak patlamanın sessizliği olabilir. Dolayısıyla kendimiz başta olmak üzere öfke karşısında gösterilecek tepkiyi kestirmek zordur.

Öfke konusunda kişisel gelişimin çok büyük önemi var. Kişisel gelişim konusunda pozitif değerlere sahip insanlar öfkeye neden olmadıkları gibi öfkeyi kontrol altına alarak öfkenin pozitif enerjisinden yararlanma becerisine sahiptirler.

Öfke kontrolü konusunda yapılması gereken de budur.

Öfkeyi iki açıdan değerlendirmek gerek

1. **Öfkeyi yaşatan**
2. **Öfkeyi yaşayan**

1. Öfkeyi yaşatan

Öfke gibi tehlikeli bir duyguyu yaşatmadan önce bir kere daha düşünmek gerek.

Neden?

Çünkü öfke yaşatarak karşınızdaki insanın motivasyonunu bozacak, beceri gelişimini engelleyecek, yaratıcılık gibi çok önemli bir özelliğini köreltеceksiniz. Bu nedenle her nasıl ve ne durumda olursanız olun öfke yaşatmadan önce bir kere daha düşünmeniz gerek. Kaldı ki öfkeye neden olan sorunlar pozitif anlamda değerlendirip çok önemli bir eğitim nedeni olarak kullanılarak karşınızdakine deneyim kazandırabilir ve gelecek adına çok başarılı bir yatırım yapmış olabilirsiniz.

Öfke yaşatmakta yaşamak da eşit değerlerde kötü duygular kategorisinde değerlendirilir dolayısıyla yaşatmak ve yaşamak konusunda bir ayırım yapmadan, bir suçlu aramadan olaylara yaklaşarak öfke nedenleri konusunda çözümsel düşünmek gerekir.

Başa dönersek öfke karşısında gösterilecek şiddet işin en tehlikeli tarafıdır ve mutlaka kontrol altına alınmalıdır.

Çözümsel düşünmek için neler yapılması gerek?

- Empati kurmak (Kendiniz ve karşınızdakiyle)
- Optimist düşünmek
- Önyargısız karar vermek
- Analitik düşünmek
- (EQ) duygusal zekayı kullanmak

Yukarıdaki beş paradigmayı doğru değerlendirdiğiniz zaman hem öfke yaşatmak hem de öfke yaşamak konularında daha analitik kararlar verirsiniz.

- Empati kurmak.

Empati kurarak algılama ve karar merkezlerinizi doğru yönetirsiniz.

Çünkü empati anlamaktır, anlaşılmaktır, iyi niyet içerir, yardım içerir, yapıcılık içerir, paylaşmaktır, saygı duymaktır ve sevgiyle yaklaşmaktır

- Optimist düşünmek

Optimist düşünerek olayı pozitif değerlendirirsiniz. Optimist karakter olaya yaklaşım açısından önemlidir.

Çünkü optimizm olaylara olumsuz düşünmeyen ruh haliyle yaklaşır, içerisinde insancıl değerler vardır ve içinde pozitif değerler barındırır.

- Önyargısız karar vermek.

Önyargısız olmak herhangi bir düşünce, davranış ve psikolojinin altında kalmadan karar vermektir.

Ve elbette ki yaklaşımı adil dürüst ve doğru karar vermektir.

- Analitik düşünmek.

Analitik düşünmek beyin gücünü doğru kullanarak karar vermektir.

Analitik düşünmek konusunda ki çalışmalar her insanın analitik düşünmediği, bir çok olayın etkisiyle karar verdiğini gösteriyor burada en önemlisi kendisinin yaşadığı psikolojik durumların etkisinde kalmasıdır.

- (EQ) Duygusal zekayı kullanmak.

Duygusal zeka insanın en insancıl özelliğidir, bir karakter gibi görünen duygusal zeka aslında her insanın kullanması gereken zekadır çünkü duygusal zekanın kullanılmaması demek doğru karar verememektir.

Duygusal zekanın insana kazandırdıklarından bazıları şunlardır; sanatçı ruh, yaratıcı düşünce, sevgi, saygı, yapıcı anlayış, sayısız proje, farklı stratejiler, sinerji, beyin fırtınası, engin hoşgörü, insan değerinin önemi ve dahası…

2. Öfkeyi yaşayan

Öfke yaşayanların bilmesi gerekenler

- Öfke geçici bir duygudur
- Süresi üç beş dakikadır
- Ani karar vermekle hata yapma şansı çok yüksektir
- Kontrol edilebilen duygudur
- Güçlü enerjiye sahiptir
- Hataları fark ettiren duygudur
- Ders alınması gereken duygudur
- Kontrol edilmesi halinde yararlı hale dönüştürebilir

Kontrol edilmediği takdirde öfkede en büyük zararı öfkeyi yaşayan görmektedir. Bununla birlikte öfkenin pozitif anlamda değerlendirilme becerisi öfkeyi yaşayan tarafından gerçekleştirilebileceği bilinci öfke kontrolündeki başarı oranını yükseltmektedir.

Genel olarak toparladığımız zaman öfke kontrolü kişisel gelişimin farkındalık bilincini hissetmekten geçmektedir. Bu konuda bir örnek; gelişmiş ülkelerdeki öfke yaşama sıklığı bize göre çok daha düşük oranlardadır.

Buradan şunu mu anlıyoruz:

Öfke kontrolü için kişisel gelişimin üç atlısı yenilik, değişim ve gelişim çok önemlidir.

Evet.

Çok önemlidir

Kişisel gelişim nedir, ne demektir?

Kişisel gelişim var oluşun önemli gücüdür.

Kişisel gelişim insan olmanın en yüce değerini hissetmektir. Beceri yetenek gibi konularda yaratıcı olmak, başarı merdivenlerini emin adımlarla çıkmak, mutlu bir hayat sürdürmek için yapılması gerekenlerin farkında olmak, sorumluluk bilincini hissetmek ve kaliteli bir yaşam süreci içinde olmaktır.

Öfke ve motivasyon yönetimi ise kişisel gelişimin eseridir. Kişisel gelişim bu gün hemen kazanılacak bir şey değildir.

Kişisel gelişimde başarılı olmak için empati, zaman gözlem analiz ve sentez paradigmaları konularında bir sürece ihtiyacımız vardır. Burada olması gereken zamanı iyi kullanmaktır, iyi değerlendirmektir.

Öfke kontrolünün birinci yöntemi kişisel gelişimdir. Önce bunu beynimizin bir yerine bir tablo gibi astıktan sonra alt yazılarını doldurmamız gerekir çünkü öfke kontrolü konusunda yapılan her şey kişisel gelişimin bir parçasıdır.

Kişisel gelişimde başarılı olmak için yapılması gerekenler:

1. Özgüven duygunuzu yenileyin,
2. (EQ) Duygusal zekanızı kullanın,
3. Önce kendinizle empati kurun,
4. Beyninizle düşünün kalbinizle karar verin,
5. Karar verirken acele etmeyin,
6. Karşınızdakilerininde insan olduğunu düşünün,
7. Zaaflarınızı belirleyin ve mutlaka kontrol altına alın,

8. Adalet terazinizi kullanın,
9. Optimist/Hoşgörülü olun,
10. Vereceğiniz kararla bir insana zarar verebileceğinizin bilincini hissedin,
11. En azından iki alternatifi düşünün ve karşılaştırma yapın,
12. Gözlem analiz ve sentez konusunda beyninizi iyi kullanın,
13. Madalyonun bir de arka yüzü olduğunu düşünün,
14. Hiç kimse gibi sizin de mükemmel olamayacağınızı kabul edin,
15. Kendinizi eleştirmeyi unutmayın,
16. Kör noktalarınızın farkında olun,
17. Hatalarınızı kabul edin ve bir deneyim olarak algılayın,
18. Değişim bilincinin farkında olun,
19. Yeniliğe açık olun,
20. Brain storming/Beyin fırtınası yapın,
21. Kendinize güvenerek motivasyon gücünüzü yükseltin,
22. Suçladığın insanların suçunun ön yargılarınızın olabileceğini düşünün,
23. Doğrular sadece size göre değil herkese göredir ve bir tane doğru olduğunu kabul edin,
24. Beyninizle konuşarak beyninizin yaratıcı refleksini hissedin,
25. Bulunduğunuz yerde olmanız nedeninin siz olduğunuzun bilincinde olun.

ÖFKEYİ ANLAMAK

Öfke kontrolü konusunda başarılı olmak için öfkeyi doğru anlamak, öfke kontrol bilincini hissetmek ve öfkeyi doğru yönetmek gerektiğini biliyoruz.

Öfkeyi anlamak için birinci kural öfke anında sakin olmak yargısını bilinçaltımıza yerleştirmemiz şarttır.

Çünkü;

Bunu yaptıktan sonra öfkenin psikolojik travmasından sıyrılarak analitik düşünebiliriz.

Buraya kadar olan her şey hissetmek sonucu gerçekleşebilir.

Çünkü;

Hissetmediğimiz bir olayı anlamakta, analiz etmekte ve doğru karar vermekte zorlanırız.

Şimdi öfkeyi anlamaya çalışalım.

Öfke nedir?

Öfke psikolojik bir travmadır.

Psikolojik travma nedir?

Psikolojik travma insan beyninin doğru düşünmesini etkileyen şiddetli bir çarpmadır.

Öyle ki;

Altında şiddetin yattığı çok ciddi tepkiye neden olan duygudur.

Bu duygu öyle farklı bir duygudur ki mutlaka bir karşılık verme ihtiyacı duyarız ve bu karşılığın bilinçaltı en şiddetli şeklini düşünürüz.

İşte öfke konusundaki püf nokta bu şiddetli duyguyu nasıl kontrol edebileceğimiz bilincidir.

Öfke konusunda iki seçeneğimiz var.

1. Birincisi şiddet göstermek.

(Bilinçsizce yapılan refleks)

2. İkincisi öfkeyi yöneterek kontrol altına almak ve öfkenin enerjisini pozitif hale döndürmek.

(Öfke kontrolünün nasıl yapılacağının bilinçaltımıza sonradan eklediğimiz kararımızdır)

Öfke kontrolü, anında müdahale edilmesi gereken bir davranıştır.

Çünkü;

Mantık bunu gerektirir.

Çünkü;

İyi ve kötü iki alternatiften iyi olanı anında seçmemiz gerekir.

Aslında bu hiç te zor değildir.

Mantığınızı kullanırsanız analitik düşünerek öfkenin yönetilebilen bir duygu olduğunu hissedersiniz.

Neden?

Çünkü öfke yapılan bir hata, yanlışlık ya da sorumsuzluk sonucu gerçekleşmiştir. Burada suçlu siz bile olabilirsiniz hatta büyük olasılıkla suçlu sizsiniz çünkü öfke durup dururken gelmez ve mutlaka bir nedeni vardır.

Bu bilinçten hareket edersek öfkeyi yönetmek konusunda doğru karar verebiliriz. Bu en doğru karardır.

Çünkü;

Öfke yönetilmediği takdirde insana tahmin edemediğimiz zararlar verebilir.

Üstelik öfke yönetildiği takdirde öfkenin enerjisini pozitif hale dönüştürerek eğitim gibi, öğrenim gibi, sorumluluk bilinci gibi, beynimizi kullanmak gibi, kendimiz tanımak gibi kişisel gelişimimizi olumlu etkileyecek çok önemli eğitimler almış oluruz.

Öfkenin bu eğitici özelliği başka hiçbir şeyde yoktur.

Ve hiçbir şey insanı öfke kadar eğitemez.

Öfkenin bu özelliğini avantaja çevirerek yararlanmak hayatımızda yapacağımız en akılcı hareketlerden birisidir.

Nasıl?

Öfke suçlusunun asgari % 50 kendimiz olduğunu kabul etmeliyiz.

Burada da iki konuyu düşünmeliyiz

Birincisi suçun % 50'si bana ait.

İkincisi bana öfke yaşatan hatamı nasıl düzeltebilirim?

Burada iki kere düşündüğümüz zaman öfkenin mutlaka kontrol altına alınması gerektiğini özümseyebiliriz.

İşte öfkenin en büyük özelliği;

Öfke insanı çok yönlü düşündüren, hatasını fark ettiren, hata nedenlerini hissettiren, çözüm için beyin jimnastiği yaptıran, insanları tanımaya yardımcı olan, insanlar hakkında karar verdiren ve en önemlisi öfkenin uyarıcı dürtülerini hissederek hayatına yön vermenin ne demek olduğu bilincini hissettirmesidir.

Çünkü öfke hafızamızda unutulmayan izler bırakır ve neredeyse hayatımız boyunca hafızamızda bıraktığı izlerle yaşarız bu süreçte öfkenin bıraktığı izlerin acı uyarıları bizi bilinçaltı yönlendirdiği gibi doğru karar vermeye zorlar. Çünkü yaşadıklarımız yıllar geçse de beynimizi kemirir ve bu hatayı nasıl yaparsın, bir daha yapma gibi düşüncelere sevk eder.

ÖFKE TEST

1. Hiç öfke yaşadınız mı?

   Evet   Hayır

2. Ne kadar öfkelisiniz?

   Az   Orta   Çok

3. En son öfkelendiğinizde ne yaptınız?
   a. Sinirlendim
   b. Sabrettim
   c. Öfkemi kontrol etmeye çalıştım
   e. Şiddet gösterdim

4. Öfke anında öfkenizi yönettiğinizi söyleyebilir misiniz?

   Evet   Hayır

5. Sizce öfke en çok nereden kaynaklanıyor?
   a. İletişimden
   b. Yönetimden
   c. Plansızlıktan
   d. Ekipten
   e. Sorumsuzluktan
   f. Benden

6. Öfkenin hata yapmanızla ilişkisi olabilir mi?

Evet Hayır

7. Öfke motivasyonunuzu ne kadar etkiliyor?

Az Orta Çok

8. Öfke suçlusunun siz olduğunuz söylenirse ne düşünürsünüz?

Olamaz Asla olmaz Olabilir

9. Sizce öfkeyi fırsata dönüştürmek mümkün müdür?

Hayır Evet Olabilir Olamaz

10. En son ne zaman öfkelendiniz?

İki hafta önce Bir ay önce Bir yıl önce

11. Öfke kontrolü neden önemlidir?

a. Hata yapmamak
b. Şiddet sürecini atlatmak
c. Doğru karar vermek
d. Öfkeyi yarara dönüştürmek

12. Çalışma amacınız nedir?

a. Para
b. Gelecek
c. Terfi
b. Başarı
c. Öğrenmek

www.beyninsifresi@hotmail.com

Test ve yanıtları

Çapraz sorgulamanın basit şekliyle hazırlanmış test sorularını yanıtlamaya çalışırken ne basit test bu diye iç geçirebilirsiniz.

Doğrudur.

Çünkü;

Testin amacı öfke bilinci oluşturmak ve düşünce ufuklarını büyütmeye dayalı olarak hazırlanmıştır.

Ancak;

Verdiğiniz yanıtların doğruları yansıttığı söylemek zordur çünkü insan bu gibi konularda duygularına göre karar veriyor.

Sonuç:

Verdiğiniz yanıtlar nasıl olursa olsun bir gün doğru yanıtlarla yüzleşmek zorunda kalacaksınız.

ÖFKE MANTIĞI

Öfkenin mantığı yoktur.

Ancak;

Oluşturulmalıdır.

Kontrol edilmediği takdirde çok tehlikeli duygudur.

Öfke;

Can yanmasıdır insanın.

Tüm kimyasalların harekete geçmesi,

Mantığın kendini geçici olarak askıya alması,

İnsanın kendini koruma becerisinin yara almasıdır.

Öfkede mantık diye bir şeyin varlığından söz etmek çok zor çünkü mantıklı düşünmenin mümkün olmadığı bir psikolojide mantığın varlığını hissetmek neredeyse imkansızdır.

Bu durum öfke kontrolünü zorlaştırmaktadır.

Öfke kontrolünün zorluğu önyargımız haline gelmiş olmasındandır.

Bu hepimiz için geçerlidir.

İşte bütün mesele;

Oysa öfke kontrolü konusunda her zaman hazır olmalıyız. Bir gün öfke yaşayacağımızın bilincini hissederek neler yapılması için içgüdüsel kararlar almalıyız.

Öfke konusundaki önyargımızı değiştirmeliyiz.

Ortak değerlerin, bireysel ve toplumsal çıkarların mantık süzgecimizden geçirdikten sonra karar vermeliyiz. Ya da öfke kontrolü bilincini içeren yeni bir mantık süzgeci oluşturmalıyız.

Öfke insanın hayatı boyunca asla unutmayacağı hakaret sınırlarını zorlayan aşağılanmanın acısını yaşatan duygu olduğunu hepimiz biliyoruz ancak hayatımızın en tehlikeli duygusu öfkeden ders almak çok önemli bir fırsattır. Sadece öfkeyi doğru algılamak gerekir.

Öfke doğru algılandığında neler yapılması gerektiği açıkça anlaşılır. Sadece önyargısız düşünmek ve öfke nedenlerini anlamayı istemek gerek.

Öfke kontrolünde öfke konusuna odaklanmak ve acı gerçeklerle yüzleşmek için önyargısız psikoloji içinde olmalıyız, bunu nasıl yapabiliriz sorusunun yanıtı ise mantık bilincinin kullanılmasıdır. Bu konuda yapılması gereken analitik karar vermek gerçeğinin farkında olmak gerektiğidir. Yani doğru karar verme öz bilincini hissetmek gerek.

Öfke kontrolünde en önemli aşama karar vermek algısını hissetmektir.

Yeteri kadar sevmemişim
Ya da kendimi sevdirmemişim
Hayat yanı başımda bir yelkenli gibi geçip giderken
Öfkeye yenilmiş gerçek güzellikleri fark edememişim.
Lorene Cory

Doğru karar vermek

İnsan karar verirken beynine danışmıyor.

Çünkü;

Bilinçaltında her konu için bir yargı var.

Bu yargılar doğru mudur?

Tabi ki değildir

Ancak;

Yine de kararın nelere mal olduğunu gördükten sonra bir şeyler söylemek en doğrusudur.

İşte burada kişisel gelişim devreye giriyor

İnsan kişisel gelişimde bir yerlere gelebilmişse her karar öncesi beyniyle konuşuyor.

Beyninin Ar-Ge merkezine danışıyor ve en doğru kararı veriyor

Yoksa;

Suçu hep başkalarına atıyor.

Yani insanın kişisel gelişimin tamamlayıcısı pozitif karakter, optimist bakış, yapıcı düşünce, önyargılardan uzak psikoloji ve özgüven gibi paradigmalar konusunda başarılı olması gerekir. Bu değerler insan özgüven kazandırır, öfke kontrolü de özgüveni yüksek, deneyimli, güçlü insanın başarıya yürüttüğü bir uygulamadır.

ÖFKE KONTROLÜ NASIL YAPILIR

Neden öfke kontrolü

Mutlaka kontrol edilmesi gereken öfkenin şiddet duygusunun saldırgan davranışlara dönüşmesini engellemek içindir. Başta insanın kendisi olmak üzere kimsenin zarar görmemesi içindir. Çünkü öfke hem kişiye hem de çevresine kalıcı zararlar vermektedir.

Öfke kontrolü zordur.

Başlangıçta öfke kontrolünün zor olduğu gerçeğiyle yaklaşırsak öfkenin ne kadar önemli olduğu ve mutlaka kontrol edilmesi bilinci hakkında daha analitik düşünebiliriz.

Öfkeyi yönetebilmek, kontrol altına alabilmek için optimizm karakter, yapıcı düşünce, önyargılardan uzak psikoloji ve özgüven gibi paradigmalara (Değerler dizisi) sahip olmak gerektiğini artık biliyoruz.

Daha doğrusu bilmek zorundayız.

Çünkü;

Ne yapacağı kestirilemeyen bu duygu karşısında donanımlı olmak gerekir

Çünkü;

Öfke kontrolü, güçlü kişilik ve pozitif karakter gerektirir.

Dolayısıyla;

Öfke yönetiminde başarılı olmak istiyorsanız (ki başarılı olmak zorundasınız) asıl yapmanız gereken kişisel gelişimde olmanız gereken yerde olmaktır.

Çünkü;

Kişisel gelişim sorumluluk bilincini hissetmek, optimist düşünmek, empati konusunda beceri sahibi olmak, analitik düşünmek, hayata ve insanlara karşı barışık olmak gerektirir. İşte insan bu kazanımları hissettiği zaman kişisel gelişimde bir yerlerde olabilir. Bu konularda kendinizi geliştirdiğinize inanıyor ve güveniyorsanız öfke kontrolüne hazırsınız demektir ancak her şey bu kadarla bitmiyor çünkü öfke anındaki psikolojinizin sizi ne kadar etkileyeceği ve bu durumda vereceğiniz karar çok daha önemlidir.

Beyninizle düşünün kalbinizle karar verin
Çünkü
Öfke anında kırılan kalbinizdir.
Can Hikmet Değirmenci

Öfke kontrolünde başarılı olursanız öfkeyi yaşatan ve yaşayan için pozitif ortam yaratmış olursunuz. Ortamı gerginlikten kurtarır, daha sağlıklı düşünmeyi sağlar, hatayı kişiselleştirmek yerine hata nedeni üzerinde durularak sorunu çözmeye çalışırsınız. Böylece öfkenin enerjisini pozitif şekle dönüştürmüş olur ve öfkenden yararlanmış olursunuz.

Öfke ve kimyasallarımız

Öfkeyle birlikte tüm kimyasallarınız harekete geçiyor, kaslarınız gerilir ve sisteminiz çok hızlı çalışmaya başlar, kalp çarpıntılarımız yükselir, konuşma becerimiz kontrolümüz dışına çıkar ve beynimiz güçlü bir tepkiyle şiddete odaklanır.

Bu durumda ilk yapılması gereken ki asıl zor olan öfkeyi anlamak sürecidir ki buradaki süreç çok kısadır. (Üç beş saniye) Bu süreçle birlikte derin bir nefes almalısınız ve kendinize "Bu durumda yapmam gereken öfkeyi yöneterek kontrol altına almaktır, bunu mutlaka başarmalıyım." diyerek duygularınızı kontrol altına almalısınız. Diğer anlamıyla kendinize hakim olmalısınız.

Derin nefes aldıktan sonra bu cümleyi kendi kendinize söyleyebilirseniz öfke yönetimi başlamış demektir.

Kendi kendinize yaptığınız bu telepatiyle öfkeye bakış açınız değişecek, öfke nedeni davranışı daha anlayışla karşılayacak, öfke nedenlerinin analizin yapacak suçlu aramak yerine öfkeye neden olan olay için neler yapılması gerektiğini düşünecek ve çözüm alternatifleri üreteceksiniz.

Örnekler

1. Eşinizin kıskançlık krizleri öfkelenmenize neden oluyor.
2. İş yerinizde hataları ya da benzer nedenlerden ötürü şefinizden ya da müdürünüzden fırça yiyorsunuz.
3. Trafikte kurallara uymayan sürücülerin davranışlarına öfkeleniyorsunuz.

Bu ve benzeri olaylara baktığımız zaman her birinin hayatımızın bir parçası ve yaşamak zorunda olduğumuz nedenler olduğunu fark ediyoruz.

Bu olayları uzaktan seyredemeyeceğimize göre bir şeyler yapmamız gerek. Bir şeyler yapmamız için ise önce öz eleştiri yapmalıyız.

Özeleştiri başlıkları neler olmalı?

- Öfke nedeni nedir,
- Suçlu olabilirim,
- Neden hata yaptım,
- Nerelerde hata yaptım,
- Ne yapabilirim.

İnsan öfke karşısında suçlu olabileceğini düşünmüyor ise öfke kontrolünde başarı olması çok zordur.
Can Hikmet Değirmenci

Öfke kontrolünde öz eleştiri bilincini hisseden insan öfkeye neden olmayacağı gibi öfke anında neler yapılması gerektiğinin farkındadır. Çok kısa özetlersen her şey farkındalık bilincinde saklı diye tanımlayabiliriz.

Evet hatalarıyla doğrularıyla ne yaptığını bilmektir öfke kontrolü.

Öfke ve başarı

Başarılı insanların başarı nedenlerini araştırdığımız zaman karşımıza öfke kontrolünde ki kararlılıkları dikkatimizi çekiyor. Konuyu araştırdığımızda öfke kontrolünün en etkili yönetiminin kararlılık olduğunu fark ediyoruz çünkü öfke hayatımızdaki en ciddiye almamız gereken duygudur dolayısıyla öfkenin ciddiye alınması öfke yönetimindeki başarımız için çok önemlidir.

O halde öfke yönetiminde başarılı olmamız gerektiğini beynimizin bir kenarına yazmalıyız.

Eğer bunu yapamazsak öfkenin yıkıcı etkisi altında eziliriz. Yaratıcılık gibi yeteneklerimizin körelmesine neden oluruz, çevremizde yanlışlıklarımızla dikkat çeker, saygınlığımızı yitiririz.

İnsanı başarıya götüren önemli değerler var, bunların başında istemek ön sıralarda geliyor ayrıca sahip olmak güdüsü, idol almak, mutlu olacağını düşünmek, rahat bir yaşam sürdürmek, yaşam kalitesini yükseltmek duyguları bizleri başarıya götüren değerlerden bazılarıdır.

Ancak

Öfkenin başarı nedenleri arasında çok özel bir yeri vardır.

Sadece öfkeyi pozitif açıdan değerlendirmek için öfkeye neden olan sorumsuzluk, yanlışlık gibi olumsuzluk nedenlerinin farkında olmamız yeterlidir.

Çünkü;

Öfke içimizi acıttığı kadar çok başarılı bir eğitimcidir.

Öfke öyle bir şeydir ki ateşi önce sahibini yakar.
Şeyh Said

Öfkenin seyri

İnsanlar duygularıyla yaşar.

Yaşamın en güzel tarafı.

Ancak

Duygularımız içinde biri var ki;

Hayatımızın en trajik duygusudur.

İnsanı duyguları yönetiyor.

Duygularımızı ise hormonlarımız yönetiyor

Öfke ise hormonlarımızı yönlendiriyor

Öfke beynimizi esir alan bir duygudur.

Buna izin vermemeliyiz.

Çünkü ;

Öfke kontrol edilmediği takdirde,

Beynin şiddet tepkisi her iki tarafa da telafisi olmayacak zararlar verebilir.

Dolayısıyla,

Öfke anında yapılması gereken en akılcı yol öfkeyi yönlendirmektir yani öfkeyi kontrol etmektir.

Öfke karşısındaki iki şansımız var

1. Şiddet göstererek yıkım başlatabiliriz.

2. Öfkeyi kontrol ederek devinim başlatabiliriz.

Sadece ikisinden birini seçebiliriz.

Siz hangisini seçtiniz?

"..."

Doğal olarak ikinci şıkkı seçtiniz diyelim.

Yani öfke kontrolünü seçtiniz.

Öfke kontrolünü seçtiyseniz zor olanı seçtiniz.

Yani doğru olanı seçtiyseniz.

İşiniz zor.

Ancak,

Önemli olan zoru başarmaktır.

Yani seçiminiz doğru.

Doğru olanı seçtiyseniz öfke kontrolü konusunda en doğru şeyleri yapacaksınız demektir.

Öfkenin çıkış nedenleri

1. (EQ) Duygusal zekayı kullanamamak
2. Önyargılı olmak
3. Empati yapamamak
4. Psikolojik travma yaşamış olmak
5. Analitik düşünememek

Öfke genel olarak bu beş değerler dizisine sahip olamayanların yaşattıkları duygudur.

Bu beş paradigmaya (Değerler dizisine) sahip insanlar ise daha yapıcı düşündükleri için karşısındakilerine öfke yaşatmadan öfkeye neden olacak problemi uygun bir şekilde çözerler.

Aslında yapılması gereken budur.

Şimdi değerler dizisiniz açılımına bakalım:

1. (EQ) duygusal zekayı kullanamamak.

Duygusal zekaya sahip insanlar yapıcılıktan, sevgiden, saygıdan, pozitif çözümden yana duygu yoğunluğu yaşadıkları için öfke yaratacak olaylara neden olmazlar. Öfke nedeni olayları pozitif anlamda değerlendirerek mutlak bir çözüm ya da olayı düzelterek sonuçlandırırlar ancak bu arada yapılan yanlışlığın bir daha olmaması için gerekli uyarılarda bulunurlar.

2. Önyargı

Önyargılı insanlar hayata ve olaylara at gözlüğü ile bakarlar. Olayları gerçeklerin dışında kendi dar görüşleri çerçevesinde değerlendirir ve mutlaka öfkeye neden olacak bir olay bulurlar çünkü kişisel sürtüşmeye neden olacak olay yaratmaktan keyif alırlar.

3. Empati

Empati konusunda kendini geliştirmeyen insanlar karşısındakilerin ne psikolojilerini ne de duygularını hissedemedikleri için olayları yanlış değerlendirerek hem kendilerine hem de karşısındakilerinde öfkeye neden olurlar.

4. Psikolojik travma yaşamış olmak

Psikolojik travma yaşamış insanlarda agresif tutarsız ve yanlış davranışlar öfke nedeni olabilir.

5. Analitik düşünememek

Analitik düşünmek bir insanın yapması gereken en doğru harekettir çünkü analitik (Doğru) düşünce sonucu adil kararlar verebilir ve başarıyı yakalayabilir aksi halinde yanlışlıkları nedeniyle öfkeye neden olurlar.

Çok uluslu kurumsal işletmelerin büyüklüğü, ekip ruhunun kalitesi, verimliliğin arttırılması, çalışma performansının yükseltilmesi, insani değerlerin önemsenmesi ve motivasyonun yükseltilerek başarıya odaklanılmasının nedeni yukarıdaki beş paradigma konusunda insanların eğitilerek uygun karakter yapıları kazandırılmasıdır.

Ve tabi ki bu değerler zincirinin olması gereken ilk ortam aile ortamlarıdır.

ÖFKE VE BEYİN

Öfkede birinci derecede zarar gören organımız beynimizdir ikinci derecede mide bağırsak sistemimiz. Beynimizin gördüğü zarar psikolojimize yansıyarak psiko somatik rahatsızlıklara neden olur ki bu çok önemlidir. Anksiyete, depresyon, panik atak gibi yaşam kalitesini olumsuz etkileyen sorunlara neden olur.

Beynin en önemli özelliği bütün konularda nöronlarla koordineli çalışmasıdır, her konuda nöronlara danışması, fikir alışverişi yapması ve ortak kararlar alması beynin özelliğidir.

Beyin hissettiği/algıladığı hiçbir durum karşısında kayıtsız kalmıyor yani her konuda mutlaka olumlu ya da olumsuz bir yanıt veriyor, beynin verdiği tepkiler, yanıtlar yaşanılan deneyimlerin sonucudur yani bilinçlidir ölçülüdür, düşünülmüş kararlar sonucudur sadece öfke karşısında hiçbir değerlendirme yapmadan tek bir konuya odaklanıyor.

Öfke karşısında beynin odaklandığı konu şiddettir.

Çünkü;

Beyin öfke karşısında hayatının en büyük şokunu yaşıyor, yaşadığı tehlikeli duygunun yarattığı şaşkınlıkla geçici olarak tüm işlevselliğini askıya alıyor.

Bütün bunlar beynin odaklandığı şiddet duygusunun sonucudur ancak sadece bu kadarla da kalmıyor beynin fonksiyonel özelliklerinin geçici bozulması sonucu santral sinir sistemi ve hareket sistemi kontrolden çıkıyor.

Çünkü öfke karşısında salgılanan hormonlar nedeniyle beyin kontrolünü geçici olarak kaybediyor o anda bir tek konuya odaklanıyor ve mutlaka bir yanıt vermek için sabırsızlanıyor ve vermek isteği yanıt şiddet ağırlıklı duygular içeriyor. Bunun dışında tüm dış etkilere kendisini kapatıyor çünkü travmatik şokun etkisiyle salgılanan bir takım hormonlar analitik düşünmesini engelliyor dolayısıyla odaklandığı şiddetten kolay kolay vaz geçmiyor sadece şiddetin boyutlarını ve zamanı konusunda planlar yapıyor hatta hemen karşılık vererek kendisini öfkelendiren kişiye zara vermek istiyor çünkü kontrolünü kaybeden beyin bunu emrediyor.

Bu arada beynin sağ lobu (EQ) beynin şiddet duygusunu engellemeye çalışıyor. Şiddet yerine daha olumlu davranışlar önererek konuyu yumuşatmaya çalışıyor işte burada beyninle konuş mantığı devreye giriyor ki burada mantığımızı doğru kullanabilirsek öfke kontrolünde başarılı oluyoruz. Eğer önceden duygusal zeka konusunda sezgisel bir beyin fırtınası yapmış iseniz bilinçaltı öfke kontrolü duygunuz daha çabuk devreye girebiliyor.

Öfkeye neden olan kriterlerin neler olduğu konusunda yapılan çalışmalarda birinci sırada sorumluluk bilincini hissetmeyen insanların geldiğini ardından farkındalık bilincini duyumsamayan insanlar olduğunu görüyoruz. Sorumluluk bilinci ve farkındalık duygusunu hisseden insanlar kendilerine ve hayata karşı yapmaları gereken kuralları eksiksiz uyguladıkları gibi nerede, ne zaman, ne yapmaları gerektiği ve başarıya odaklı düşünce içinde hareket ediyorlar.

Öfke kontrolü konusundaki en ciddi çalışma öfke kontrolü bilincini özümsemektir bu özümseme olası öfkeye önceden hazır olmak, öfke karşısında dik durmak, öfke anında kontrolü kaybetmemek ve neler yapılması gerektiğinin bilincini beynimizin bir köşesine bir tablo gibi saklamak demektir. Bu yöntem öfke kontrolü konusunda oldukça başarılı bir yöntemdir. Hatta buna öfke bilinci diyebiliriz.

Öfke de kırılan kalbimizdir
Onun için öfke karşısında kalbimizle karar vermeliyiz.
Öfke anında beynimizle karar verirsek yanlış şeyler yapma olasılığımız çok yüksektir.
Dolayısıyla kalbimize danışmak ve kalbimizin söylediklerini dinlemek en doğru hareket olur.

ÖFKE VE MOTİVASYON

Öfke kontrolünün temel amaçlarından birisi kontrol edilen öfkenin insana kazandırdığı motivasyondur ve yükselen motivasyonun ardından pozitif enerji duygusudur.

Bu duygu çok önemlidir;

Çünkü;

Öfkenin yıkıcı proseslerinden yenilmişlik duygusu yerini motivasyona bırakınca kişisel performans artar yaratıcılık, analitik düşünce ve verimlilik becerileri yükselir.

Bu özelliklerin bilincinde olmak için başta kişisel gelişim olmak üzere öfkeye bakış, çözüm odaklı düşünce ve deneyim sırasıyla gelmektedir.

Öfke kontrolünde başarılı olmak için normal hayattaki en doğal davrandığımız zamanlardaki gibi davranmalıyız daha doğrusu öfke karşısında kendimizi güçlü görmeliyiz. Kendimizi güçlü gördüğümüz, özgüveni yüksek ve analitik düşünen bir beyin yapısında olduğumuz zaman öfke kontrolü konusunda başarılı olabiliriz.

Bizi yükseklere taşıyacak hayatımızın en önemli basamaklarından birisi olan motivasyon kişisel güçlerimiz arasında ilk sıralarda gelmektedir. Her şeyden önce en zor durumlarda bize destek olan, olumlu düşünmemizi sağlayan, çözüm önerileri konusunda değişik alternatifler üretmemiz konusunda beynimizi uyaran, beynimizin yaratıcı refleksini hissetmemizi sağlayan, nöronlarımız arasındaki pozitif iletişimin en büyük gücüdür.

Çünkü;

Öfke başta olmak üzere öfkeye neden olan stres gibi nedenler motivasyonumuzun azaldığı durumlarda çok daha ağır hissedilir ve daha tehlikeli davranışlara neden olabilir. Bu nedenle motivasyon hayatımızın olmazsa olmazları arasında ilk sıralarda gelmektedir.

Motivasyon öfkenin saldırılarına karşı koyacağımız en güçlü kalkandır. Beynimizin en akılcı çözümü üretmesi için en güçlü dopingdir. Bir diğer özelliği ise beynin yaratıcı, üretken ve proje üretmesi için akılcı dengenin agonistidir.

Beynimiz motivasyon ortamında ise öfke kontrolünde endişeye gerek yoktur çünkü motivasyonu yüksek beyin öfke kontrolünde başarılı olacağı gibi öfkenin pozitif enerjisini kullanarak artı değerlere ulaşır. Aslında akılcı beynin yaptığı budur. Bizler bu gerçekler ışığında hareket edersek öfkeyi bir uyarıcı gibi algılayarak hem eksikliklerimizi giderir, hem kendimizi eğitir hem de daha yüksek başarılara imza atabiliriz.

ÖFKENİN ÇIKIŞ MERKEZLERİ

Öfkenin çıkış merkezlerine baktığımız zaman konunun hiç yabancısı olmadığımızı fark ediyoruz.

Yaşadıklarımız yıllar sonra bile beynimizin bir köşesinde dün yaşanmış gibi duruyor. Kimimiz yaşadıklarımızdan dersler aldık, kimimiz zorluklara göğüs gerip başarılı olduk, kimimiz ise yenildik. Ancak hangisini yaşadıysak yaşayalım aldığımız dersler sayesinde deneyim kazandık, kendimizi daha güçlü hissettik, kişisel gelişim konusunda kendimizi geliştirme bilincini hissettik.

Öfke ile maalesef ki hayatımızın odak noktaları olan yaşam merkezlerimizde bize ben olduğumuzu hissettiren aile yuvamız başta olmak üzere üç merkezde tanışıyor, yaşıyor ve yaşatıyoruz.

Öfkenin çıkış noktası, yaşama sıklığı ve şiddeti düşünüldüğünde karşımıza bize hiç yabancı olmayan üç merkez çıkıyor.

Öfkenin çıkış merkezleri

1. **Aile yaşamı**
2. **Çalışma hayatı**
3. **Trafik ve sosyal yaşam**

1. Aile yaşamı

Öfkenin bir numaralı çıkış noktası aile yaşamıdır buna öfkenin çıkış merkezi de diyebiliriz. Diğer anlamıyla en ciddi anlaşmazlıkların ve sorunların yaşandığı ortamdır. Üzülerek söylemek zorundayız ki aile yaşamı öfkenin ilk yaşandığı, yaşatıldığı ve öfkenin öğrenildiği ortamdır.

Aile ortamında öfkenin çıkış nedenleri

a. İletişim hataları

Sevgi ve saygıdan yoksun konuşma şekilleri, hakarete varan cümleler, beden dilinin yanlış kullanımı, sorumsuzluk, psikolojik baskı, vs.

b. Sevgi

Sevgi değerinin farkında olunmaması, beslenememesi, gereksiz yere harcanması, yaşatılamaması, yanlış anlaşılması, vs.

c. Saygı

İnsan değerinin saygıyla yüceldiği bilincinin farkında olmamak ya da bu bilinci hissedememek.

c. Empati

Duygudaşlık konusunda yetersizlik, karşısındakini anlayamamak ya da anlamak istememek.

d. Yaklaşım

İçtenlik gerektiren davranışlar konusunda gerekenleri yapmamak.

f. Kıskançlık

En tehlikelisi olan bu duyguyu kontrol edememek, zarar verecek boyutlara taşımak ve karşısındakini rahatsız edecek davranışlarda bulunmak.

Aile içi uyumsuzluklar, tartışmalar ve baskılar sonucu kazanılan kötü alışkanlıklar bütün hayata yansıdığı gibi bundan sonraki öfke nedenlerinin de temelini oluşturuyor. Yani öfkenin okulu aile ortamıdır.

Öfke insanın hayatın zorlukları karşısındaki sınavıdır

Aile iç davranış nasıl olmalı?

Aile içi davranışlarda olması gerekenler.

Seni seviyorum cümleleriyle başlayan konuşmalar, benim için çok değerlisin, eline sağlık, yemek çok güzel olmuş ile devam eden iltifatlar ve sevgi dokunuşları mutlu ve sağlıklı aile ortamlarının olmazsa olmazlarıdır.

Ve tabi ki her şey bu kadarla bitmiyor, karşılıklı saygı çok önemlidir, değer vermek, özgürlük duygusunu hissettirmek, güven duymak yine ilk sıralarda gelenlerdir.

Aile bireylerinin yani anne ile babanın ev içerisinde motivasyon ve enerji açısından güçlü olmaları, mutlu tablolar çizerek saygın ortamlar oluşturmaları gerekir çünkü çocuklar en çok anne ve babalarının birbirlerine karşı olan davranışlarından etkilenirler hatta psikolojileri anne ve babanın davranışlarına göre şekil alır.

Şimdi bir özeleştiri yapalım:

Yukarıda okuduğunuz cümleleri kullanıyor musunuz?

Gözlemler % 90 "Hayır" diyor.

Nedeni araştırıldığında insan toplumlarında pozitif değerlere ulaşmak için olması gereken sorumluluk bilincinin oluşmadığı, uygarlık ve çağdaşlık adına çok gerilerde kalındığı, insan olmanın ne demek olduğunun farkında olunmadığı, yenilik değişim gibi değerlere uzak kalındığı saptanmış.

Konunun detaylarına inildiğinde her insanın her şeyi karşısındaki insandan beklediği gözlenmiş oysa olması gereken bilinç yaşam ortaktır her insan eşit katkıda bulunmalı, karşısındakini beklememeli, karşısındakine kendisine mutlu edecek ilk adımı ben atmalıyım diye düşünmelidir çünkü şartlı davranışlar insan özgürlüğünü kısıtlar.

2. Çalışma hayatı

Çalışma hayatındaki öfke nedenleri

* Lider, yönetim, yönlendirme,
* İletişim hataları, (Yatay, dikey, paralel)
* Sevgi,
* Saygı,
* Yaklaşım,
* Psikolojik baskı,
* Sistem uygulama hataları,
* Özgürlüğün kısıtlanması,
* Aşırı iş yükü,
* Plansızlık,
* Problem,
* İnisiyatif,
* Gereksiz agresif davranışlar,
* Kişisel uyumsuzluk, vs.

Bu sayılanların her biri önemlidir çünkü her biri başlı başına öfke nedeni olabilir.

İşyerlerindeki öfke sinsi şekilde devam eder ve kolay kolay açığa çıkmaz. Öfkenin işyerlerindeki etkisi verimliliğin azalmasına neden olur, öfke yaşayan çalışanlar cezalandırılma ve ya işten atılma gibi nedenlerden dolayı öfkelerini saklamak zorunda kalırlar ancak öfkelerini işlerine zarar vererek çıkarmaya çalışırlar.

Çalışma hayatı bir makinanın dişlilerine benzer. Sorumluluk bilincine, pozitif değerlerin farkında, yaratıcı düşünce, yenilik, değişim ve gelişimin farkında değilseniz dişliler arasında kaybolup gidersiniz.

Geleceğimizi belirleyen çalışma hayatı aslında yaşam akademimizdir. Hedefleri olan, yaratıcılık, verimlilik gibi değerlere ulaşarak elde edilecek kazanımlar hayatımıza yön verdiği gibi yaşam kalitemizi yükseltir.

3. Trafik

* Yoğun trafik
* Kural ihlalleri,
* Hız, makas, şerit değiştirme,
* Işıklara uymamak, yol ortasında durmak,
* Fermuar sistemine uymamak,
* Gereksiz korna çalmak,
* Yok saymak,
* Birbirinin hakkına karşı saygısızlık, hakaret, vs.

Trafik, bir ülkenin sosyo ekonomik yapısı hakkında önemli bir göstergedir. Maalesef trafik konusunda iyi yerde olduğumuzu söyleyemiyoruz. Kimilerine göre öfkeyi en sık yaşadığımız merkez olarak görülen trafik ancak uygarlık açısında iyi düzeye geldiğimizde düzelebilir.

Burada asıl işlem sistemin uygulanması için pozitif yaklaşımlar eşliğinde eğitim ve denetimdir. Kuralların eksiksiz uygulandığı bir sistemde insanlar ne yapmaları gerektiğinin farkında olacakları için kendilerini sistemin kurallarına şartlandıracak ve beklentilerini ona göre yönlendirecektir. Sistemin uygulanmaması halinde ise karmaşa ve ardından öfkeye neden olur.

Herkes öfkelenebilir

Bu işin doğal tarafı

Ne var ki doğru insana doğru derecede doğru maksatla ve doğru biçimde ve pozitif anlamda öfkelenmek gerek

İşte bu zordur.

Aristo MÖ 384-322

Öfkede zararı en çok çocuklar başta olmak üzere aile bireyleri ve iş yerlerinde çalışanlar görmektedir. Zararların başında psikolojik travmalar sonucu aile ve arkadaşlık ilişkilerinin bozulduğu, huzursuzluğun had safhaya çıktığı, sinerjinin kaybolduğu, performansın düştüğü, verimliliğin azaldığı, öfke patlamalarının birbirini takip ettiği ve gelecekte daha kötü günler gelmektedir.

Bir günlük zaman

Gözlemlere göre bir günlük zamanımızı nasıl geçiriyoruz

% 07 Hayal kurarak

% 08 Düşünerek

% 09 Hiçbir şeyle ilgilenmeyerek

% 05 Plan yapmayı tasarlayarak

% 04 Yaptığımız hatalardan dolayı pişmanlık duyarak

% 03 Eğlenerek

% 02 Okuyarak

% 04 Hüzünlü

% 03 Duygusal

% 09 Tedirgin, kuşkulu

% 11 Kıskançlık duygularıyla boğuşarak

% 12 TV izleyerek

% 23 Öfkeyle boğuşarak

Bu tabloya göre öfkenin hayatımızdaki yeri açıkça görülüyor. Başarı nedeninin huzurlu ortamdaki sağlıklı beyinden geçtiğini bir kere daha düşünmemiz gerekiyor.

Öğretmenin gücü

Lise yılları.

Resim hariç bütün derslerim kötüydü.

Yeni gelen bir edebiyat öğretmenimiz vardı. Bir gün beni öğretmenler odasına çağırdı.

Heyecanla gittim. Sevecen tavrıyla yanına oturttu ve konuşmaya başladı.

"Bakışların zeki bir insan olduğunu söylüyor neden ders çalışmıyorsun." Dedi.

Zeki görünmek gururumu okşamıştı. Tuhaf duygular hissetmiştim ama verecek yanıtım yoktu.

Öğretmenim gözlerime bakarak devam etti.

"Bana neden ders çalışmadığını anlatmanı istiyorum."

Bir suçlama gibi gelen bu isteği nasıl yanıtlayacağımı bilemiyordum çünkü neden ders çalışmadığımın farkında değildim. Üstelik bir nedeni de yoktu. Sıkılarak;

"Bilmiyorum." Dedim.

Gözlerimin derinliklerine baktı baktı.

"İşte sorun neden ders çalışmadığını bilmediğinde saklı."

Şaşkın bakışlarım devam edince devam etti.

"Neden ders çalışman gerektiğini bilsen başarılı olacağından eminim."

Öğretmenin söylediği hoşuma gitmişti.

"Şimdi seninle bir anlaşma yapalım, sana bir konu vereceğim ve önümüzdeki hafta konuyu bütün sınıfa anlatacaksın."

Sevgiyle bakan gözlerinde güven vardı. İki saniye kadar duraksadıktan sonra devam etti.

"Bunu ben istiyorum."

Şaşkın ve karmaşık düşüncelerim birbirine karışmıştı.

"Artık neden ders çalışman gerektiğini biliyorsun."

İlk defa böyle bir duygu hissediyordum. Gözlerini gözlerimden ayırmadan devam etti.

"Anlaştık mı?"

Şaşkınlığımı ve heyecanımı gizlemeye çalışarak;

"Evet." Diye yanıt verdim.

O günden sonra dört gün boyunca ders çalıştım.

Gün geldiğinde tahtaya kalktım ve konuyu anlattım.

Herkes şaşırmıştı çünkü hiç kimse benden böyle bir şey beklemiyordu.

Öğretmen yanıma geldi, bıyık altından gülümserken konuşmasına aralıklarla devam etti.

"Başarı sana çok yakıştı."

"..."

Sınıfta çıt yoktu. Herkes öğretmenin ne söyleyeceğine kenetlenmişti.

Bu defa her zamankinden farklı ses tonuyla konuşmaya başladı.

"İnsan bir şey yaparken mutlaka nedenini hissetmelidir. Bunun adı farkındalık bilincidir."

"..."

"Yaşamınızın bir anlamı olmalı."

Bütün sınıf etkilenmişti.

"İnsan bir şey yaparken mutlaka nedenini hissetmelidir. Bunun adı farkındalık bilincidir." Cümlesi beynimizde sanki bir devinim başlatmıştı.

Her kes sus pus olmuştu.

Tekrar bana döndü.

"İyi çalışmışsın. Teşekkür ederim." Dedi.

Teneffüs zili çaldı.

Öğretmen ne yapmıştı.

* Gözlerime sevgiyle bakmıştı,

* Beni ciddiye almış, bana değer vermişti,

* Sorumluluğun ne olduğunu hissettirmişti,

* Nedenini bilemediğim duygularımı yönlendirmişti,

* Kendime güvenmemi sağlamıştı.

* Neden ders çalışmam gerektiğini öğretmişti.

Binlerce teşekkürler öğretmenim.
Seni asla unutmayacağım.
(CHD)

Başarının formülü

1.Yaptığın işi çok seveceksin.

2. Yaptığın işi seversen bilinçaltında yaptığın işe karşı değer oluşur.

3. Değer verdiğin işini daha iyi yapmak için içgüdüsel duygu yoğunluğu başlar.

4. Duygu yoğunluğu yaptığın işe odaklanmana neden olur.

5. Odaklanmak yaptığın işe kalite kazandırır.

6. Kalite becerini geliştirir.

7. Beceri gelişimi yeteneklerinin farkına varmana neden olur.

8. Yeteneklerin farkına varınca kendini iyi hissedersin.

9. Kendini iyi hissedince motivasyonun yükselir.

10. Yüksek motivasyon pozitif enerji kazandırır.

11. Pozitif enerji beyninin zeka kullanımını tetikler.

12. Zeka beynin yaratıcılık merkezini uyarır.

13. Yaratıcılık merkezi uyarılan beyin başarıya konsantre olur.

14. Konsantrasyon inanç gücünü yükseltir.

15. İnanmak başarmak demektir.

ÖFKE VE ÖNYARGI

Önyargıları değiştirmek
atomu parçalamaktan daha zordur.
Einstein

İnsanın kişisel gelişimini engelleyen en önemli neden önyargıdır.

Yaşam ise gelişim demektir.

İnsanın, yaşamdaki yerini alabilmesi için kişisel gelişim konusunda başarılı olması gerekir.

Gözlemler çoğu insanın kişisel gelişimini engelleyen en önemli etkenin önyargıları olduğunu işaret ediyor.

Bu beni çok şaşırtmıştı.

Verdiğim eğitimlerde hemen istediğim başarıya ulaşmayacağını biliyordum, çünkü önyargılardan kurtulmanın birinci aşaması insanın kendi kendine başarabileceği bir konuydu ve bunun için de bir süreç gerekiyordu. Bunların farkında olan birisi olarak kişisel gelişim bilincini aşılamaya çalıştım, çünkü kişisel gelişim bilinci çok önemliydi. Kişisel gelişim için insanın önce önyargılara sahip olduğunu kabul etmesi ve önyargılarından kurtulması konusunda bir karar vermesi gerekiyordu, başarılı olması için ise kendisiyle empati kurmalı ve bir gözlemci gibi kendisini izlemesi gerekiyordu.

En azından karar vermek, empati ve gözlem konusunda başarılı olmuştum.

Sonuç mu?

Kişisel gelişim bilinci ve ardından kişisel gelişim yolundaki çabaları seyretmek çok keyifliydi.

İnsan, yılların birikimi olan yetiştiği aile ortamı, çevresi ve yaşadıklarının etkisiyle farkında olmadan birtakım önyargılar edinir, bu önyargılar insanın yaşamına yön verir ve insanlar önyargıları ile hareket ederler.

Bilinmesi gereken gelişimimizi engelleyen ve her zaman bir duvar gibi karşımıza çıkan önyargılardan kurtulmak gerektiğidir.

Çünkü;

Yaşamdaki yerinizi kişisel gelişiminiz belirler, yaşam ise sizin önyargılarınıza göre değişiklik göstermez. Siz değişmelisiniz.

Önyargılar insan yaşamının her aşamasında engeldir, önyargılarınızla yaşadığınız sürece önyargılar gelişiminizi ve doğru karar vermenizi engeller ve siz bunun farkında olmayabilirsiniz, yaşamınızı dar bir çerçeve içinde sürdürür, yaratıcı olamaz, silik, başarısız, önemsenmeyen bir kişilik olarak kalırsınız.

Önyargılar yılların birikimiyle edinilen alışkanlıklardır ve bu alışkanlıklardan kurtulmak zordur ancak her şeye rağmen önyargılardan kurtulmak zorunluluğunu hissetmek gerekir. Bu konuda farkındalık bilinci ve inanç çok önemlidir.

Çünkü;

Önyargılar olduğu sürece mutluluk, sevgi ve hayattan keyif almak gibi yaşam kalitenizi yükselten değerleri yakalamanız zordur. Başarılarınız ise tesadüflere bağlıdır.

Önyargılardan kurtulmak için;

Ön yargılarınızı çöp sepetine atmakla başlamalısınız.

Önyargılar çöp sepetine atılması gereken bir duygudur. Bizi yanlış yönlendiren, huzurumuzu kaçıran, yanlış kararlar verdirecek kadar değersiz ve zararlı şeylerdir. İşte önyargılar kurtulmak için bu bilinci hissetmek şarttır.

İnsanlar kendilerinin önyargıları yokmuş gibi başkalarının önyargılarından yakınırlar. Başkalarının birtakım önyargılara sahip olduğunu fark eden kişi kendisinin de bazı önyargılara sahip olabileceğini düşünmelidir.

Kendi önyargılarınızı değiştirmeden başkalarının önyargılarını değiştirmelerini istemeye hakkınız yoktur. Önce kendi önyargılarınızı değiştirin ondan sonra başkalarının önyargılarını değiştirmesini isteyin.

Önyargılar insanın yaşam süresince sürekli sorunla karşılaşması ve aynı zamanda sürekli sorun yaşayacağı anlamına gelir.

Çünkü;

Önyargısı olanların uyumlu olamadıkları, kişisel sürtüşmelere neden oldukları, sürekli problem yarattıkları nedeniyle her toplumda istenmeyen kişi olarak algılanırlar. Bunun anlamı önyargılarınızdan kurtulmadığınız sürece dostlarınızı, sevdiklerinizi hatta işinizi dahi kaybedebilirsiniz demektir çünkü günümüz insanı problem insan istemiyor, günümüz insanı problem çözen, yapıcı, eleştirilere açık, yenilik ve gelişime odaklı insanlar istiyor. Bunu gelişim sürecindeki toplumların farkındalık bilinci olarak algılamak lazım çünkü toplumlarımızda kişisel gelişimin ne kadar önemli olduğu bilinci oluşmuştur. Somut başarı beklentisi, yaşam kalitesi ve ekonomik özgürlük netlik kazanmıştır.

Buradan şunu mu anlıyoruz:

Önyargılardan kurtulmak zorunluluk mudur?

Evet.

Zorunluluktur.

Çünkü önyargılarla yaşamak çok zordur.

Dahası;

Başkalarının sizin için kötü şeyler düşünmelerine neden olursunuz. Kişiliğinize, yaratıcılığınıza, çalış kanlılığınıza endişeyle bakılır. İnsanların size olan güven ve inancını kaybedersiniz.

Önyargılar, çürümüş beyinli insanların vazgeçilmez oyuncağıdır.
Psikolog Dr. Erdem Toprak

Önyargılarınızdan kurtulamazsanız neler olur?

1. Ön yargılarınız altında ezilirsiniz
2. Gelişemezsiniz
3. Kendinizle empati kuramazsınız
4. Başarılı olamazsınız
5. Kapasitenizi büyütemezsiniz
6. Var olan gücünüzü kullanamazsınız
7. Hedeflerinizin gerisinde kalırsınız
8. Yaratıcı olamazsınız
9. Analitik düşünemezsiniz

10. Pasifize olursunuz
11. Ekip uyumu saylayamazsınız
12. Saygınlığınızı yitirirsiniz
13. Önemsenmezsiniz
14. Güvenilirliğinizi kaybedersiniz
15. Toplumdan dışlanırsınız
16. Terfi ettirilmezsiniz
17. Çocuklarınızın gerisinde kalırsınız
18. Lider yönetici olamazsınız

Önyargı sonradan edinilmiş bir karakterdir etkeni ise kıskançlıklar, agresif düşünce yapısı, pesimist karakterlerin baskısıyla yaşanan psikolojik travmalar, stres ve öfkedir.

Bu durum hepimiz için geçerlidir her birimiz bu durumları yaşadık, birçoğumuz yaşadığımız olumsuzluklardan etkilenerek önyargılı karaktere sahip olduk, bir kısmımız ise yaşadığımız olumsuzluklardan ders alarak kendimizi eğittik.

İşte önemli olan yaşadıklarımızdan ders almaktır.

Peki neden bazılarımız önyargılı olduk diye sorarsanız nedeni çok açık ve nettir, yaşadıklarından ders alanların kişisel gelişim konusunda daha akılcı düşündükleri, algılama analiz ve sentez üçlüsünü çok başarılı yürüttükleri içindir.

Hayat anı yaşamaktansa geleceğin planlarını yapmaktır.

Dolayısıyla geleceğin planlarını yapmak için sağlıklı düşünce yapısına sahip olmak gerekir

Bunu yapmadığınız takdirde önyargı konusunda başarılı olmanız çok zordur.

Kişisel gelişimin engelleyicisi önyargı

İnsanın kişisel gelişimini bir numaralı engelleyicisi olarak bilinen önyargıların mutlaka giderilmesi gerekir.

Çünkü;

Önyargılı olmak insanın kendi kendisinin tutsağı olması demektir.

Önyargılı olmak insanı gerçekler dışına iten bir duygu yoğunluğudur dolayısıyla önyargılı insanların doğru karar vermeleri düşünülemez çünkü kararları at gözlüğüyle bakış olarak adlandırılan kendi dar görüşleri çerçevesinde gerçeklerden uzaktır.

Kişisel gelişim var oluşun en önemli gücüdür.
Kişisel gelişimde bir yere varmak istiyorsanız
Önyargılarınızdan kurtulmanız gerek

Önyargılardan kurtulmak için neler yapmalı

1. Önyargılı olduğunuzu kabul edin,
2. (EQ) Duygusal zekânızı kullanın,
3. Kendinizle empati kurun,
4. Beyninizle düşünün kalbinizle karar verin,
5. Karar verirken acele etmeyin,
6. Karşınızdakiler ininde insan olduğunu düşünün,
7. Zaaflarınızı belirleyin ve mutlaka kontrol altına alın,
8. Adalet terazinizi kullanın,
9. Optimist/Hoşgörülü olun,
10. Vereceğiniz kararla bir insana zarar verebileceğinizin bilincini hissedin,

11. En azından iki alternatifi düşünün ve karşılaştırma yapın,
12. Gözlem analiz ve sentez konusunda beyninizi iyi kullanın,
13. Madalyonun bir de arka yüzü olduğunu düşünün,
14. Hiç kimse gibi sizin de mükemmel olamayacağınızı kabul edin,
15. Kendinizi eleştirmeyi unutmayın,
16. Kör noktalarınızın farkında olun,
17. Hatalarınızı kabul edin ve bir deneyim olarak algılayın,
18. Değişim bilincinin farkında olun,
19. Yeniliğe açık olun,
20. Brain storming/Beyin fırtınası yapın,
21. Kendinize güvenerek motivasyon gücünüzü yükseltin,
22. Suçladığın insanların suçunun önyargılarınızın olabileceğini düşünün,
23. Doğrular sadece size göre değil herkese göredir ve bir tane doğru olduğunu kabul edin,
24. Beyninizle konuşarak beyninizin yaratıcı refleksini hissedin,
25. Bulunduğunuz yerde olmanın nedeninin siz olduğunuzun bilincinde olun.

Toplumsal beklentilere şöyle bir bakarsanız genel kanının problemsiz insan, problemsiz iş beklentileri doğrultusunda olduğunu görürsünüz. Günümüzdeki, kurumsal yapılarını tamamlamış kuruluşlarda problemsiz insan seçimine özen gösterilmektedir. Çünkü önyargılar oldukça olumlu sonuç alınamayacağı yargısı kesinlik kazanmıştır. Gözlemlere göre önyargılı insanların bulundukları ortamlarda yaratıcılık ve verimliliğin sağlanamadığı saptanmıştır.

Önyargıları silerek olumlu sonuçlar doğuracak kararlarınızla toplumun beklentilerini karşılayabileceğiniz gibi daha saygın davranışlara muhatap olacağınızı da unutmayın. Doğru kararlarınızla kişisel gücünüzü gösterdiği kadar yaratıcılık gibi çok önemli bir değere sahip olduğunuz anlamına gelir ve bu düşünce birçok alanda tercih edilmenize neden olur.

Hiçbir şey yapamazsanız kararlarınızdan önce Mevlana'yı ya da Yunus Emre'yi düşünün. Mevlana felsefesi doğrultusunda en sade ve yalın şekliyle gerçeğe ulaşmak için kendi çevresinde dönen bir semazen olun. İçinizde Yunus gibi içinizde adil kararlar verebilecek biri daha olduğunu hissedin.

Önyargının insana kazandırdığı en kötü duygu pesimizimdir, (Kötümserlik) bilinçaltı hissedilen bu duygu insanın kendisine zarar verdiği gibi çevresine de zarar verir. Gruplaşmalar, cepheleşmeler, gizli savaşlar gibi kötümser düşüncelere neden olur.

İnsanlar bir konuda karar verirken beyinlerine danışmazlar çünkü bilinçaltında her konu için bir yargı vardır

Bu doğru mudur?

Tabi ki değildir

Ancak yine de kararın nelere mal olduğunu gördükten sonra söyleyebiliriz...

İşte kişisel gelişim burada devreye giriyor.

İnsan kişisel gelişimde bir yerlere gelebilmişse her karar öncesi beyniyle konuşuyor beyninin Ar-Ge merkezine danışıyor ve en doğru kararı veriyor

Yoksa;

Suçu hep başkalarına atıyor!

ÖFKE*

Beynin asi duygusu

İnsanı duyguları yönetir...

Yaşamın en güzel tarafı...

Ancak duygularımızın içinde asi olan biri var.

Esiri olduğumuz, rüzgar gibi savrulduğumuz, yenik düştüğümüz, filmin koptuğu, sinirlerimizin gerildiği, her şeyi unutup kendimizi kaybettiğimiz, gözlerimizi karartan.

Öfke...

Öfke Nedir?

Sözlük anlamı:

* Kızgınlık
* Hışım
* Hiddet
* Gazap
* Engelleme
* İncinme
* Gözdağı karşısında gösterilen saldırganlık tepkisi

* Yedi sayfalık bu bölüm "BEYNİN ŞİFRESİ" kitabından alıntıdır.

Öfke nedenlerine baktığınız zaman neden karşı tepki göstermek istediğinize hak verebilirsiniz ancak öfkeye karşı tepki vermenin sorunları çözmediği gibi aksine daha içinden çıkılmaz hale getirir. İş tepkininde ötesine çıkarak her iki tarafa ciddi zararlar verebilir.

Öfke karşısında salgılanan kimyasallar vücudumuzun tüm sistemlerini olumsuz etkiler. Baskıcı bu değişiklik insana zarar verecek kadar ileriye gider ve bizi duygularımız yönetmeye başlar. Buradaki duygular şiddete karşı şiddet duyguları içermektedir. En kötüsü ise duygularımızın kontrolümüz dışında olmasıdır.

Bu değişiklik insanın kontrol mekanizmasını esir alarak istediği gibi yönetir. Beyin bu durumda öfkeye karşı şiddetle karşılık vermeyi planlarken, adrenalinin etkisiyle savaş ya da kaç şeklinde hareket etmeyi düşünür. Sistem etki tepki duygularıyla savaşır. Tansiyon yükselir, kalp atışları artar, nabız hızlanır, vücut ısısı artar, gözde pupillalar genişler, kaslar gerilir, kan dolaşımı hızlanır, kanda glikoz oranı yükselir. Sistemi zorlayan bu değişiklik zamanla organlarımızda kalıcı izler bırakır.

İşte sorun burada.

Beyni şartlanmış olduğu öfkeye karşı öfke psikolojisinden nasıl vazgeçirmeli.

Öfkenin pozitif özelliği

Öfkenin bir de pozitif tarafı var. Kavram olarak bakıldığında zor görülse de öfke bir şeylerin değişmesi gerektiğinin acımasız uyarıcısıdır.

Öfkenin travmasını savurduktan sonra yapılacak değerlendirme önemlidir. Eğer öfkeyi uyarıcı olarak algılarsanız kendinizde değiştirilmesi gereken konuları gözden geçirir yeni bir başlangıç nedeni olabilirsiniz. Eğer bunu yapmazsanız öfkeyle karşılaşma olasılığını normale göre daha fazla yaşamak zorunda kalırsınız.

Öfke kontrol kavramı

Beyni en çok meşgul eden duygudur öfke.

Öfke durup dururken gelmez. Gelişinin mutlaka bir nedeni vardır. Öfke kontrolü için öfkenin geliş nedenini öğrenmek gerekir.

Bu iki neden konusunda düz mantıkla düşünürsek öfke karşısında daha akılcı davranıp, öfke kontrolünde başarılı olabiliriz.

Öfke patlamaya hazır yanardağa benzer. Patlamak üzere sinsice bekleyen yanardağın patladığında ne yapacağının kestirilemeyeceği gibi duygudur öfke...

Öfke konusunda temel kural bu asi duygunun mutlaka kontrol altına alınması gerek. Bu bilincin özümsenmesi öfke kontrolünde önemli gelişmelerden sadece bir tanesidir.

Öfke karşısında iki şansımız var. Ya öfkeye yenilerek ciddi problemler yaşayacaksınız ya da öfkeye karşı direnerek öfkenin olumsuzluklarını yararlı hale getireceksiniz. Eğer öfkeye karşı direnmek başarısını gösterirseniz hem kendinizi hem de karşınızdakini olası zararlardan korumuş olacaksınız.

Öfke karşısında insanın ne yapacağına karar verememesi öfkenin her an tehlike risk taşıdığını düşündürür. O halde öfke karşısında ilk yapılması gereken öfke öncesi neler yapılmasına karar vermektir. Öfke öncesi tüm olasılıkları dikkate alarak insanın kendini şartlandırmasının yararı olduğu kabul ediliyor. Bu varsayımı ciddiye alarak öfke öncesi ne yapılması konusunda insanın kendini psikolojik olarak hazırlaması öfke kontrolü için önemli başlangıçtır.

İnsan sıra dışı insanlara daha çok ilgi duyuyor ve yanında olmak istiyor. Demek ki insan sıradan insanlara karşı ilgi duymuyor. Peki, siz bu konuda kendiniz için bir değerlendirme yapsaydınız hangi tarafta olurdunuz? Kararı siz vereceksiniz.

Ancak:

Eğer öfke kontrolünde başarılı değilseniz sıradan insanlar sınıfındasınız demektir.

Öfkenin ateşi önce sahibini yakar,
sonra kıvılcımı düşmana ya varır ya varmaz.
Şeyh Sadi

Öfke kontrolü

Öfke kontrolü konusunda yaptığımız çalışmalarda beyninle konuş projesinin başarısı dikkatimizi çekmişti. Algılatmaya çalıştığımız, yapılması gerekenlerin anlam ve kalite içermesinin mutlak başarı getireceğine inandırmaktı ve bunu başarmıştık.

Nasıl bir anlam sorusunun yanıtı öfkenin nelere mal olacağının anlamının kabul edilmesi, kalite ise öfke karşısında dik durmak, sorunsuz atlatmak ve kalite bilincini hissetmekti.

Öfke kontrolünün öz bilincin başarısı olduğunu ve insanın en yüce değerlerinden olan bu özelliğinin öfkeyi kontrol altına alacağına inandırmak zor olmadı. Ancak yine de kare balans yöntemi **"karşılıklı doğrulamak"** gibi emin olmak gerekiyordu.

Öfke kontrolü konusunda insanın en büyük gücü kendisiydi bu da beynini kullanmakla gerçekleşecekti ancak önemli olan öfke kontrolü konusunda beyniyle konuşarak ben öfke konusunda kontrolü elden bırakmayacağım teorisine inanması gerekiyordu.

Beynin sırlarından birisi şartlanma teorisi konusundaki hassasiyetidir. Beynin şartlandığı konularda ikna edilmedikçe vazgeçmemesi bilgisi dışına çıkmaması prensibine dayanır. O halde konuşarak beynimizi yönetmemiz gerek çünkü öfke gibi sağlığımızı, başarılarımızı, geleceğimizi etkileyebilecek konuda kayıtsız kalamayız.

İşte zorunluluk bilinci öfke karşısında neden başarılı olmamız gerektiği haykırıyor.

Öfkeyi kontrol altına almak için yapılması gerekenler

1. Derin nefes al,

2. Sakin olman gerektiğini hatırla,

3. Öfke kontrolü bilincini aklından geçir,

4. Öz bilinç gücünü hisset,

5. Öfkeyi kontrol altına alman için en fazla iki dakikalık bir zamana ihtiyacın var. Sabırlı olman gerektiğini hatırla,

6. İki dakikalık süreçte asla sözel ya da fiziksel bir tepki gösterme,

7. İki dakikalık zaman sürecinde öfke nedenini anlamaya çalış.

8. Öfkeden pozitif şekilde yaralanabileceğini düşün.

9. Öfke nedeninin bir hatadan kaynaklanabileceğini, hata nedeninin sen bile olabileceğini düşün,

10.Öfke karşısında çözüm alternatifleri üret ve en uygun olanını yapıcı yaklaşımlarla uygula.

Bütün bunlara rağmen bir şey çok net bilinmeli. Öfke kontrolü konusunda yukarıdaki on kriterde de başarılı olmanız için iki değere ihtiyacınız var.

1. Duygusal zekanı kullan. Hoş görülü ol.

2. Beyninle konuş ve berrak beyin ortamı yarat.

Her konuda karşı alternatifler üreterek tedbir alan beyin öfke karşısında kelimenin tam anlamıyla bocalıyor. Kısacası ne yapacağını bilmiyor. Öfkenin yumruğunu yanağında hissedince sersemliyor. Toparlanmakta zorlanan beyin öfkeye şiddetle karşılık vermeyi planlıyor.

Her şeyi unutarak sadece tepkiye odaklanıyor. Tepki kararını o kadar çabuk veriyor ki kontrolünün zorluğu buradan geliyor.

Öfke kontrolü konusunda en başarılı yöntem birisi de öfkeye karşı ön hazırlık yapmaktır. Olası öfkeye karşı psikolojik olarak hazır olmaktır. Bunu iyi bir maç çıkarmak için önceden yapılan antrenman olarak algılayabilirsiniz. Başarılı olan bu yöntemin öfke konusunda şu yararından söz edilmektedir. Şartlanma bilincini özümseyerek olası öfkeye karşı hoşgörülü yaklaşmak gerektiğini bilinçaltına yerleştir.

Öfke kontrolünde bir başka yöntem ise öfke karşısında gösterilecek tepkinin vereceği zararları düşünmektir çünkü öfke karşısında gösterilen tepki en çok tepki gösterene zarar veriyor.

Öfke duygusunu yok etmek, ortadan kaldırmak gibi bir şansa sahip değiliz. İyi ve ya kötü, hafif ve ya şiddetli bu duyguyla karşılaşıldığında yaşamak zorundayız. Bu duyguyu yaşam sürecimizdeki engeller, zorluklar ya da istenmeyen durumlar olarak algılayıp yaklaşırsak öfkenin tahammül edilebilir, çözümlenebilir ve yararlı hale getirilmesini sağlayabiliriz.

Öfke fırtınasında beyin

Öfke fırtına gibi aniden gelir, tedbir alınmazsa geçtiği yerlere zarar verir.

İnsan öfkelendiği zaman söylemek istediklerini ifade etmekte zorlanır çünkü beyin kendisini öfkelendiren konuya odaklanmıştır. Biyoelektrik dalgaları saldırgan zikzaklar çizerek beyni şiddete zorlar.

Öfkenin beyinde yarattığı biyoelektrik dalgalarının saldırgan zikzakları iki dakika sürüyor. Yani iki dakikalık fırtına dönemi geçiştirmek çok önemlidir. Bu süreç atlatıldığı takdirde şiddet duyguları yerini olumlu duygulara bırakır ve beyin daha çözümsel düşünmeye başlar.

Madalyonun bir diğer yüzü de öfkelendiğimiz zaman takındığımız agresif davranışlarımızdır. Agresif davranışımız özellikle çocuklarımızın ruhsal dünyalarını olumsuz etkileyerek bir takım kalıcı psikolojik problem yaşamalarına neden olur dolayısıyla öfkelendiğimiz zaman en çok dikkat etmemiz gerekenlerden birisi de çocuklardır, aksi halinde psikolojileri bozuk bir nesil yetiştirmiş oluruz.

Gönlüne kin koyan karşısında bir düşman bulur.
Aşk koyan bir sevgili...
Sabahattin Zorlu

KENDİNİ KEŞFETMEK

Globalleşen dünyada gelişen teknolojiye ayak uydurmak ve yeni teknolojiler yaratmak için mutlaka farkında olmamız gereken bir kural var. Bu kuralın adı "***Kendini keşfetmektir***" kendinizi keşfedemezseniz beyin gücünüzün farkında olmaz, yaratıcı özelliğinizi hissedemezsiniz.

Çünkü;

Size verilen beyin gibi bir dehanın farkında olamamışsınız demektir.

Kendini keşfetmek ne demek?

Kendini keşfetmek beynin yaratıcı refleksini hissederek farkındalık bilincini duyumsamak demektir. Aklı kullanmak, ne yaptığının farkında olmak, hayatı hissetmek, yeteneklerinin bilincinde olmak, plan program hedef gibi paradigmaların neden ve niçinlerini hissetmektir.

İşin aslına bakarsak kendinin ve hayatın farkında olan, beyninin yaratıcı refleksini hisseden, farkındalık bilincini, duyumsayan insan başarılı olur. Kısaca kendini keşfeden insana başarılı insan diyebiliriz.

Çünkü;

Hayat insanları başarılarıyla değerlendiriyor.

Bir insanın kendini keşfetmesi için kendisini sorgulayarak işe başlaması gerekir. Sorgulamayla başlayan beyin fırtınaları insanın kendini keşfetmesi konusunda önemli başlangıçtır. Kendini sorgulayan insan soruları yanıtlamak için beynin yaratıcı refleksini değerlendirmeye çalışarak yaratıcılık bilincini hissedecektir.

İnsanın kendisini sorgulaması genelde az sayıda insanın yaptığı bir şey, işin zorluğu da buradan geliyor.

Çünkü;

İnsan kendini eleştirmiyor, kör noktalarını göremiyor, hata ve eksiklik gibi kavramları kendisine yakıştırmıyor.

Çünkü

Bilinçaltına göre suç hep başkalarındadır.

Örneğin,

Hayatında hiç özür dilememiştir. Hiç kimseye affedersin hata yaptım kusura bakma gibi cümleler kullanmamıştır.

Burada etken olan tek şey sonradan edinilmiş önyargılardır dolayısıyla insanın önce önyargılar konusunu düşünüp yeniden karar vermesi gerekir aksi halinde hayatınızı hatalar, başarısızlıklar, yenilgiler, hayal kırıklıkları ve hüzünler ürerine kurmak zorunda kalırsınız.

Önyargılı insanlar arasında yapılan araştırmalarda önyargılarından kurtulan insanların çok başarılı oldukları görülmüştür nedeni araştırıldığında ise önyargılı oldukları zamanlarda çok hata yaptıklarını, hatalarını fark ettiklerini, birçok fırsatı değerlendiremediklerini, başarıyı yakalamakta çok zorlandıklarını, daha ilerisi kişisel saygınlıkları konusunda endişeler duymaya başladıklarını hissetmiş ve yaptıkları yanlışlıklardan çok iyi ders aldıkları tespit edilmiş.

Önyargılardan kurtulmanın yollarından birisi başarısızlık, hata ve yanlışlık gibi sorunların nedenlerini araştırıp değerlendirmek ve karşı alternatifler üreterek bir karar vermektir.

Bunun için sorumluluk bilinci gerek.

Sorumluluk bilincini hissettiğimiz zaman önyargılardan kurtulmak için çok önemli bir adım atmış oluruz.

Çünkü sorumluluk bilinci yapman gerekenlerin neler olduğunu hissetmek ve sorumluluklarını yerine getirmek gerektiğini hissetmektir bunu hissettiğiniz zaman önyargılarınız konusunda kendinize çeki düzen vermeniz gerektiğini, önce kendinize ve çevrenize zarar vermemeniz gerektiği gibi faydalı olmayı düşünürsünüz.

Kendini keşfetme testi

Şimdi bir çalışma yapalım.

Aşağıdaki sayfada yazılı soruları değerlendirmek için elinize bir kâğıt kalem alın ve kendinize aşağıdaki soruları sorun, yanıtlarınızı yazın, yanıtlarınıza 100 üzerinden puan verin.

Ancak adil olmanız gerek.

Kendinizden mükemmellik beklemeyin, doğrularla sizin vereceğiniz yanıtlar farklı olabilir, mükemmel görünmek ve mükemmel olduğunuzu kendinize kanıtlamak için gerçek olmayan yanıtlar vererek kendinizi aldatmayın.

Yanıtlarınızdaki dürüstlüğünüz başkaları için verdiğiniz kararlar gibi olmalı, başkaları için nasıl kararlar verdiğinizi şöyle bir gözden geçirin ve kendiniz için vereceğiniz kararın adil olmasına özen gösterin, başkaları için verdiğiniz kararlarda ne kadar gaddar olduğunuzu hatırlayın, kendinize de gaddar davranın, ancak dürüstçe vereceğiniz yanıtlarınızla eksikliklerinizi görebilir ve kendinizi eğitebilirsiniz.

Yanıtlarınız kendinizi tanımanıza yardımcı olacaktır, burada sorgulayan da yanıtlayan da sizsiniz. Karar tamamen size ait. Gerçek yanıtlarınız sizi ileriye taşır, yoksa yerinizde sayarsınız.

Genele bakıldığı zaman kendini keşfeden insan yüzdesinin çok az olduğunu görüyoruz. Bu konuda net bir istatistik olmamasına rağmen oranın % 2 ya da 3 gibi şaşırtıcı bir rakam karşımıza çıkıyor.

KENDİNİ KEŞFETME TESTİ

1. Kendimi tanıyor muyum?
2. Düşünce gücümün farkında mıyım?
3. Düşünce gücümü kullanıyor muyum?
4. İçinde bulunduğum konumun farkında mıyım?
5. Sorumluluklarım neler?
6. Sorumluluklarımın bilincinde miyim?
7. Sorumluluklarımın üstesinden gelebiliyor muyum?
8. Sorumlu olduğum konumda zorlandığım oluyor mu?
9. Sisteme uyum sağlayabiliyor muyum?
10. Plan yapıyor muyum?
11. Plân yapmada başarılı mıyım?
12. Zaman zaman bile olsa uyarı alıyor muyum?
13. Bireysel hedeflerim var mı?
14. Kurumsal hedeflerim var mı?
15. Hedef tespitini doğru yapabiliyor muyum?
16. Hedeflere ulaşabiliyor muyum?

17. Hiç hata yaptım mı?
18. Yaptıklarımdan hiç pişmanlık duyduğum oldu mu?
19. İşimde yeterli miyim?
20. Eksiklerimi fark edebiliyor muyum?
21. Problemlerin farkında mıyım?
22. Problem çözmede başarılı mıyım?
23. Eleştiri alıyor muyum?
24. Eleştiriler karşısında sinirleniyor muyum?
25. İş yerimde varlığı beni rahatsız eden biri var mı?
26. Hiç teşekkür ya da takdir aldım mı?
27. Çağdaş mıyım?
28. Yeniliklere açık mıyım?
29. Analitik düşünebiliyor muyum?
30. Adil kararlar verebiliyor muyum?
31. Uyum sağlayabiliyor muyum?
32. Çevreme yeterli miyim?
33. Takımıma hakim miyim?
34. Çevremi motive edebiliyor muyum?
35. İnsanları yönlendirebiliyor muyum?
36. Koçluk/Coaching yapabiliyor muyum?
37. Takım ruhu oluşturmada başarılı mıyım?
38. Çevremdekileri eğitebiliyor muyum?
39. Çalışmalarımı başarıya dönüştürebiliyor muyum?
40. Yaratıcı bir şeyler yapabiliyor muyum?
41. Yaratıcı olarak yaptıklarımın farkında mıyım?
42. Öğrenmem gereken bir şeyler var mı?
43. Eğitim almam gerekiyor mu?
44. Dürüst müyüm?
45. Mutlu muyum?

Soruları yanıtladıktan duygularınızın biraz burukluk, bıyık altından tebessüm ve şaşkınlık yaratması çok normal, evet doğrusu bu, yanıtlarınıza şaşırmanız çok doğal. Bu herkes için geçerli, dünyada bu sorulara dört dörtlük yanıt veren yok, çıkmayacaktır da, çıkmaması gerekir. Çünkü bu sorular eksiklerinizi görmeniz için hazırlanmıştır. Hiç kimse dört dörtlük olduğunu iddia edemez, herkesin bir eksik yanı vardır.

Çalışmak bir yaşam biçimidir, yaşam gelişim demektir, gelişim yaşam sürdükçe devam edecektir, her gelecek gün bu günden ileride olacaktır. Çalışma yaşamı da tıpkı yaşamdaki gibi çözülmesi gereken problemlerle doludur ve yaşam gelişim gerektirir. Sorular gelişimin gerekliliğidir, Soruların tümüne doğru yanıtlar verirseniz gelişiminiz durmuştur ve çağın gerisinde kalmışsınız demektir.

Soruların yanıtları

Yanıtlarınız arasında ne kadar olumsuz yanıt varsa o kadar mükemmele yakın, gelişime açık, kararlı ve başarılı birisiniz demektir.

Kendinizi kutlayabilirsiniz.

MR. BRAİN

Aldığım eğitimler içerisinde beni en çok heyecanlandıran "Eğitimcinin eğitimi" eğitimleri olmuştur.

Düşünebiliyor musunuz?

* Beyninizin şifresini çözecek,
* Beyninizin Ar-Ge laboratuvarını hissedecek,
* Beyninizin yaratıcı refleksinin duyumsayacak,
* Beyninizle konuşacak,
* Beyninizi yönlendirme becerisine sahip olacaksınız.

Yerime otururken merak ve heyecan karışımı duygular içerisindeydim.

Eğiticinin eğitimcisi Mr. Brain Dr. Bohle kürsüye geldiğinde atının üstünde savaş başlatmak üzere hücum işareti yapmaya hazırlanan Osmanlı sultanlarına benziyordu.

Mr. Brain kulaklarımızı okşayan muhteşem ses tonuyla konuşmaya başlayınca bilinçaltı söyleyeceklerine odaklanmıştık. Marjinal bir cümleyle başladı;

"İnsan beyninin görkemi hissetmek duygusunda saklıdır."

"..."

"Öyle ki bazen hissettikleri karşısında beynin kendisi de şaşırır."

İki cümle abandone olmamız yetmişti.

"..."

" Hissetmek nedir biliyor musunuz?"

Yanıt beklemeden devam etti;

"Var olmaktır, sevmektir, yaşamaktır, aşktır, hüzündür, gülmektir, ağlamaktır, başarmaktır..."

Mr. Brain sanki lirik bir yazı okuyordu. Duygulanmıştık.

"..."

"Bundan sonraki yaşamınızı hissetmek kelimesi üstüne inşa edeceksiniz."

"..."

"Çünkü eğitimcinin eğitimcisi olmanın ilk kuralı hissetmektir."

"..."

"Artık duygularınızla empati kurmak, yaşamı hissetmek, fark yaratmanın ne olduğunu duyumsamak, damarlarınızdaki kanın saatte yetmiş kilometre hızla akışını hissetmek, dünyanın kendi etrafındaki dönüş hızının saatte 1670 Km. olduğunu hissetmek zorundasınız ve tabi ki evrendeki her şeyin..."

"..."

Mr. Brain Michelangelo gibi beynimize şekil veriyordu.

"..."

Sözlerini bitirince ani bir hareketle;

"Söylediklerimi anladınız mı? Dedi.

Yine yanıt beklemeden konuşmasına devam etti.

"Bir şey söylemenize gerek yok çünkü gözlerinizle iletişim kurmaya başladım bile. Yanıtlarınızı bakışlarınızdan alıyorum."

Şaşkın baktığımızı fark edince;

"Yüz okuma teknikleri eğitimi almadınız mı yoksa!" diye sordu.

Her kes yüz okuma teknikleri eğitimi aldığını söyleyince.

Mr. Brain:

"O zaman eğitimcinin eğitimcisinde olması gereken ikinci özelliği açıklıyorum."

"..."

"Eğitimcinin eğitimcisi karşısındakinin yüzünün (Beden dilinin) neler söylediğini okuma becerisine sahip olmalıdır."

"..."

"Neden?"

"..."

1. İnsan yaşamına yön veren duygular gözlerle hissedilir. İnsanların duygularını algılayamazsanız kimseyi eğitemezsiniz.

Bu eğitimin adı **Ağılayarak eğitimdir.**

2. Empati kurma becerisine sahip olmalısınız çünkü karşınızdakini anlayacak ve ona göre farklı bir eğitim sistemi uygulayacaksınız.

Bu eğitimin adı **Çok yönlü eğitimdir.**

3. Karşınızdakinin eksiklerini hissettirerek eğiteceksiniz.

Bu eğitimin adı **Duble eğitimdir.**

4. Beynin Ar-Ge laboratuvarını hissettireceksiniz.

Bu eğitimin adı **Hissettirerek eğitimdir.**

5. Beynin yaratıcı refleksini duyumsatacaksınız

Bu eğitimin adı **Yaratıcı eğitimdir.**

Mr. Brain her gün bir konu hakkında konuştu. Beşinci günün sonuna geldiğimizde kendimizi farklı hissediyorduk.

Mr. Brain hepimiz için bir idol olmuştu.

Sözlerini şu cümlelerle bitirdi.

"Eğitimcinin eğitimcisinin işi kutsaldır. Bundan sonra hata yapma lüksünüz yok."

Mr. Brain kürsüden ayrılırken her kes oturduğu yerde kalakalmıştı.

O günden sonra düşüncelerimin değiştiğinin farkına vardım. Bazen sevgi dolu, bazen agresif, bazen heyecanlı, bazen hüzünlü, bazen stresli, bazen öfke dolu ancak işin en enteresan tarafı asıl öğrendiğim bu duygularımı kimseye hissettirmeden yaşamımı eskiye göre daha akılcı ve daha yaratıcı sürdürerek devam etmek oldu.

Sonunda kendi kendime şu cümleyi mırıldadım.

"İnsan muhteşem yaratıkmış."

Teşekkürler Mr. Brain.

(CHD)

BİLGİ

Bildiğim bir şey varsa
O da hiçbir şey bilmediğimdir.
Sokrates

İnsanlar genel olarak bilgili olduklarını zannederler, hatta bilgili tavırlarıyla iddialı tablolar sergilerler, oysa insan ne kadar bilgili olursa olsun mutlaka öğreneceği birçok şey vardır.

Asıl bilgili insan bilgisinin yetersiz olduğunu, öğreneceği daha çok şeyler olduğunu düşünen insandır.

Bu her şeyden önce öğrenime ve gelişime açık olmak demektir, bilgili olduğunu zannedenlerde ise bilgi, bilgiden çok kişilik demagojisine dönüşmüştür. Onlar için varsa yoksa kendileridir.

Buraya kadar olan her şeyi bildiğinizden eminim iyide bildiklerinizin ne kadarını kullanıyorsunuz?

İşte burada bir şey söylemem zor çünkü bilginizin ne kadarını kullandığınızdan emin değilim.

İnsanın bütün bildiği kumsaldaki kum tanesidir.
Uzakdoğu Atasözü

Uzak doğu atasözünü duyduğum zaman hem çok şaşırmış hem de çok etkilenmiştim. Aklımdan şunlar geçmişti. "Bilgi ne büyük bir değer.", "Öğrenmem gereken daha ne kadar çok şey var." ve kendim bir bilgi denizinde yüzmeye çalışan biri olduğumu ve sürekli bilgiye ulaşmam konusunda bir karar vermem gerektiğini hissettim.

Her şeyi bilmem çok zordu ancak bilmem gerekenleri mutlaka öğrenmeliydim.

Bilgi devamlı değişkenlik gösteren günümüz dünyasında vazgeçilmez bir ihtiyaç olarak karşımıza çıkıyor. Gelişimin büyük bir hızla gerçekleştiği günümüzde her gün yeni bilgilere gereksinim duyuyoruz, İnsan çok araştırmacı, çok eğitimli olabilir, buna rağmen yine de her şeyi bilmesi mümkün değil. Hangi yaşta ve hangi konumda olursanız olun ve ben her şeyi biliyorum diye düşündüğünüzü sanmıyorum çünkü bu kitabı okumanız öğrenmeyi öğrenmek istediğinizi doğrular.

Gelişime açık olan insan gözlemciliği, araştırmacı özelliği ve öğrenim merakı sonucu öğrendikçe uzmanlaşır, uzmanlaştıkça öğrenir. Öğrenim sanat haline dönüşür ve insan hayata bir sanatçı gözüyle bakmaya başlar, yaşamdaki tüm objelere sanatçı gözüyle bakmak ona bilgelik kazandırır ancak, yine de öğreneceği çok şey vardır. Yaşama sanatçı gözüyle bakan insan bunun farkındadır, çünkü öğrenmenin sınırı yok.

Megaloman tavırlarıyla bilgiçlik taslayan insanın bilgisini kişiselleştirmesi insanlarla arasına mesafe koyar, o zaman kendinizi geri çekersiniz, artık onunla bir şeylerin paylaşılmayacağını düşünürsünüz.

Bana bir harf öğretenin kırk yıl kölesi olurum.
Hz. Ali.

İnsanın insandan ve yaşamdan öğreneceği çok şeyler var, ama nedense bunun farkında değiliz. En yakın aile büyüklerimizin bir hazine olduklarının farkına vardığımızda zaman biraz geçmiştir, o günleri hatırlar ve kaybettiklerimize üzülürüz, onların kulaklarımızda kalan birçok sözünü bir zaman sonra daha iyi anlarız. Oysa onlardan ne kadar çok şey öğrenebilirdik.

Bilgi insanın yaşama bakışını şekillendirir. Bilgi en değerli kaynaktır, ancak bu kaynağın nasıl kullanıldığı önemlidir. Bilgili olmak, bilginin ne kadarının kullanıldığı ile doğru orantılıdır, yani bilginizin ne kadarını kullanıyorsanız o kadar bilgili sayılırsınız demektir. Aksi taktirde siz ne kadar bilgili olursanız olun hiçbir önemi yoktur.

Einstein ve kedileri

Albert Einstein bilimsel çalışmaları nedeniyle çalışma odasından pek dışarı çıkmazmış, bir gün alış veriş için bakkala giderken sokakta yağmurdan ıslanmış yavru bir kedi görmüş, kedinin haline acıyan Einstein yavru kediyi eve getirmiş. Sıcak bir evde olmaktan mutlu olan kedinin sevimli hareketleri Einstein'ın hoşuna gitmeye başlamış, ancak kedinin bir odadan bir başka odaya gitmek isteyince kapının açılması için miyavlamaya başladığını fark eden Einstein buna bir çözüm bulmuş. Einstein kedinin kapının açılmasını beklemeden diğer odaya geçebilmesi için duvardan kedinin geçebileceği kadar bir delik açmış, bir zaman sonra kedinin yavruları olmuş. Einstein bu defa yavruların geçmesi için duvarda küçük bir delik daha açmış, Bir gün Einstein'ı ziyarete gelen bir arkadaşı duvardaki delikleri görünce merak ederek;

"Bunlar ne?" diye sormuş.

Einstein;

"Kedinin geçmesi için." yanıtını vermiş.

Arkadaşı bu kez;

"Peki bu küçük delik niye?" diye sormuş.

Einstein;

"O da yavrunun geçmesi için." diye karşılık vermiş.

Einstein'ın arkadaşı şaşkın bir halde

"Büyük delikten anne kedi de geçer yavru da. Bu küçük deliğe lüzum yoktu ki." demiş.

Einstein düşünmüş, yaptığına çok şaşırmış ve;

"Doğru ya." demiş.

Çalışma sektöründe özellikle yaratıcılık gerektiren departmanlarda çalışanların bilgi konusuna özen göstermeleri gerektiği gibi bilginin kullanımı konusuna daha çok özen göstermeleri gerekir.

Hala devam eden yöneticilik yaşamımda en çok dikkatimi çeken şeylerden biride çalışanların bilgilerini kullanmamaları olmuştur. Ekip elemanları ile yaptığım ikili çalışmalarda ve denetimlerde şirket içi eğitimlerde en yüksek puanı alanların dahi bilgilerini kullanamadıklarını gözlemledim. Çalışanların bilgilerini kullanamama nedenini araştırdığımda birçok neden gördüm.

Bunlar:

- Bilgi kullanım bilincinin oluşmaması;
- Psikolojik olarak hazır olmamak;
- Özgüven eksikliği;
- Bilgi kullanımına kişisel becerinin katılmaması;
- Bilginin kullanımı konusunda rol oynamakta deneyim kazanılmaması ve denetim eksikliğiydi.

Çalışma sektörünün lokomotifi satış ekibidir. Satış ekibi şirketlerin en önemli departmanı ve gözbebeğidir. Şirketlerin geleceği konusunda önemli bir güç olan satış ekibi için mesleki eğitim oldukça önemlidir. Çalışma yaşamım boyunca mesleki eğitimlere çok önem verildiğini ancak bilginin kullanımı konusunda gerekli eğitimin yeterli olmadığını gözlemledim hatta kulaktan dolma bilgilerle insanları satış departmanlarında çalışmaya zorlandıklarını tespit ettim.

Bana göre çok önemli ve yararlı olmasına rağmen bazı istisnalar hariç maalesef mesleki eğitimler ya gerektiği gibi yapılmıyor ya da tamamlanamadan yarım kalıyordu. Nedenini araştırdığımda tüm lider yöneticilerin eğitim konusuna önem vermelerine rağmen bilginin kullanımı konusunda yeterli çalışma yapma bilincinin oluşmadığını gözlemledim. Bu yapılmaması gereken en son şeydi.

Satış uzmanı olarak çalıştığım yıllarda bilgi ve bilginin kullanımı konusunda eksikliğimi hissettim. Bunun rakip firmaların satış uzmanlarında da aynı olduğunu gözlemledim.

Satış uzmanlığında bilginin başarılı bir şekilde sunulması için belirli bir yöntem vardır. Satış tekniklerinde bu yöntem açıkça anlatılmaktadır, ancak kişisel yeteneklerini kullananların bilginin sunulması konusunda yaratıcılıkları ile çok daha etkili çalışmalar yaptıkları bilinir. Bu insanlara bakıldığında yaratıcılıklarını kullanarak işlerine sanatı kattıklarını görürsünüz, hele bir de şirket içi mesleki eğitimlerde özellikle bilginin kullanımı konusu çok iyi işlenirse başarı şansı daha yüksek olur.

Satış ekibine, bilginin kullanımına yönelik eğitim içinde önemli bir yeri olan rol oynama konusunda deneyim kazandırılması şarttır.

Bu konu tahminlerden bile önemlidir.

Çünkü bilgi kullanımı için deneyim gerekir.

Bildiğini zannetmek

Eğitim verdiğim insanlar içinde çok zorlandıklarım oldu. Bunlar bilgileri eksik olanlardan ziyade bilgili olduklarını zannedenlerdi, çünkü bildiğini zannedenlerin yanlış bilgilerini değiştirmek çok zordu. Bildiğini zannedenlerin bakışlarındaki anlamsızlık beni çok şaşırtıyordu, bilgilerinin yetersiz olduğunun farkında bile değillerdi. Yanlış bilgilerinin farkında olmadan bir şeyler bildiklerini sanarak konuşmaları, yanlış bilgilerini savunmaları daha da şaşırtıcıydı.

Yönetici eğitimci olarak çalışmalarımda yanlış bilgilere sahip, bilgileri yetersiz ancak çok sevdiğim insanlar oldu. Bu insanları eğitmek ve yetiştirmek konusunda çok istekli ve kararlı bir şekilde üstlerine gittim, ısrarla ve zaman zaman olumlu bazen de agresif davranışlarla eğitilmeleri için çok çaba harcamama rağmen istediğim sonucu alamadım.

Çok şaşırmıştım. Neden diye uzun gözlemler yaptıktan sonra şu yargılara vardım:

* Gelişim değişim ve yenilik gibi konulara açık değillerdi.
* Kişisel gelişim konusunda eksiklikleri vardı
* Algılama kapasiteleri sınırlıydı.
* Önyargıları hep ön plândaydı.

* İşin öneminin farkında değillerdi.
* Yaşamlarını zaafları yönetiyordu.
* Değer yargıları farklıydı.
* Öğrenmenin, başarının temeli olduğunun bilincinde değillerdi.
* Liderlik ruhuna sahip değillerdi.
* Lider/yöneticilik hayalleri yoktu.
* Bulundukları ortamda mutluydular.
* Hedefleri yoktu.

Eğer bir şeyler olmak, bir şeyler yapmak, bir yerlere gelmek istiyorsanız kişisel gelişimizi kimin, neyin engellediğinin ve engelleyen her kim ya da neyse niçin engellediğinin farkında olmalısınız.

KİŞİSEL GELİŞİM

Gelecek için şimdi değişim.

Değişimde zaman süreci yoktur.

Çünkü;

Değişim gerekliliktir ve hemen gerekir.

Değişim için:

- Her şeye yeniden başlamak gerekir

Değişim için, mutlak değişim.

Kişiliklerin değişmeyeceği düşüncesi sadece bir masaldır, doğanın bile değiştiği evrende kişiliklerin değişmesi çok normaldir, hele bir de gelişim için değişim gerekiyorsa.

Evrendeki değişim gibi sizin de mutlaka değişmeniz gerektiğini asla unutmayın.

Önce kendinize şunu sorun:

"Neden değişmeliyim?"

Değişim gereklilikleri nelerdir?

- Dünya sürekli değişim halinde
- İnsan değişim halinde

- Düşünceler değişim halinde
- Bilgi değişim halinde
- Yönetim değişim halinde
- Teknoloji değişim halinde
- Üretim değişim halinde
- Pazar değişim halinde
- İstekler değişim halinde
- Beğeniler değişim halinde
- Mevsimler değişim halinde
- Yaşam değişim halinde

Her şeyin sürekli değiştiği evrende neden değişmeniz gerektiğinin bilincinde olmalı ve mutlaka değişim hızına ayak uydurmalısınız yoksa çağın gerisinde kalırsınız.

Ses hızının aşıldığı, ışık hızına ulaşmanın planlarının yapıldığı dünyadaki yerinizi almalısınız.

Herkesin yaşamında kendisi için bir plânı olmalı, herkes kendisine gelecek için bir hedef belirlemeli ve önce kendisine şunları sormalıdır: Ben kimim, neredeyim, ne yapıyorum, ne yapmam gerek. İnsan kendisine ne kadar çok soru sorarsa gelişime o kadar açık demektir ve o oranda gelişim gösterir. Soru öğrenmektir, soru gelişim demektir.

Yaşamınızı sonbahar rüzgârına katılan yapraklar gibi kendi haline bırakamazsınız, yaşam emek ister, yaşam mücadele gerektirir. Kim olduğunuzu, nerede olduğunuzu sizden başka kimse size sormaz. Eğer bu soruları kendinize soruyorsanız ya da daha önce sorduysanız ki sormuş olmalısınız, sormadıysanız da hemen sorun, işte o zaman kişisel gelişim konusunda sizde bir şeyler ya başlamıştır ya da başlayacaktır, sorular gelişimin basamaklarıdır.

Kişisel gelişimi henüz oluşmamış insanların yaşamlarında bir tekdüzelik dikkati çeker, insanın önce bu tekdüzelikten kurtulması gerekir. İnsanın kendinde bir şeyleri fark etmesi için gözlemci olması şarttır. Gözlemci olmak soruları getirir, her şey bir şeyleri fark etmekle başlar, fark etmekle birlikte gelişim seçenekleri ortaya çıkar, seçenekler zamanla yerine oturur ve ardından özgüven oluşmaya başlar.

Kişisel gelişimini tamamlamış insanlar arasında yaptığım araştırmada bu insanların çok meraklı olduklarını ve kendilerine sürekli bir şeyler sorduklarını öğrendim, yaşamlarının neden, niçin, nasıl soruları ile geçtiğini anlamak hiç de zor olmadı. Sadece kendi kendilerine soru sormakla kalmayıp her soruya kendilerince yaşamsal objelerden yararlanarak mutlak bir cevap buluyorlardı. Soruları genelde yaşamın gizemi, mükemmellik, kalite, iyinin iyisinin kazanılmasına odaklanmıştı.

Kişisel gelişime kapalı insanlar arasında yaptığım araştırmalarda ise bu insanların yaşamdaki önemli şeyleri ya fark etmedikleri ya da ilgi duymadıklarını gözlemledim.

Kendilerine soru soranların da sormayanların da ortak yanı, yaşamı olduğu gibi kabul etmeleriydi. Yaşamı olduğu gibi kabul etmek gerekliydi, ama zaman içinde gelişmek de gerekliydi. Soru soranların gelişimin farkında olduklarını, soru sormayanların ise gelişimin farkında olmadıklarını gözlemledim.

Yaşamda çok çeşitli özelliklere sahip yapı çok önemliydi.

Henüz oluşmamış kişiliklerde özgüven eksikliğiyle birlikte yetenek ve beceri endişesi yaşanır, mücadeleye başlamadan umutsuzluk, umutsuzlukla birlikte bilinçaltı kendini küçük görme hissi ortaya çıkar, insan kendini baskı altında hisseder, başkalarını daha güçlü zanneder, oysa dünyada kimsenin kimseden farkı yoktur. Yaşam çok büyük bir süreçtir, hiçbir şeyi iki günde elde edemezsiniz, eğer siz kararlı iseniz kendiniz için çizmiş olduğunuz yoldaki çabalarınız sizi er geç başarıya götürür. Özgüven duyuyorsanız ve kararlı iseniz her şeyden önce kendinize tebessüm edin. Yapılması gereken sadece ve sadece bir yerden başlamaktır. Öğrenci misiniz, çalışmalısınız, alacağınız yüksek puanın size sunulmasını beklemeyin. İş mi arıyorsunuz, yılmadan, iş görüşmelerindeki kişiliğiniz ve gösterdiğiniz performansınızla, "Tamam aradığımız bu," dedirtmelisiniz.

Yaşamda sizin de bazı haklarınız vardır, bu haklarınız size verilmez, siz alacaksınız.

Kişisel gelişime açık olmak

İnsan kişisel olarak gelişmeye açık bir yaratıktır. Günümüz hayat şartları kişisel gelişim gerektirmektedir ve bu sürekli gelişimin gerisinde kalamazsınız. Kişisel gelişim herkesin istediği ve arzuladığı bir süreçtir. Bu sürece girmeniz için mutlaka kişisel gelişim çabası içinde olmalısınız, eğitim ve öğrenim adına yaşamın tüm objelerinden yararlanmalısınız.

İnsanın nerede olduğunun farkında olması, kaybettiği önemli bir şeyi bulmasına benzer.

Kişisel gelişim öğrenmenin başlangıcı ile eşit oranda ilerler, ne kadar öğrenirseniz kendinizi kişisel açıdan o kadar geliştirirsiniz.

Kişisel gelişimin temeli insanın kendisini tanımasıdır, tanımak öğrenme gereksinimi doğurur, öğrenme ve düşünce gücü ile farkında olmadığınız yetenek ve yaratıcılığınız ortaya çıkar, ne olduğunuz ortaya çıkar, neler yapabileceğiniz ortaya çıkar. Bunu istiyorsanız ne âlâ, istemiyorsanız, kimsenin sizin için yapacağı hiçbir şey olamaz.

Şu an okuduklarınıza dikkat edin, okuduklarınızın size hiç de yabancı olmadığını fark edeceksiniz. Bu yazılanların ne anlam ifade ettiğini bir yerlerden hatırlıyorsanız, şu an okuduğunuz satırlarda kendinizden bir şeyler buluyorsanız, kişisel gelişime yakınsınız demektir.

Bu satırlarda okuduklarınız içinizde var gibi, bu satırlarda bir şeyler hissediyorum, bana hiç de yabancı değil, aslında ben bunları biliyorum, diye düşünüyorsanız kişisel gelişimin kıvılcımları vardır ya da başlamıştır.

Kendisini gerçekten kişilik olarak geliştirmiş bir insanın aile yaşamı, iş yaşamı ve sosyal yaşamı farklıdır, sıra dışıdır, çünkü o bir yaşam ustasıdır.

POZİTİF ENERJİ

Bir ben var bende benden içeri.

Yunus Emre

Pozitif enerji insanın içinde bir güç olduğunu hissetmesi, içindeki dürtülerin farkında olması ve bunu pozitif yönde kullanmasıdır.

Yunus bu sözleri ile içindeki Yunus'un görkemini, gücünü vurgulamak istemiş, içinde onu yönlendiren, düşündüren ve ***bir ben var benden içeri*** diyebilecek düşünce gücüne sahip olduğunu anlatmak istemiş.

Yunus'un içinde bir ben daha olduğu yargısı insanı gizemli düşünce dünyasına götürüyor.

Çalıştığım işyerinde işim nedeniyle bire bir yakın olduğum yirminin üstünde arkadaşım vardı, hepsi birbirinden farklıydı, hepsinin değişik yaşam görüşleri vardı. Kimi çok soğukkanlıydı, kimi içine kapanık, kimi konuşkandı. Kimi kıskançtı, kimi kinci, kimi sevecendi. İçlerinde biri vardı ki herkesin olduğu gibi benim de çok ilgimi çekerdi. Çok farklı bir kişiliği olan bu arkadaşım her zaman güler yüzlü, her zaman neşeli tavırlarıyla dikkatleri kendisinde toplardı. Sanki onun için her gün bayramdı, bulunduğu her ortama hemen uyum sağlar, gergin ortamları bile esprileriyle neşeye boğardı. Ayırımsız herkese çok sıcak davranışlarıyla arkadaş gurubumuzun en çok aranan insanıydı, bulunduğu ortama sanki mutluluk yıldızları serpiştirirdi, marjinal bir kişiliği vardı.

Bir gün sordum:

"Sen her zaman çok neşeli ve çok enerjiksin, bu enerji nereden geliyor?"

"Yaşamdan."

"Sence yaşam ne demek?"

"Yaşam o kadar güzel ki, insanları seyrederken çok keyif alıyorum. Tanrı her insanı başka başka özelliklerde yaratmış, öyle ki bir insan bir başkasına benzemiyor, her insanda farklı gizemler hissediyorum, kiminin saçları, kiminin gözleri, kiminin adım atışları, kiminin gülüşü, kiminin kalçası, kiminin elleri, kiminin ses tonu, kiminin ten rengi beni çok duygulandırıyor, her insanda başka heyecanlar hissediyorum. Güneşi, bulutları, yaprakları, çiçekleri, yağmuru ve yıldızları seyrederken içim gidiyor, her nefes alışta içim içime sığmıyor, yaşamak çok keyifli."

"Peki, yaşamdan ne bekliyorsun?"

Hiçbir şey. Yaşamda hedeflerime ulaşmak için beni motive edecek aradığım her şey var. Daha ne bekleyebilirim ki?"

İnsanlar zaman zaman yaşamda aradıklarını bulamadıklarından umutsuzluğa kapılırlar, hatta zaman zaman beklemediğiniz sürprizler sizi zor durumda bırakabilir. Sonuçta durum her ne olursa olsun yaşam devam eder.

> ***Baş eğmek kaçınılmazsa mağlubiyet yeniklik sayılmaz.***
> ***Sokrates***

Yaşamda her şeye rağmen mücadeleye devem etmek zorunda olduğunuzu unutmamalısınız, siz başarıya giden yolda ilerlerken yenilgiler de olabilir. Yenilgi varsa yenilen olaylardır, siz yenilmediniz.

Yaşam boyu hep bir şeyler ararız, ancak yaşamda ne aradığımızın farkında olmalıyız, ne aradığının farkında olan insan bir bakıştan bile değişik duygular hisseder, içi ısınır ve kendini daha güçlü hisseder, yaşamdan keyif alır, daha yaratıcı, daha üretken ve daha kararlı olur.

İnsanlar kendilerini beğenen yaratıklardır, yaşama bağlanma kuvvetini, yaşamın zorluklarıyla mücadele etme gücünü beğeni duygularından alırlar, insanlar her ne durumda olursa olsunlar mutlaka kendilerinde beğendikleri bir şeyler bulurlar. Genellikle, insanların kendilerinde beğendikleri şeyler fiziki özellikleridir, bu içgüdüsel duyguyu herkes yaşar, sokağa her çıkışımızda izlendiğimizi hissederiz. Bir de insanın yaptıklarını beğenmesi vardır, düşüncelerini beğenen, yeteneklerini beğenen, becerisini, sanatını beğenen, başarılarını beğenen insanlar vardır. Asıl beğeni burada başlıyor. İnsanın kendisini beğenmesi ile birlikte yaptıklarını beğenmesi çok önemlidir, yani insan hem kendini hem de yaptıklarını beğenmelidir. Hele yaptıkları başkaları tarafından da beğeniliyorsa kişisel beğeniler insanda pozitif enerji üretir.

İnsan yaptıklarıyla beğenildiği hissedince özgüven duygusu hissediyor ardından da özgüven pozitif enerjiye dönüyor.

Özgüven pozitif enerji, pozitif enerji özgüven yaratır. Bunlar birbirini harekete geçiren iki ayrı, ancak birbirini tamamlayan duygulardır. Pozitif enerji için önce özgüven şarttır. Çünkü özgüven enerjinin pozitif yönde kullanılmasını sağlar.

İnsan bir enerji kaynağıdır, bir güç kaynağıdır, insan yapısı nedeniyle mükemmeli arar, onun için başarmanın sınırı yoktur, geçmişten günümüze baktığımızda insanoğlunun neler yaptığını, neler yarattığını şaşkınlıkla görürüz, görürüz de kendimize hiç sormayız ben neler yaptım, neler yapabilirim, diye.

Günlük yaşamımızda her gün kullandığımız ampulün farkında olmuyorsak, bir yerlerde bir şeylerin eksik olduğunu düşünmemiz gerek.

Edison'un çağımıza ışık tutan bu buluşunun önemini ancak elektriklerin kesilmesi sonucu fark ediyoruz.

1980 yılında Bayer A.G.'nin Almanya'daki Leverkusen, Urdingen ve Uppertal'deki fabrika ve araştırma-geliştirme laboratuvarlarını ziyaret ettiğimde gördüklerim karşısında çok şaşırmıştım. Buralardaki çalışanlara hayran olmamak elde değildi, araştırma geliştirme laboratuvarlarında çalışanlara ayrı bir hayranlık duymuştum, Ar-Ge'de çalışanların iş disiplini anlayışları, yaratıcı çalışmaları beni çok etkilemişti. Bu insanlar sanki ayrı bir dünyada yaşıyorlardı. İnsanların çalışmalarını izlerken yüzlerindeki anlam bir mucit 'in yaratıcı çalışmalarını çağrıştırıyordu, her çalışan sanki o tesislerin gerçek sahibiydi, işlerine karşı gösterdikleri ciddiyet ve çalışma şekilleri hiç görmediğim ayrı dünyaların insanları izlenimini veriyordu. Bir insan işine ancak bu kadar sahip çıkabilir, bir insan insanlık için ancak bu kadar yaratıcı çalışmalar yapabilir, bir insan işinin ancak bu kadar bilincinde olabilirdi. Yaptıkları her işe sanatın yaratıcılık gücünü kattıkları hissediliyordu, çevresindeki insanları görmüyorlardı, aslında çevrelerindeki her şeyin farkındaydılar ama işlerine öylesine konsantre olmuşlardı ki sadece yaptıkları işi düşünüyorlardı.

İnsan yapısında bulunan güç kaynağını kullanmak zorundadır. Nasıl kullanabilir? Ya pozitif hale getirir, kendini geliştirir, uygular, yaratır ya da negatif yönde kullanır, olumsuz, agresif davranışlar sergiler, yada tembeldir, yerinden kalkmaz, tıpkı bir elektrik santrali gibi fazla enerjisini toprağa verir. Tembel insanların da durumlarından memnun olmadıkları gözlenir. Tembel insanlar yapmayı plânladıklarına bir türlü başlayamadıklarından kendi kendilerine yakınırlar, oysa bir kere başlasalar arkası gelecektir.

Çünkü başlamak bitirmektir, hedef önce başlamak olmalıdır. İnsan bir kere başlasa başlamanın keyfine kendi de şaşıracaktır.

Başlamak başarmaktır.

İnsanın tek rakibi kendisidir.

İnsan önce kendini yenmelidir.

Kendinize engel olmayın, bırakın içinizde ki yaratıcı düşünceler sizi yönlendirsin. Başarıya giden plânları siz yapın ve uygulayın. Her ne kadar kendinizi zaman zaman yalnız hissetseniz de aslında yalnız olmadığınızı bilmelisiniz, içinizdeki sizi hissedin, içinizdeki sizin sesini dinleyin, kimseden yardım almanıza gerek yok, yeter ki konuya odaklanın ve neler yapılması gerektiğini araştırın ve kararlı olun. Her şeyden önce mücadele edin, kötü sürprizler olsa da sakın pes etmeyin, siz yenilmediniz, sizin dışınızdaki olayların gelişimi bu duruma neden olmuştur, ama bundan sonra tüm ihtimalleri kontrolünüz altına almaya çalışmalısınız. Çalışma yaşamındaki sürprizler öyle gergin ortamlar yaratır ki, kişisel sürtüşmeler başta olmak üzere birçok neden umutlarınızı, sabrınızı ve gücünüzü zorlar, neden ve niçinler altında psikolojik baskılar yaşarsınız. Bütün bunların başarıya giden yolda olası engeller olduğunu ve aşılması gerektiğini kabul etmelisiniz ve bu engelleri mücadele ederek aşmanız gerektiğini unutmayın, bu gücün sizde var olduğunun bilincinde olmalısınız, sadece ve sadece gücünüzün farkında olmalısınız ve gücünüzü kullanmalısınız. İnsan yapısı itibariyle başarma gücüne sahiptir, bunu fark edin ve farklılıklar yaratın.

Düşünce gücünüzde var olan cevherleri gün ışığına çıkarıp pozitif hale dönüştürürseniz üstesinden gelemeyeceğiniz hiçbir şeyin olmadığını göreceksiniz.

Başarılı insanlar genetik yapılarında olan güç kaynağını pozitif hale getirebilenlerdir. Umutsuzluk birçok insanda ben yapamıyorum düşüncesi yaratır, İnsanın kendine olan inancını kaybetmesi en kötüsüdür, sakın inancınız kaybetmeyin. Geçici motivasyon çöküntüleri olabilir, her şeye rağmen inancınızı kaybetmez ve başarısızlığı bir deneyim olarak algılarsanız sonunda başarıyı yakalarsınız.

İnsan beyni enerjisini kullandıkça daha çok enerji üretiyor.

SEVGİ

Sevgi ve paylaşım yaşam bütünlüğünü oluşturur. Çiçeklerde, yıldızlarda, ayışığında, mevsimlerde, her yerde sevgi var. Çiçekleri, yıldızları, müziği, sinemayı, tiyatroyu, sanatı severiz, kısaca her şeye rağmen yaşamayı severiz ve mutlaka sevecek bir şeyler buluruz. Çünkü sevgiye muhtacız. İnsanın geninde olan sevgi dünya var oldukça hep var olacaktır.

Yaşam, sevgi ve paylaşım demektir.

İnsan dünyaya geldiğinde önce sevgiyi gördü.

Bir eğitimde, sevgi neyi çağrıştırıyor diye sordum. verilen ilk on yanıt şunlardı:

- Anne,
- Sevgili,
- Çocuk,
- Arkadaş,
- Dost,
- Çiçek,
- Mevsimler,
- Doğa,
- Tatil,
- Para.

Yanıtlarda dikkatimi çeken şey ilk beş cevabın insan kökenli olmasıydı.

Sevgiyi yaşamayan, sevgiyi içinde hissetmeyen insanın başarılı olması zordur. İnsanın sevdiği konularda çok daha başarılı olduğu bilinmektedir. Her başarının arkasında sevgi vardır, sevgi ortamları vardır. Başarılı ortamları izlediğimde sevgiyi hissettim, buralarda sevginin nasıl oluştuğunu araştırdığımda nedeninin lider yönetici kaynaklı olduğunu gördüm, bu çalışma ortamlarında çalışanların sevgi yumağı oluşturduklarını gözlemledim. Başarı mı? Tabii ki vardı.

Sevgi neyi çağrıştırıyor sorusuna verilen ilk beş yanıtın nedeni bir başka insandı. Yani insandı.

Mevlana'ya aşk nedir diye sormuşlar, Mevlana: "Ben ol da gör," demiş.

Mevlana'ya göre sevgi öylesine farklı, öylesine gizemli bir şey ki anlatılmaz, hissedilir, insanın içindedir, sevgi yaşanır ve paylaşılır.

Mevlana, sevgiyi dünyada en yoğun yaşayan birkaç ünlü düşünürden birisidir. Mevlana'nın sevgi ve hoşgörü felsefesi konusundaki sözleri insanın özünü anlatmaktadır.

"Gel, yine de gel, kim olursan ol, ister putperest, ister Mecusi ol, bin kere tövbeni bozmuş olsan da gel, burası hak dergâhıdır, burada herkese yer var." Onun sevgi dolu sözleri insanı yürekten etkilemektedir.

Prof. Dr. İzzettin Doğan Mevlana'yı dünyanın bütün aydınları tanıyor bizden başka diyor.

Mevlana'yı öğrendikten sonra yaşam konusundaki görüşlerimin değiştiğini hissettim, hoşgörü felsefesinin kişisel gelişim konusundaki önemini fark ettim.

Bana göre Mevlana felsefesinin asıl önemli yanı yaşamdaki her şeye karşı hoşgörülü yaklaşımdır. Günümüzde bu yaklaşımın her şeyin başlangıcı olduğu yargısına varılmış olması, hoşgörünün ne kadar önemli olduğunu vurgulamaktadır.

Mevlana şöyle diyor:

- Hoşgörülülükte deniz gibi ol.
- Tevazu ve alçak gönüllülükte toprak gibi ol.
- Başkalarının kusurunu örtmede gece gibi ol.
- Şefkat ve merhamette güneş gibi ol.
- Cömertlik ve yardım etmede akarsu gibi ol.
- Ya olduğun gibi görün ya göründüğün gibi ol.

Bütün insanları yaşam çatısı altında hoşgörülü paylaşıma davet eden Mevlana'yı öğrendikten sonra insan onun felsefesini içinde hissediyor.

Bence insanların toplumsal paylaşım bilincinde olmaları gerek, yaşam işte o zaman yaşamdır. Zor anlarınızda yanınızda ya da içinizde biri yoksa başınızı göğsüne koyacağınız, hayallerinizde bile olsa sevinçlerinizde, hüzünlerinizde sarılacağınız biri yoksa bir şeyler eksik demektir.

Evrenin en mükemmel yaratığı olan insana sunulan doğanın gizemli armağanlarından kendi payınıza düşenleri sevgi dünyanızda büyütürseniz içinizdeki sevgi sizinle büyür ve sizi yüceltir.

İnsanlar birbirlerini sevdikleri zaman birbirlerine yardım ederler. Sevgi toplumlarında yardımlaşma vardır, dayanışma vardır, mutluluk vardır, sinerji vardır. Aile bireyleri arasında temel öğe sevgidir, birinin sevinci hepsinin sevincidir. Ailenin kökeninde sevgi olduğu için aile üyeleri her türlü zorluğu birlikte göğüslerler, zorlukların üstesinden gelmek için çırpınırlar. Birbirlerine karşı birbirleri için canlarını verecek kadar fedakârdırlar. Anne ve baba çocuklarının geleceği için yiyecek ve giyeceklerinden fedakârlık eder, yemez içmezler sadece çocuklarının başarılı olmasını düşünürler. Bunun tek nedeni gizemli bir kelime olan sevgidir.

Sevgi başarı ve kararlılık

Büyüdüğü kasaba büyük şehirlere çok uzaktı, liseyi bitirdikten sonra üniversite için İstanbul'a gitmesi gerekiyordu. Ailesi ekonomik durumları kötü olmasına rağmen onun iyi bir eğitim almasını istiyordu. Babası, "Ceketimi satıp seni okutacağım, yeter ki sen oku," diyor, annesi ise elindeki mendille gözyaşlarını silerek, "Sen İstanbul'da tek başına ne yaparsın, ne yersin ne içersin, çamaşırlarını kim yıkar, geceleri üstünü kim örter, hasta olsan sana kim bakar," diye ağlıyordu. Onlardan ayrılmak çok zordu, bir yandan onlardan ayrılmak istemiyor, bir yandan da hayallerindeki güzel sanatlar akademisi eğitimini yapmak istiyordu.

Ayrılık sahnesi çok dramatik oldu. Annesi uzun uzun sarılarak öperken annesinin gözyaşları hem yanaklarını hem de yüreğini ıslattı. Annesinin, "Kurban olurum; kendine iyi bak, sakın üşütme, hemen mektup yaz," sözleri ve ne zorluklarla biriktirerek sakladığı bir miktar parayı göğsünden çıkararak avucuna koyuşu onu çok etkilemişti, gözleri buğulandı.

Babası, "Hadi aslanım göreyim seni, yolun açık olsun," derken bir yandan da elleriyle gözlerini ovuşturuyordu. Babasının sözleri ve annesinin yaşlı gözleri iki gün süren tren yolculuğu boyunca aklından hiç çıkmadı. Ayrılırken yaşadığı bu dramatik tablo ona bir şeyi hatırlattı, bu fedakârlıkların karşılığını vermesi gerekiyordu, başarılı olmalıydı, üniversiteyi başarıyla bitirmeliydi.

Akademi yılları çok zor geçti, en kolayı derslerde başarılı olmaktı. Fatih'te kaldığı öğrenci yurdundan Fındıklı'daki akademiye yürüyerek giderdi, yürürken zorlanmazdı, aslında babasından gelen para yetmiyordu, ama bunu sorun etmiyordu, yol boyu insanları ve çevreyi seyrediyordu. Yaşarken uzun, bittiğinde ise çabuk geçtiğini düşündüğü o yıllar çok çabuk geçti. O yıllarda yaşadıklarından iki şey öğrendi.

Birincisi tüm zorluklara rağmen kararlı olmayı, ikincisi, yaşam şartları nasıl olursa olsun başarılı olması gerektiğini öğrendi.

Bunları öğreten tek şey sevgiydi.

POZİTİF ENERJİ VE İNSAN

Çalışma yaşamımda işim gereği zaman zaman seyahat etmek zorundaydım. Seyahate aynı işi yapan bir arkadaşla çıkardım. Hiç unutamadığım bir arkadaşım vardı, onu ilk defa iş seyahatine giderken daha yakından tanıma fırsatı buldum. İyi ki tanımışım, çok neşeli bir insandı, olayları biraz daha mizahi açıdan düşünür ve konuşurken kahkahalarla gülerdi. Yine bir gün iş seyahatine çıkarken onu da aldım. Çünkü beni motive ediyordu, aramızdaki samimiyet biraz daha ilerlemişti, onun sıcak tavırları, yaşama bakış açısı ve duygularını dile getirişi oldukça enteresandı. Benim asıl dikkatimi çeken ve çok ilginç bulduğum şey ise ıssız tepeler arasında yol alırken birden bire bir nara atmasıydı. "Hey, çekilin lan, dağların kralı geliyor!" diye bağırır, ardından kahkahalarla gülerdi. Gülüşü öyle sevimli ve öyle içtendi ki... Bu kadar doğal bir gülüşe ilk defa tanık oluyordum. Bunu ilk defa yaptığında çok şaşırmıştım ve hoşuma gitmişti, ne demek istemişti diye de merak etmiştim. Çok neşeli bir tavrı vardı, bu naralar ara sıra devam etti. Onun bu bağırışı beynimde bir ışık yakmıştı, var olan ancak farkında olmadığım bir kıvılcımı ateşlemişti. Sonra ben de ona iştirak etmeye başladım, onda gördüğüm, sonra bende de başlayan bu davranışın ne olduğunu düşündüm. Bir şey vardı bu davranışta, bu davranış pozitif duygularımı tetikliyordu. Yaşama bakış açımı değiştiriyordu, yapmak istediklerimi düşünürken beni daha istekli ve canlı kılıyordu, kendimde değişik bir enerji hissediyordum, hareket gücümü artıran bu davranış beni motive ediyordu, verdiği dürtü çok olumluydu, bunun bir adı olmalıydı, neydi bunun adı? Beni tetikleyen bu duygunun ne olduğunu sonunda buldum.

Bu duygunun adı pozitif enerjiydi.

Yaşamın sevgi ve paylaşım olduğunu bir kere daha hissederek içimde pozitif enerji oluşturan bu dürtüler düşünce şeklimi değiştirmişti. İnsan elbette çevresinden pozitif enerji almalıdır, ancak içindeki pozitif enerjinin de farkında olmalıdır.

İçinizdeki pozitif dürtüleri duymalısınız, bir başkasını beklemeyin çünkü her zaman birilerini bulamazsınız.

Eğitimlerde karşımdaki insanlara aktarmak istediklerimi coşkulu bir şekilde anlatmanın çok yararını gördüm, coşkulu anlatım hem kendimde farklı bir anlatım tarzı hem de dinleyenlerin bakışlarında pozitif kıvılcımlara dönüştü. Bu çok önemliydi, anlatmak istediklerinizde başarıyı yakalıyorsunuz, herkesin konuya katılımı, ilgileri ve soruları ile anlatmak istediklerinizin anlaşıldığını ve eğitimin ya da toplantının başarılı geçtiğini görüyorsunuz.

Bir konuşmada pozitif enerjinizi hissettirin, bu tavrınızın karşınızdaki bakışlardan size geri döndüğünü göreceksiniz.

Pozitif enerjinin etkileme sanatında oldukça önemli bir yeri var.

GÜVEN

Kurumsal bir işletmenin eğitiminde "İşyerinizde en çok ne istersiniz?" diye sordum.

Verilen ilk beş yanıt şunlardı:

- Sevgi
- Saygı
- Güven
- Para
- Terfi

"Tek yanıt vermenizi istesem hanisini seçersiniz?" diye başka bir soru sordum. Yanıt:

"Güven." Oldu.

Nedenini sordum verilen yanıt şöyleydi:

İnsan kendini güvende hissettiği zaman diğerleri kendiliğinden geliyor güven olmayınca tedirgin duygular insanın içini kemiriyor, yaratıcı olamıyor, işinden keyif almıyor, yarın ne olacağının endişesini yaşıyor ve işine konsantre olamıyor.

Haklıydılar.

Çünkü;

Güven toplumsal sermayedir.

İnsanın dolayısıyla toplumun ayakta durabilmesi için en önemli değerlerden birisidir.

İnsanlar birbirlerine güvenmek zorundadırlar.

Güven vicdanınıza emanet edilen duygudur, size duyulan güven bir sermayedir, bu sermayeyi iyi kullanmak zorundasınız, bu sermaye tükenirse geri dönüşü olmayan birçok değeri kaybedersiniz ve kendinizi çırılçıplak hissedersiniz.

Güvenilir olmak yaptıklarınızla ilgilidir, yaptıklarınız sonucu size güven duyulur. Önce kendinize güvenin ve bunu her alanda hissettirin, karşımızdakiler bunu hissetmek isterler.

Güven insanın kendini iyi hissetmesi için çok önemlidir. Okyanus fırtınalarında kalmış bir geminin sığınacağı bir limandır.

Hayatımda bana kendimi iyi hissettiren duygunun arkasında hep güven vardı. Mutlu olduğum zamanların nedeni hep güven duyduğum bir şeylerin olmasıydı.

Sevilme duygusunun verdiği güvenin ardından dostluklar, arkadaşlıklar ve ekonomik güç sıralaması hiç değişmiyordu.

Hayatım boyunca en çok ihtiyaç duyduğum şey güvenmekti çünkü güven duygusu bana güç veriyordu, motivasyonum yükseliyor, pozitif enerjim artıyordu dolayısıyla yaptığım işlerdeki başarı oranı da artıyordu.

İnsanın kendine güvenmesinin alt yapısı çok önemlidir. Bir insanın kendine güvenmesi yani özgüven duygusunun yüksek olması çocukluk yıllarındaki yaşadıklarıyla bire bir ilgilidir. Daha açıkçası çocukluk yıllarında aile içerisinde psikolojik travma yaşamamış olması gerekir.

Çünkü;

Özgüvenin en önemli nedeni hatta birinci gücü psikolojik açıdan sorunsuz olmaktır.

Güven ve özgüven

Sözlük anlamları

Güven : Kuşku duymadan inanmak.

Özgüven: Kendine güvenmek

Güven ve özgüven konusunu birbirinden ayırmak gerek.

Genel anlamlarına baktığımız zaman

Güven in güvenilmek,

Özgüven in kişisel güç olduğunu görüyoruz.

Kişisel gelişimden yaratıcılığa, farkındalık bilincinden yetenek kullanımına kadar yaşamın her aşamasında gerekli olan özgüven bizi biz yapan, toplumdaki yerimizi belirleyen karakteristik özelliğimizdir. Bu nedenle çok önemli bir duygudur.

Dolayısıyla,

İnsanın özgüven sahibi olması için çocukluk yılları dahil yaşadığı hatta yaşayacağı bütün zorluklarına rağmen mutlaka kazanılması gerekir.

Kendi kendinize ben özgüveni yüksek bir insan olmalıyım diye psikoterapi yapsanız bile size özgüven kazandıracak duygunun kıvılcımlarını başlatmış olursunuz.

İNSAN

Tanrının evrende yarattığı en görkemli yaratık insan. İnsan için yarattığı çok güzel bir şey daha var, o da bir başka insan.

Yaşama şöyle bir baktığımızda doğadaki her şeyin insanlara sunulmuş armağanlar olduğunu ve insanların bu armağanları paylaştığını hissediyor olmalısınız. Güneşi, havayı, suyu, mevsimleri, gökyüzünü, çiçekleri ve daha birçok şeyi paylaşırız, dahası sevinçleri, acıları paylaşırız.

Beni yaşamımda en çok şaşırtan şey başını kuma soktuğu zaman kendisini kimsenin görmediğini zanneden deve kuşlarına benzeyen insanlar olmuştur.

Ne gariptir ki böyle insanlar çoğunluktadır. Bu insanlar fark edildiklerinin farkında değildirler.

İnsan bilinçaltı duygularının etkisindedir, bilinçaltı duygular insanın tüm kararlarında etkili olur, dolayısıyla bilinçaltı duygular bizi yönlendirir. Ancak, yaşam sizin duygularınıza göre değişiklik göstermez, duygularınız ne olursa olsun yaşamda değişmeyenler vardır. Karar vermede sizi zorlayan duygularınız elbette olacaktır, ancak doğru karar vermek için duygularınızın esiri olmamalısınız.

Yaşamda size sunulanların farkında olursanız doğadan aldıklarınızla oluşacak bilinç ve pozitif enerji sizi farklı kılacaktır. Bilinç ve pozitif enerjinin size kazandıracağı güçle hem kendinizi hem de çevrenizdekileri mutlu edersiniz.

İnsanlar yaptıklarından ve yapacaklarından sorumludur, en azından yaptıkları konusunda zaman zaman kendi kendini yargılamalıdır, bunu asla yadırgayamazsınız. Geçmişte yaşadığınız olumlu olaylar size özgüven kazandırır, olumsuz olaylar ise kişilik gelişiminizde örnek olur ve size deneyim kazandırır. Geçmişte yaptıklarınızın sorumluluk bilinci sizi gelecek için yönlendirir, deneyimli kılar.

İnsanın gelişim kriterleri içinde pozitif ve negatif olayların etkileri vardır.

Yaşamım boyunca insanları anlamaya çalıştım, ancak düşlediğim başarıyı pek yakaladım sayılmaz. Hâlâ devam etmekte olan gözlemlerim yaşamımın en uzun ve en zor çalışmasıydı. Her insanda çok farklı, çok gizemli özellikler buldum, herkes beni bir başka farklı etkiliyor ve duygulandırıyordu. İnsanlarda Tanrı'nın gücünü hissettim, bu arada çok enteresan ve bir o kadar da zor insanlarla karşılaştım, oysa insanlar uzaktan çok güzel görünüyorlardı, hele birlikte bir şeyleri paylaşmaya başladığınızda kişiliklerin nasıl değişkenlik gösterdiğini, özellikle çıkarlar söz konusu olduğunda insanın hiç önemsenmediğini, bir kâğıt parçası gibi fırlatılıp atıldığını gördüm. Ancak, her şeye rağmen sevgileri paylaşmak çok güzeldi. Bir karara vardınız mı diye sorarsanız yanıtım hayır olacaktır. Hâlâ bir hayli soru var. Bu da yaşamın gizemi olmalı.

Doğruları öğrenmemde, bana kötü davranan insanların çok büyük etkisi oldu. O insanlara şimdi teşekkür ediyorum, o zamanlar içimi acıtan davranışlar iyi birer ders oldu ve beni hep kamçıladı, başarılı olarak intikam alma duygularım oluştu ve bunu bir gün mutlaka başarmalıydım. Hiç yılmadım, çok mücadele ettim, her yerde insanın olumsuz faktörü karşıma çıktı, zaman zaman güvenimi kaybetme aşamasına geldimse de, sonra yine kendimi toparladım, kafama koyduğum şey mutlu ortamlar ve başarılı olmaktı, kararlıydım ve bu konudaki hedefime ulaşacaktım.

Şimdi o zamanki düşündüklerime şöyle bir bakıyorum, hedefim mutlu olmaktı, mutlu olmanın yolu başarıdan geçiyordu, ama nasıl olacaktı bu? Başarılı olmanızı engelleyen insanlar başta olmak üzere o kadar çok neden vardı ki, önce bu nedenleri çözmek gerekiyordu. Hiçbir şey insana altın tepside sunulmuyor, ben yapmalıydım, ben başarmalıydım. Sonuçta başarmanın sadece benden kaynaklandığının farkına vardım, çünkü insanın öğrencisi de öğretmeni de önce kendisiydi, bunu öğrendim, onun için de çok iyi gözlemci olmak gerekiyordu. Başka insanları gözledim, işin işleyişini gözledim, nasıl yapılırsa başarılı olunurdu? Bunu açık yüreklilikle itiraf etmeliyim ki her şeyi çalışırken öğrendim. Bir yerde kendi kendimi eğitmeye çalıştım. İnsanların pek farkında olmadıkları ama çok gerekli bir şey olan sevgiyle yaklaşmanın başarıdaki payının çok önemli olduğunu öğrendim.

İnsanın hayatındaki gözlemleri, öğrendikleri ve yaptıklarının bilincinde olması ne güzel, geçmişe dönüp baktığınızda boşa geçmiş bir tek gün olmamalı. İnsan bazen yaptıklarına şaşırır, hele zorluklara rağmen başarmışsa.

Ben insanların başarılarını çocuklarının eğitimi ile değerlendiriyorum. İşinizdeki başarı elbette önemlidir, hele bir de çocuklarınızın eğitiminde başarılı olmuşsanız, o zaman başarının üstünde mükemmel bir insansınız demektir.

Yıllar önce

Yıllar önce okuduğum bir roman özetle şöyleydi: Londra'da birlikte aynı evi paylaşan iki üniversite öğrencisinin yaşam görüşleri farklıdır, biri duygusaldır, diğeri ise materyalisttir. Farklı görüşlere sahip bu iki genç zaman zaman tartışırlar. Materyalist genç duygusallığı bir türlü kabul etmez ve bir gün duygusal arkadaşına şöyle der:

"Sence yaşamın anlamı nedir?"

Duygusal genç materyalist arkadaşını bitpazarına götürür ve mağazada bir halıyı göstererek uzun uzun bakar sonra, "Yaşamın anlamı işte budur." der. Materyalist genç hiçbir şey anlamaz, "Saçma," diye iç geçirir.

Aradan aylar geçer, duygusal genç uzun zamandır hastadır, hastalığı tüberküloz, yani veremdir ve bir sabah ölür.

Sabah kalktığında arkadaşının öldüğünü gören materyalist genç koşarak bitpazarına gider ve arkadaşının yaşamın anlamı budur diye gösterdiği halıya bakar bakar ve.

"İnsanlar yaşadıkça sadece kendi arzularını ve düşüncelerini tıpkı bir halının düğümlerini nakış işler gibi yaşamın sayfalarına işliyormuş," der.

Bu aslında ölen duygusal arkadaşının ona söylemek istediği, anlatmaya çalıştığı şeydir ama bunu arkadaşı ölünce anlayabilmiştir ve materyalist genç buğulu gözlerle oradan ayrılır.

Birisinin anlatmaya çalıştıklarını anlayabilmek için sakın ölümünü beklemeyin.

Unutmayın, herkes kendi duygularını yaşar.

İnsanlar çift kişiliğe sahiptirler, hani karar vermede zorlanırsınız ya, içinizden biri başka şeyler söyler size, aklınızı çeler.

Bir pozitif yanınız vardır, bir negatif yanınız vardır, isteğiniz iyi yanınızın ağır basmasından yanadır, ama bazen istemenize rağmen istediğinizi yapmazsınız, neden diye kendinize sorduğunuzda bir cevap bulamazsınız.

Bazen sizi yönlendiren birinin varlığını hissedersiniz içinizde. Kimdir bu? Neden sizi zorlar? Verdiğiniz kararın ardından içinizden biri acaba diye düşündürür sizi?

Dünya ülkeleri insanlarına bakıldığında Japonlar çok dikkat çekerler, gelişmişlikleri ve zenginliklerine rağmen hiç de öyle gösterişli bir yaşam sürmedikleri bilinir, mütevazı yaşamları çok gelişmiş ve zengin bir ulus insanının davranışlarına hiç benzemez.

Şimdi Taksim İlk Yardım Hastanesi'nde Kulak Burun Boğaz Klinik şefi olan Doktor Mehmet Külekçi yaklaşık on beş yıl önce bir yıllık eğitim için Japonya'ya gitmişti. Geldiğinde Japonya'dan çok söz etti, Japonya'yı ve Japonları anlata anlata bitiremiyordu, tıp alanında da çok ileri olduklarını anlatıyordu. O zengin ülkenin insanlarının evlerini anlatırken şaşkınlığı gözlerinden okunuyordu. "Japonya da en büyük ev 40 metrekare, diyordu. Üstelik evlerde bizdeki gibi şaşalı mobilyalar falan da yok," diye anlatıyordu.

Bir gün Doktor Mehmet Külekçi Japonya'da bir yıl eğitim için kaldığı Tıp Fakültesinin Kulak Burun Boğaz Kliniğinden bir Profesör Dr. 'un Türkiye'ye geleceğini söyledi. Türkiye'de birkaç gün kalan Japon Profesör hem tıbbi toplantılara katılmış hem de İstanbul'u gezmişti. Doktor Mehmet Külekçi Japon Prof.'u bir gün evinde misafir etmişti. Doktorun evinde bir gün kalan Japon Prof. Ertesi gün şunları söylemiş:

"Sizin evlerinize çok şaşırdım, evleriniz saray gibi, bizimkiler ise çok küçük, biz zengin bir ülkenin fakir yaşayan insanları, siz ise fakir bir ülkenin zengin yaşayan insanlarısınız." (CHD)

YAŞAMA SANATI

Dünya uyanırken her sabah Tanrı'nın muhteşem gücü süzülür gökyüzünden yeryüzüne doğru, yıldızlardan ovalara, çiçeklerden toprak kokusuna kadar yarattığı her şeyde sanat eserinin sihirli çizgilerini içimizde hissederiz. Her yerde, her şeyde Tanrı'nın gizemli güzellikleri gözlerimizi kamaştırır. Esrarlı bir duygu yayılır içimizden gökyüzüne doğru. Bazen dalar gideriz ilahi zenginliklerine, bazen içimiz titrer, bazen yıldızlara, bazen sevgi bulutlarına çıkarız, bazen en duygusunu yaşarız yaşamın sonsuzluklarında hiç bitmeyen sevgileri, her şeyde her yerde onun görkemli gücünün kanatlarında hissederiz kendimizi.

Yaşamak sanatı Tanrı'nın ilâhi gücünü hissetmektir.

Doğadaki her şey öylesine sanat dolu ki insan Tanrı'nın yarattığı doğanın sanatını içinde hisseder, kimi sanatı hayallerinde, kimi bestelerinde, kimi fırçasında, kimi paletinde, kimi heykele şekil veren çekiç darbelerinde, kimi bir enstrümanın tellerinde, kimi satırlarda, kimi şiirlerde dile getirmiştir.

Yaşamanın sanat olarak algılandığı günümüzde nelere sanat olarak bakılmaktadır?

- Yaşamak sanatı.
- Düşünmek sanatı.
- Konuşmak ve söz söylemek sanatı.
- Mutlu olmak sanatı.
- Dinlemek sanatı.
- İletişim sanatı.
- Yaklaşım sanatı.
- Sevmek sanatı.
- Öğrenmek sanatı.
- Algılamak sanatı.
- Etkilemek sanatı.
- İkna etmek sanatı.
- Giyim kuşam sanatı.
- Yönetmek sanatı.
- Çalışmak sanatı.
- Beceri sanatı.
- Dost edinmek sanatı.
- Satış sanatı.

Tanrı sanat gücünü dünyayı yaratırken kullanmış olmalı. Doğadaki her şey öylesine güzel, öylesine etkileyici ki, izlediğimiz her şeyde bir başka gizem, bir başka güzellik var. Bu güzelliğin karşısında nasıl duygulanıyoruz, keyif alıyoruz.

İnsan sanat gücünü Tanrı'dan almış, Tanrı'nın güzelliklerini içinde hisseden insan duygularını becerilerine yansıtma çabası sanatı yaratmış.

Günümüzde satış başarısı için çeşitli tanıtım yöntemleri ve TV, radyo, gazete, sokak panoları, afişler, pankartlar, broşürler ve kişisel satış olmak üzere değişik satış teknikleri ve yöntemleri uygulanmaktadır. Bütün bu sayılanların hangisinde daha etkili olunduğu konusunda değişik görüşler var. Yalnız, bilinen ve değişmeyen şey tanıtım ve reklamın mutlaka olması gerektiğidir. Yapılan bir reklam ve tanıtımda etkili olmak için kişisel ve toplumsal ihtiyaç ve beğenilere özen gösterilmesi şarttır.

Başarılı bir tanıtımın ardında önce insan faktörü ön plânda düşünülmeli ve insanların beklentileri, istekleri doğrultusunda olmalıdır.

Bir tanıtım, bir reklam çok güzel hazırlanmış olsa da başarı şansı konusunda önceden kesin bir şey söylemek olası değildir çünkü her insanın algılaması farklı olduğu gibi, başta sosyo ekonomik ve sosyo kültürel özellikler dikkate alındığında reklamın nerede ve ne kadar başarılı olacağı önceden çok iyi bilinmemektedir. Ancak kesin olan bir şey var, tanıtım ya da reklamda sanat varsa başarı şansı var demektir.

Bir eğitimde "Sanat size neyi çağrıştırıyor, sanat ne demektir?" diye sordum verilen ilk on yanıt şunlardı:

1. Bestekâr.
2. Ressam.
3. Heykeltıraş.
4. Yazar.
5. Şair.
6. Aktör/Aktris.
7. Müzisyen (şarkıcı).
8. İnsanın hayal dünyasıdır.
9. İnsanın yaptığı işe özenmesidir.
10. İnsanın yaptıklarını düşlerindekiler ile süslemesidir.

Yanıtlardan sonra sordum:

"Sizler bu yanıtların hangisisiniz?"

"Hepsi."

Verilen yanıt çok güzeldi.

Sanat, sanat bilinci ile gerçekleşir. Sürekli güzeli kaliteyi, başarıyı düşünür sanatçı ruha sahip insan. Yaptığının farkındadır. Eğer bunları hissediyorsa işine sanatı katabilir ve yaptıklarında sanatın gücünü, inceliğini görebilir.

Yaptığınız işe hem özeneceksiniz hem yaratıcılık adına üretken olacaksınız hem de keyif alacaksınız. İşte sanatçının özelliği olan farkındalık yaratmak bilincini hissetmek.

Satmaya çalıştığınız fikir, ürün, hizmet her ne olursa olsun sanatsal yaklaşım en etkili çalışmadır. Satışın başarılı olması için sanatsal yaklaşım gerek, satışta yapılan sanatsal yaklaşım insan faktörünün önemsendiği ve insanların duygularına hitap ettiği için insanların algılaması da pozitif olur çünkü insanların duygu dünyasına hitap edildiğinde insanlar sanatsal yaklaşımlar karşısında etkilenerek beğeni zaaflarına yenilirler.

Başarılı olmak için fark yaratmak zorundasınız, fark yaratmak için ise sanat gücünüz kullanmak zorundasınız.

Satış insanların istekleri, beğenileri ve gereksinimleri sonucu gerçekleşir.

Rekabetin yoğun yaşandığı günümüzde insanların seçme şanslarının çok olması, satış uzmanının ne kadar önemli olduğu gerçeğini ortaya koymaktadır.

Birden fazla seçme alternatifi olan insanlara satış uzmanının sanatsal yaklaşımı, ikna etme sanatı ve becerisi fikri ya da ürünü beğendirme ve kabul ettirmede en etkin faktörlerdir, dolayısıyla satışa yönelik çalışmalar yapan tüm satış timlerinin öncelikli özelliklerinin başında sanatsal düşünceye sahip olması şarttır.

Geçmişe şöyle bir baktığımızda sanatsal çalışmaların değeri ölçülememektedir. Babil'in Asma Bahçeleri, Artemis Tapınağı, Mısır piramitleri ve daha.

İnsanlara istedikleri şeyleri sunarsanız kimse sizi reddedemez ancak istedikleri ne olursa olsun sanatsal özellikler içermelidir. İnsanlar isteklerinin tutkunlarıdır, içgüdüsel olarak istekler insanı yönlendirir.

Önce insanların istediklerini öğrenmeli sonra istekleri doğrultusunda hareket etmeli ve istediklerini vermelisiniz.

Satışın sanat olduğunu düşünmek, satışın kurallarını bir sanatçı gibi uygulamak önce düşlerde başlamalı.

Söyleyeceklerimize çok özen gösteririz, söyleyeceklerimizi defalarca düşlerimizden geçiririz, söyleyeceklerimiz güzel olmalı, en güzel sözleri söylemeliyiz, söyleyeceklerimizle etkilemeyi ve kendimizi beğendirmeyi düşünürüz.

Düşlerimizden geçenleri söylediğimizde söylediklerimizin etkisi gözlerde ışıltılara döner ve tekrar size yansır, siz de motivasyonun pozitif duygularını hissedersiniz. Yaşamdan keyif alır, mutlu olursunuz.

Sanatçı düşünmek için yaşama çok geniş pencereden bakmalısınız. Bir dağı seyrederken arkasında neler olduğunu düşünmelisiniz, bir nehrin okyanusla birleşmesini, yağmurun neden tane tane yağdığını düşlemelisiniz, yapacaklarınızın sınırsız hayallerini kurmalısınız.

Yeryüzünde bir nokta kadar küçük olduğunuzu düşlemelisiniz, dünyadaki bedensel küçüklüğünüze ve dünyayı dolaşan düşsel büyüklüğünüze şöyle bir bakın, bakın ve ne denli görkemli olduğunuza siz karar verin.

Sanata dönüşmeyen işler sıradandır. Bunu herkes yapıyor, o zaman herkesten ne farkınız var. Yaptıklarınızı sanata dönüştürdüğünüzde insanlar sanat karşısında etkilenir, değişik duygular hisseder, insanın insana verdiği hiç beklemediği bir mutluluktur bu

Bir tiyatrocu gibi olmalısınız, gizemli ses tonunuzu, mükemmel konuşmanızı, başarılı beden dilinin gücünü göstermelisiniz.

Satışı sanata dönüştürmek sizin yaratıcılık becerinizle mümkündür. Sıradan bir satış yerine sanata dönüştürdüğünüz satış becerinizi göstermelisiniz.

Yıllardır satışın içinde bulunan biri olarak o kadar çok şey öğrendim ki, her gün karşılaştığım çok farklı olaylar sonucu kazandığım deneyimler bende hiç farkında olmadan bir davranış şekli oluşturdu. Farkında olmadan bende oluşan bu davranış şekli çok daha başarılı olmamı sağlıyordu bu davranış şeklimin insanların beklentisi olan yaklaşımın ne kadar önemli olduğunu öğretmişti.

Yaklaşımdaki sanatsallık önce kabul edilmemi sağladı, her şeyden önce bir insan olduğumu, insanlığın yüceliğini, insanlığın değerlerini, insanlığın vazgeçilmez keyif ve mutluluğunu paylaşmam gerektiğini içimde hissettim ve aynı duyguları hissettirmeye çalıştım ve insanların duygularına hitap etmenin her insanın gereksinimi olduğunu hissettim. İşte bu çok önemliydi. Karşınızdaki insan hissedildiğini hissedince gardı düşen boksör gibi yumruklarını indiriyordu, bu teslimiyet demekti, size saygı duyuyor, fikirlerinizi dinliyor ve söylediklerinizi kabul ediyordu.

İnsanların içinde bulundukları duruma göre davranmak, onları anlamak, düşünce, istek ve fikirlerine ortak olmak hem benim için hem onlar için çok keyif vericiydi, ilk defa görüştüğüm biri ile mükemmel iletişim kuruyor ve etkili oluyordum. Oluyordum çünkü bunu çok istiyordum, bu isteğimin altında ikna etme sanatının ne kadar başarılı olduğunu şimdi çok daha iyi anlıyorum.

Yaşam ve sanat

İnsan işini bir yaşam şekline dönüştürmelidir. Yaşamsa bir sanattır, yaşam sanatsa ve siz sanatçı ruhunuzun farkındaysanız işiniz kolay çünkü her insan sanatçı ruha sahiptir ancak önemli olan insanların sanatçı özelliklerini açığa çıkarmasıdır.

Satarken satışın bir sanatçı gibi keyfini çıkarın.

Tanrı'nın yeşil otlaklarına evler, sokaklar yaparak akşam karanlığında elinde sokak fenerleri ile yürüyen insan bir yol bulmaya çalışırken Mimar Sinan'ın yaptığı Selimiye camisinin minarelerinin yüksekliği insanın başını döndürür. Hayreti kendinedir, hayreti insanadır, derin bir nefes alır. Nâzım Hikmet'in acılar içindeyken anlattığı dizeleri kulaklarımdan hiç çıkmaz, Rusya'ya kaçarken Refik Erduran'a "Sen de gel," derken vazgeçilmez düşünü gerçekleştirme çabası içinde bocaladığını hisseder, ama vazgeçmek için artık çok geçtir, Refik Erduran Nâzım'ın bakışlarından orada mutluluk gerçekten var mı endişesini hisseder, orada insanlar daha mı mutluydu?

Sultanahmet camiinin minarelerine yetişmeye çalışan üstünde eski Mısır alfabesi yazılı kuşlarla kaplı resimlerin gizemi ile süslü sütunun gölgesi Alman çeşmesine karışır. Bizans döneminin arenasında güya asil krallar, insanların insanları öldürdüğünü büyük bir keyifle seyreder.

Gladyatörlerin ölüm kılıçlarının, kalkanlarının, zincirlerinin sesleri birbirine karışırken kahkahalar tüm arenayı kaplar. Bir başkasının yaşam savaşı, bir başkasının sadist duyguları karşısında nefrete dönüşürken acaba hiç mi hissedilmedi acı çığlıklar. Olamaz diye düşlerken geçmişte yaşanmışları kendinden soyutlayamamanın içgüdüsel kararlılığı bana bir şey düşündürdü. Düşlerimdeki insan bu olamazdı, oysa yaşamda keyif veren o kadar çok şey vardı ki ve bunların başında ilk şey insandı.

Bayer ilaç firmasının Almanya'daki Ar-Ge departmanında görevli ve hipertansiyon ilacı Baypress'in keşfi çalışmalarında bulunan Prof. Dr. H. K Türkiye'ye geldi, bir yıldır tanıtımını yaptığımız Baypress'in durumunu yakından görmek için birlikte Doktor ziyaretleri yaptık. Cerrahpaşa Tıp Fakültesi Kardiyoloji kliniğinde ziyaret ettiğimiz Prof. Dr. Altan Onat bizi çok iyi karşıladı, biraz konuştuktan sonra Alman Profesör, Prof. Dr. Altan Onat'a Baypress hakkındaki görüşlerini sordu:

"Baypress'ten memnun musunuz?"

Prof. Dr. Altan Onat, "Genel olarak evet, ancak bazı vakalarda başka ilaçlarla kombine etmek ihtiyacı duyuyorum," dedi.

Prof. Dr. H.K.:

"Haklısınız, bazı vakalarda kombinasyon gerekiyor, keşke hipertansiyonu tek başına kontrol eden bir ilaç olsa." dedi.

Prof. Dr. Altan Onat prof. Dr. H.K.'ın dürüstçe verdiği yanıta çok şaşırmıştı, çünkü bazı hipertansiyon vakalarında hiçbir ilacın tek başına yeterli olmadığını çok iyi biliyordu.

Aradan iki hafta geçmişti, yaptığım Pazar araştırmasında Prof. Dr. Altan Onat'in Baypress'i daha çok reçete ettiğini öğrendim ve ziyarete gittim, bana şunu söyledi:

"Geçen haftaki birlikte geldiğiniz Alman müdürünüz dürüst tavrından çok etkilendim."

İnsanlar yaşam sürecinde farkında olmadan karşısındakilerine kendi kişilikleri hakkında bir takım fikirler verirler. Nasıl bir insan oldukları, vizyonları entelektüel yapıları bilgi düzeyleri, kaliteleri, dürüstlükleri gibi özellikleri hakkında bir takım bilgiler verirler.

Alman Prof. Dr. H.K. kendisi hakkında çok anlamlı bilgiler vermişti bu tavrı temsil ettiği firmasına yansımış hem kendisine hem de temsil ettiği firmasına saygı duyulmasını sağlamıştı.

Bu ziyaretin sonucunda şunlar çıkmıştı.

- Kalite
- Güven
- Saygı
- Sevgi
- Pozitif enerji

Bu beş paradigma bir ziyaretten hedeflenen değerlerdir. Bu ziyaretten hedeflenen değerler kazanılmış ve başarılı sonuç elde edilmişti.

YAKLAŞIM

İnsanların yapıları nedeniyle olaylar karşısında kendilerine özgü bir takım yaklaşım şekilleri vardır, bu bilinçaltı bir yaklaşım olduğunu hepimiz biliyoruz. İnsanın olaylar karşısındaki davranış şeklini kimyasal değişiklikler (hormonları) belirliyor. Bunun, bilinen pek çok örneği olmakla birlikte karşı cinsler arası ilişkilerdeki yaklaşım şekli en bilineni ve en çok yaşanandır. Sevgiye dayalı yaklaşımda başarı oranı çok yüksektir, sevgi duygulan yaklaşım en güzel ve en etkili yaklaşım şekline bürünür. Beğenmek ve beğendirmek arzusu öylesine baskındır ki kendimizi beğendirmek için yaşamak sanatının güzelliklerini içeren nazik ve kibar yaklaşırız.

Sonuçta yapılması istenen her ne olursa olsun bir şeyi elde edebilmek için yaklaşım şekli çok önemlidir. Düşünürler, uzmanlar yaklaşım konusunda: "Her işin en önemli yanı yaklaşımdır," demektedirler.

Genellikle insanlar yaklaşımlarında kendilerini başarılı zannederler, istek ve duygularını çok iyi anlattıklarını sanırlar, anlaşılmadıklarında bunun sorumluluğunu ya karşılarındakine yükler ya da anlaşılmamalarına olayların neden olduğunu düşünürler. Aslında bunun böyle olmadığı bilinir ama bilmezlikten gelinir. Anlaşılamamanın, etkili olamamanın, kısacası başarılı olamamanın önemli nedeninin yaklaşım hatası olduğunu kabul etmek şarttır.

Karşı cinsler arası yaklaşım bilinçaltıdır ve genellikle başarılı bir yaklaşım şeklidir, çünkü kişi karşısındakinden etkilenir, insanın beynindeki kimyasal değişiklikler nedeniyle oluşan arzu ve istekler o kadar kuvvetlidir ki bu insana en uygun yaklaşım konusunda doğru karar verdirir.

Bu konu hayvanlar aleminde de aynıdır, tavus kuşunun tüylerini kabartarak kendisini güzel göstermeye çalışması, turnaların birbirlerinin karşısında dans etmesi, kuşların kanat çırpışlarıyla birbirlerine şarkılar söylemesi ve daha bir çok örnek.

Amerika'da California üniversitesinde yapılan bir araştırmada on kadına "Benimle yatar mısın?" sorusu sorulmuş ve bu soruya on kadının da hayır yanıtı verdiği saptanmış. Aynı soruyu sormadan önce sevgi yaklaşımı sonunda verilen cevapların. "Evet, belki, olabilir," olduğu tespit edilmiş.

Herhangi bir şeyi elde etmek için önce o şeyi istemek gerekmektedir, sonra da istenen her ne ise onu elde etmek için gerekli ve en uygun çabayı sarf etmenin adı yaklaşımdır.

Yaklaşımın temel kuralının iyi niyet olduğunu asla unutmayın.

Yaklaşım başarısının kökeninde sevgi vardır. Birisi ile karşı karşıya geldiğinizde ona karşı davranışlarınızda sevgi belirtileri olmalıdır, sevgi davranışları sergilemek sizin iyi niyetinizi ortaya koyar, bunu hissettirdiğinizde yaklaşım başarısı sağlamış olursunuz. Yaklaşım başarmak adına atılan en önemli adımdır, insanlara ve olaylara nasıl yaklaşırsanız aynısını kucağınızda bulursunuz.

Uygun yaklaşım etkilemek adına önemlidir, uygun yaklaşım dost kazanmak adına önemlidir. Uygun yaklaşım başarmak için insanın kendisini hazırlamasıdır.

Çağımızda yaklaşım, başarmak için insanın kendisini en uygun şekilde hazırlamasının çok önemli olduğunu vurgulamaktadır.

Günümüz davranış bilimcileri yaklaşımı her işin başı olarak göstermektedirler.

Yaklaşımın önemi her alanda kendini göstermektedir, evliliklerde bireylerin birbirlerine yaklaşımları evlilik ortamının seyrini belirler, iş ortamlarında pozitif yaklaşım uyumluluğu, sinerjiyi ve verimliliği artırır.

İnsanların duygu ve düşüncelerini anlamak için nasıl yaklaşırsanız alacağınız bilgiler o oranda gerçekleşir.

Karşınızdakinde uyandıracağınız konuşma isteği davranışlarınızın kalitesine bağlıdır.

ALGILAMA

Algılama, iletişim becerisi olduğu kadar karşınızdaki kişinin yapısı ile de ilgili olduğunu fark ediyoruz. Kimi uzmanlar bütün mesele insanın geninde derken, kimi de insanın yetişme tarzından eğitimine kadar birçok etkenin rol oynadığını öne sürmektedirler. Sonuç olarak değerlendirildiğinde ise asgari müştereklerde birleşildiğini görüyoruz.

Bana göre bu konudaki tüm görüşlerde doğruluk payı var, ancak algılamada aile içi eğitim en önemli etkendir, çünkü aile içi ilişkilerde olaylara pozitif yaklaşımla ve problemlerin stres yaşanmadan çözebilen sorunsuz aile ortamı insanın algılama konusunda yetenekli olmasını sağlar. Çocukluk çağlarındaki aile içi sorunlar ve yaşadığımız stres zekâ gelişiminden algılamaya kadar kişisel gelişimi engellediği bilinci nasıl davranmamız gerektiği konusunda bizi bir kere daha düşündürmelidir.

Algılama kişiye göre değişiklik gösterir.

Bir grup insana bir konu anlatın daha sonra neler anladıklarını teker teker anlatmalarını isteyin, anlatılanları dinlediğinizde her insanın konuyu farklı şekillerde yorumladıklarına tanık olursunuz. Bunun nedeni (genel değerler saklı kalmak kaydıyla) her insanın hayata bakış açısının farklılığı, içinde bulunduğu psikolojik durumu, optimizm ya da pesimizm karakter yapısı gibi özelliklere sahip olmalarındandır.

Her insanın aynı kalitede algılaması için eğitim bilincinin yüksek olması gerekir. Kaldı ki her insanın algılama analiz ve sentez konusundaki farklılıklarının bilincinde olmamız gerekir.

Farklı algılama ve yorumlamadaki nedenin entelektüel değerlere bağlı olduğunu söylersek yanlış bir şey söylememiş oluruz.

Algılamayı iki noktada değerlendirmek gerekir.

1. Algılatıcı.

2. Algılayıcı.

Algılamada, algılatıcı algılayıcıdan daha önemlidir. Algılayıcılar ne durumda olursa olsunlar başarı algılatıcıya aittir. Algılatıcı iletişim becerisindeki konuşma dili, beden dili, psikolojik gözlem, empati, pozitif enerji, ortam ve zamanlama konularında başarılı olmak zorundadır. Algılatıcı bunlardan herhangi birinde başarısız olduğu takdirde başarısını sağlayamaz ayrıca algılamada erken ve geç algılayanlar faktörü özellikle değerlendirilmelidir.

Algılama başarısı algılayıcının psikolojik yapısı, optimist/iyimser ya da pesimist/kötümser olması, konsantrasyonu, sosyalliği, eğitim düzeyi ve en önemlisi kişisel gelişimiyle yakından ilgilidir. Algılayıcı algılama konusunda hazır olmalı, konuya odaklanmalı, algılatıcının her kelimesini içinde hissetmeli ve kendini konunun psikolojisine konsantre etmelidir.

Okul yıllarımızdaki öğretmenlerimizi hatırlayalım. Her birinin anlatım şekli ne kadar farklıydı. Kiminin anlatım şeklinden huzur duyardık ve çok iyi anladığımızı hissederdik, kiminin ise anlatım şeklinden sıkılırdık, anlamada zorlanırdık, hatta anlayamazdık. Anlatım şeklinden huzur duyduğumuz öğretmenlerimizin yüzlerindeki pozitif ifade ve yaklaşım şekli bize pozitif enerji olarak yansırdı, algılamada zorlandığımız öğretmenlerin davranışları ise genelde mutsuz ve sinirli bir ifadenin soğuk davranışları olarak yansırdı.

Algılamada, bireysel birtakım anlatım özelliklerine sahip olmak bizi daha güçlü kılacağı gibi anlatım ve algılama bilinci konusunda daha yaratıcı düşünmemize neden olur.

Algılama konusunda insanlar ikiye ayrılır.

1. Çabuk algılayanlar.

2. Geç algılayanlar.

Çabuk algılayanların avantajlı oldukları düşünülür, hatta IQ'larının yüksek olduğu yargısına varılır, ancak yapılan gözlemler sonunda bunun hiç de böyle olmadığı tespit edilmiş. Çabuk algılayanların zaman yönetimi açısından avantajlı oldukları düşünülse de, yapılan gözlemler sonunda algılanması gerekenlerin kalıcılığı açısından dezavantajlı oldukları yargısına varılmış.

Yapılan çalışmalarda çabuk algılayanların algıladıklarını çabuk unuttukları ya da önemsemedikleri saptanmış. Ayrıca çabuk algılayanların algıladıklarını kullanmadıkları görülmüş.

Geç algılayanların ise algıladıkları konuyu kolay kolay unutmadıkları, önemsedikleri ve algıladıklarını kullandıkları saptanmış.

Algılamada insanın tüm algılama kanallarının açık olması, yani tüm algılama organları ile konsantre olması gerekir.

Algılama konusunda insanlar ortalama iki algılama organını kullanmaktadırlar. Bunlar genelde göz ve kulaktır, bazen burun ya da elin katılımıyla sayı üçe çıkmaktadır.

Örneğin bir konuyu anlatacaksınız

1. Konunun özelliklerini vurgulayarak kulağa hitap edersiniz.
2. Konu hakkında görsel bir şeyler varsa gözlerine hitap edersiniz.
3. Eliyle dokunmasını sağlayabilirsiniz.
4. Kokusal özelliği varsa koklatabilirsiniz.
5. Uygun ise tattırabilirsiniz.

Algılama konusunda başarılı olmak istiyorsanız anlatım becerinizi mutlaka kullanmalısınız, bunu sağlarsanız karşınızdakinin hem çabuk hem de istediğiniz kararı vermesini sağlarsınız.

Çünkü

İnsanlar algılama organlarının beğenileri ile karar verirler.

İnsan hissettiği kadar mutludur

Glasnost sonrası Nazım Hikmet'in yasak olan kitapları yayınlanmaya başlayınca Galatasaray'daki Robinson Cruseo kitap evine gittim satış görevlisine Nazım Hikmet'in kitabını almak istediğimi söyledim, satış uzmanı;

"Üst kata çıkın lütfen." Dedi.

Üst kata çıkarak raflardan Nazım Hikmet'in kitabını aradım. Gördüklerim karşısında çok heyecanlandım çünkü ben bir kitap düşünürken bir raf boydan boya nazım Hikmet'in kitaplarıyla doluydu.

Şaşırmıştım.

Yaklaşık on beş kitabı vardı öğrencilik hayatımızı süsleyen koca Nazım'ın.

Dakikalarca kitapları izledim, hepsinden birer tane almak geçti içimden ancak o kadar param yoktu bir tane almayı düşündüm sonra vazgeçtim çünkü birini alsam diğerinin hatırı kalacaktı sanki.

Kitapevinden ayrılırken elinden oyuncağı alınmış çocuk gibiydim.

İstiklal caddesinde yürürken yağmur başlamıştı

Islanıyordum ama aldırmıyordum

Etrafıma baktım

Aklımdan bir şiiri geçti.

"Bu şehir güzelse senin yüzünden"

Evet insan hissettiği kadar mutluydu.

İLTİFAT BEĞENMEK BEĞENİLMEK

İnsanın en egzotik duygusu beğenilmek duygusudur. Hiçbir şey insan ruhunu iltifat kadar olumlu etkileyemez. İltifat öylesine gizemli bir şeydir ki, iltifat alan insan ne kadar zor koşullarda olursa olsun kendisini iyi hisseder, iltifat bir ömür boyu unutulmaz, çünkü iltifat insanın bulunmak istediği yerin, sahip olmak istediği şeklin, yeteneklerin ve güzelliklerin bir başkası tarafından fark edilerek kendisine söylenmesidir. Beğenilmek duygusu insan yapısında vardır ve insan beğenilmek ister.

Günlük yaşamımızda giydiğimiz elbiseden, ayakkabıya, saçlarımızın şeklinden gözlerimize kadar her şeyimizin beğenilmesi için saklı bir özlem taşırız.

Beğenilmek duygusu bizi hayata bağlayan, kendimizi iyi hissettiren enerji kaynağı ve motivasyon nedenimizdir.

Düşündüğümüzde unutamadığımız anların başında iltifat aldığımız anlar gelir. Çocukluğumuzda annemizin beğeni sözlerindeki sevgi ifadeleri, okul ve yakın çevremizdeki insanların beğeni bakışları, fiziki özelliklerimiz ve giysilerimiz için söylenen beğeni sözlerini ömrümüz boyunca unutmayız. Bazen o sözlere yaslanırız. Aradan yıllar geçmesine rağmen önemli bir motivasyondur o anlar. İltifatla kendimizi daha güçlü hissederiz, yaşama daha bir başka bakar, yaşamdan keyif alırız.

Beğenilmenin, iltifat almanın çok açıkça görülen şekli hepimizin yaşadığı aşklarda olmuştur. O yıllarda sanki gökyüzündeydik, beğenen bakışlardan nasıl da güç alırdık, yaşam güzelliklerinin doruk noktasına çıkar, sevgileri doyumsuzca yaşardık. O duygular ve o günler seneler geçmesine rağmen hiç eskimedi, hâlâ taptaze. Herkesin yaşadığı o anlar insan yaşamının süsüdür, enerjisidir, yaşadıkça, zaman zaman o anları yeniden yaşıyor gibi keyif alırız ve unutmayız, düşünmek bile ayrı bir keyif verir. O anlar beynimizde bir fotokopi gibi her zaman saklı durur. Her sabah sokağa çıktığımızda izlendiğimizi düşünür, beğenildiğini sandığımız birçok özelliğimizin fark edildiğini düşünerek iyi duygular hissederiz.

Beğenilmek kadar beğenmek, iltifat almak kadar iltifat etmek de gereksinimdir. Beğenilerimizi söylemek içimizde ılık rüzgârlar estirir, yaşam bir başka keyiflidir. İçimizden bir şeyler söylemek gelir, kendimizi tutamayız, hayranlık duygularımızı ifade etmek isteriz, söylediklerimiz sanki yeşil bir vadide sesimizin eko yaparak tekrar bize yansımasıdır, söylediklerimiz sanki geri döner ruhumuza pozitif enerji yükleniriz.

İnsanlara iltifat etmek kadar yaptıkları iyi şeyleri söylemek de çok önemlidir, insanlar yaptıklarının beğenilmesini bekledikleri gibi yaptıklarından gurur duymak da isterler. İnsanın yaptığı şeyleri beğendiğinizi söylediğinizde sonraki yapacaklarında daha başarılı olduğunu görürsünüz.

Tanrı, insanları yaptıkları iyi şeyler için cenneti ile ödüllendirecektir.

Siz de iyi yapılan şeylerle insanları ödüllendirin. Siz de iyi şeyler yapın.

İltifat almak insanın içindeki enerjinin aktif hale dönüşmesini sağlar.

Birlikte çalıştığım satış müdürünün eşi kanserdi ve tedavi görüyordu. Bir gün satış müdürü beni aradı ve yurt dışından gelen bir biyoenerji uzmanından söz etti, eşinin tedavisine yardımcı olur düşüncesiyle bu uzmandan randevu almamı istedi.

Biyoenerji ile bazı hastalıkların tedavi edildiğinden 1980'li yılların sonunda söz edilmeye başlanmıştı. Glastnost sonrası Rusya kökenli birçok biyoenerji uzmanı Türkiye'ye gelmiş, hasta tedavisine başlamışlardı.

Biyoenerji uzmanından randevu almak üzere muayenehanesine gittim, salonda bekleyenleri gördüğümde çok şaşırdım, oturacak tek bir koltuk dahi yoktu, bütün hastalar sessiz ve umutlu bir şekilde sıralarının gelmesini bekliyorlardı. Hastalara şöyle bir baktım, kimi felçli, kiminin gözleri görmüyor, kimi kanserli, kimi psikolojik rahatsızlıkları olan hastalardı. Hastalar ve hasta yakınları ile konuşmaya başlayınca daha da şaşırdım, felçli hasta biyoenerji uzmanına tedaviye gelmeye başladıktan sonra iyileştiğini söylüyordu, keza kanserli hasta da kendini daha iyi hissettiğini söylüyordu. Psikolojik sorunları olan hastalarda aynı şeyleri söylüyorlardı.

Salonda yaklaşık on beş dakika bekledikten sonra sekreter salona girdi, tedavisi biten bir hasta gitmek üzereydi ve içeriye sırası gelen bir hastayı alacaktı. Yerimden kalkarak sekretere gittim ve kendimi tanıttım, sekreter durumu biyoenerji uzmanına ileteceğini söyledi ve içeri girdi iki dakika geçmeden beni içeri aldı. Biyoenerji uzmanı elli yaşlarında bir bayandı. Durumu anlatınca, "Yarın akşam saat yedide sizi bekliyorum," dedi.

Ertesi gün saat yedide gittiğimizde biyoenerji uzmanı bizi bekletmeden odasına aldı. Uzmanın hastaları muayene ve tedavi ettiği odada minderlerden başka hiçbir şey yoktu, oda zemini halı kaplıydı. "Yoksa taşınıyor musunuz? diye sordum. Biyoenerji uzmanı gülümseyerek, "Biyoenerji tedavi odasının böyle olması gerek," diye yanıt verdi. Biyoenerji uzmanı tedaviyi hastanın başını kendi dizine ve kendi elini hastanın rahatsızlık çektiği bölgeye koyarak yapıyordu.

İnsanın bir başka insandan güç aldığı bilinmektedir. Futbol maçı öncesi koçun motivasyon içeren güven dolu sözleri, halter müsabakasına çıkarken koçun sporcunun sırtını sıvazlarcasına vuruşu, takımların kendi sahalarında kolay kolay maç kaybetmemeleri insanın insanı olumlu etkilemesinden doğmaktadır.

Herkesin kendine özgü bir enerjisi vardır. Ancak, bu gücün varlığının farkında olanların sayısı çok azdır. Farkında olanlar ise onu nasıl kullanacaklarının bilincinde değildirler.

Biyoenerji günümüzde önemli bir bilim dalı.

İşin uzmanları yaradılışın en güçlü tarafı olan pozitif enerjinin insanda var olan enerjinin açığa çıkmasıyla oluştuğunu belirtiyorlar.

MOTİVASYON

Bana yeterince uzun ve sağlam bir destek verin tek başıma dünyayı yerinden oynatayım.
Archimedes

Motivasyon denince aklıma nedense Archimedes'in ünlü sözü geliyor.

Motivasyon kelimesinin Türkçemize girişi hatırladığım kadarıyla 1980'li yıllara rastlıyor. Türkçe 'de ne anlama geldiğini henüz öğrenmeden önce insanın bir başkası tarafından mutlu edilmesi anlamına geldiğini düşünmüştüm. Bir insanın bir başkası tarafından mutlu edilmesi ne güzel. Bir insanın bir insana tebessüm etmesi bile mutlu olması için yeterliyken iyi şeyler söylemesinden daha güzel bir şey olabilir mi. Sıcak bir bakış, güzel bir kelime, hele bir de sırta dokunuş insanı göklere çıkarmaya yeteriyor.

Motivasyon bir insanı harekete geçirmektir, insanın enerjisini kullanmasıdır, coşkusunu artırmaktır, gücüne güç katmaktır.

Motivasyon dünyayı yerinden oynatacak kadar güçlü bir kaldıraçtır.

İnsan gücünün kullanılması için motivasyon çok ciddi ve başarılı bir yöntemdir. İnsanları ne kadar motive ederseniz o kadar başarı sağlarsınız.

"MOTİVASYON ile başlayıp devam eden italik yazılı bu sayfa "Beynin Şifresi" kitabından alıntıdır."

Motivasyon bilinçaltımızda en çok gereksinim duyduğumuz, farkında olmadan en çok olmak istediğimiz duygudur.

Motivasyonu psikolojik, ekonomik, kişisel ve toplumsal motivasyon gibi birkaç açıdan değerlendirmek gerekir.

Motivasyonun en önemlisi içsel motivasyondur bunu kendini sevmek, yaşamdan keyif almak, küçük şeylerden mutlu olmak diye değerlendirebiliriz çünkü motivasyon her insanın algısına göre değişmektedir, her insanın bakış açısına, içinde bulunduğu duruma, sahip olduğu değerlere, karakteristik yapısına (optimizm/pesimizm) göre değişmektedir.

İnsanı motive eden iki değer.

- **İçimizdekiler**
- **Çevremizdekiler**

- **İçimizdekiler**

İçimizde bizi motive edecek paradigmalardan ben egosu, hormonlar, özgürlük, merak, istek, hayal, başarmak duyguları gelmektedir.

- **Çevremizdekiler**

Dokunsal, kokusal, tatsal, işitsel ve görsel olarak hissettiğimiz her şey. Ancak içimizdeki değer yargıları ve bakış açımız çok önemlidir.

Motivasyon penceremizden görmeniz gerekenler

* İnsan
* Doğa
* Güç
* Başarı
* Mutluluk
* Yaratıcılık
* Kararlılık

*** İnsan**

İnsan eşittir duygu.

Birisini gördüğümüzde iki saniye içinde karar verir ve

kararımız pozitif ise empati kurarız, bu hissetmektir, sevgidir, sevgiyle başlanan yaşam, yaşamın en güzel duygusu olarak karşınıza çıkıyor. O zaman yaşamdaki her şeye en güçlü duyguyla yaklaşmamız gerekir.

İnsan yaşamını yönlendiren hobiler ve zaaflar

her zaman ön plandadır ancak yaşam boyunca hobilerinize ve zaaflarınıza göre hareket edemeyiz çünkü yaşam sadece size göre değil, toplumsal değerlere göre planlanmıştır. Hobilerinizi ve zaaflarınızı kontrol altına aldığınız zaman yaşam kalitemiz daha pozitif değerlerde seyreder.

*** Doğa**

Doğanın görkemi

Doğa kim için yaratılmış olabilir? Eminim ki herkes az çok bunun farkındadır.

Peki, doğanın görkemini hissediyor musunuz? kendinizi o görkemin içinde hissettiniz mi? Onu hiç kullandınız mı? Sakın, "Nasıl kullanılır, nasıl hissedilir, nasıl yaşanır?" diye sormayın. Çünkü bunu size sizden başka hiç kimse daha iyi anlatamaz, olsa olsa sadece böyle bir gücün bilincinde olmanız hatırlatılabilir.

İnsanı yaşama bağlayan dinamikler vardır, doğa bu dinamiklerden sadece bir tanesidir.

*** Güç :**

Güç eşittir yaşam

Yaşam güçler topluluğudur. Gördüğümüz her obje, hava, su, doğa yaşama güç katan değerler. İnsancıl değerler başta olmak üzere, yaşamsal tüm objelerdeki güçleri hissederseniz pozitif enerji yüklenir kendinizi daha güçlü hissedersiniz. Taşın sert olduğunu, ateşin yaktığını her şeyin bir güce dayandığını ve bir güç gösterisine döndüğünün farkında olmalısınız.

Gücü bir masalla süsleyin, güçlü bir masal kahramanı yaratın ve ardından seyredin. O masal kahramanının yapmaya çalıştığınız şeyleri başardığını göreceksiniz çünkü büyük işler için illa büyük güç gerekmeyebilir önemli olan gücün kullanım şeklidir.

*** Başarı**

İnsana ve hedef

İnsana yakışanları ikiye ayırmak gerekir.

*** Görünenler :**

Prezantabilite, vizyon, karizma, aura vs.

*** Görünmeyenler :**

Mutluluk, yaratıcılık, empati, pozitif enerji, aşk vs.

Görünmeyenlerin yani başarının, mutluluğun, aşkın insanın yüzünde nasıl pozitif bir tablo oluşturduğunun farkında olmalısınız. Yaşamın en güzel görüntülerinden bir tanesidir.

Görünmeyenlerin yüzünüze yansıyan görüntüsü kadar hiçbir şey sizi daha güzel gösteremez. Dünyanın en güzel görüntüsü beyin ve kalbin ortak değerleri sonucudur. İnsan patolojisinin iki dehasının baş başa vermesiyle meydana gelen dünyanın en güzel görüntüsünü neden kendinizden esirgersiniz, buna hakkınız var mı? Bunu önce siz kendinize sorun.

* **Mutluluk :**

Düşler dünyası

Yaşam pencerenizden baktığınızda yaşamsal değerlerle karşılaşıyoruz. Bilmeliyiz ki, dünyada yalnız değiliz ve dünyadaki her şeyle aramızda görünmeyen ya da göremediğiniz bir bağ var. Aslında gördüğünüz yaşam güçleri olan bu değerler doğanın size sunduklarıdır. Onlar sizin için yaratılmıştır ve sizin almanızı beklemektedirler.

Leonardo da Vinci'nin Mona Lisa adlı tablosunu herkes bilir. Bu tabloda ilk önce dikkati çeken görüntüler vardır, ancak tabloya baktığınızda biraz daha dikkatli bakmak gereksinimi duyarız. Sanki sizden bir şeyler varmış gibi, kendinizden bir şeyler ararsınız ve kendinizi çok büyük bir dünyada hissedersiniz. Hayranlığınızı gizleyemezsiniz, başka bir insanın dünyasında bulursunuz kendinizi ve ona hayranlık karışımı saygı duyarsınız. Leonardo da Vinci, Mona Lisa adlı tablosuyla aslında kendi vizyonunu sunmuştur. Bir yerde, gördüklerinin kendisinde yarattığı duyguları resimlemiştir. İşte vizyon insanın kendisine saygı duyulmasını sağlama biçimi. Leonardo Da Vinci bu tablosuyla kendi vizyonunun büyüklüğünü göstermiş ve kendisine saygı duyulmasını sağlamıştır.

Sonuçta fark edilmemesi imkansız olanı başarmak adına ne denli bir pencereden bakmak gerektiğine siz karar vereceksiniz. Çünkü yaşam pencerenizi siz belirlersiniz, hiç kimse size bir pencereden söz etmez. Böyle bir pencere tanımlanamaz ve sunulmaz da çünkü pencere sadece sizin bakışınızdır.

Aşık Veysel gözleri görmeyen bir insan olmasına karşın her şeyi o kadar net görmektedir ki, görmediği halde içinde yaşattığı sevgiliyi göklere çıkarmakta ve onu görüyormuş gibi ondan övgüyle söz etmektedir. "Sendeki güzellik beş para etmez, bendeki bu aşk olmasa" sözleriyle gördüğünü kendi dünyasında anlatmıştır. Görmenin hissetmek olduğunu, hissettiğini algılamanın ise şart olduğunu bilmek ve algıladığını değerler dünyasında şekillendirerek bir dünya oluşturmak vizyonun başarısıdır. Vizyon yani bakış, bakarken görmek ve başarıyı düşlerde çizmekle başlar. Siz de bakmayın, görün ve düşlerinizi hayal dünyasında şekillendirin ve düşlerinize duygusallığınızı katarak uygulayın.

*** Yaratıcılık :**

İnsan ve hayaller

Yaratmak tanrısal bir güdü. "Günümüzde kullanılan yaratıcılık ise farklılıktır, sıra dışılıktır." Herhangi bir şey başarmanın ardında yaratıcılık yatar çünkü başarmanın tek kuralı yaratıcı olmaktır. Herhangi bir şeyde başarılı olmak için yapılması gerekenlerin sıradan şeyler olduğunu düşünemezseniz. Yapılması gerekenleri sıradan şeyler olarak düşünürseniz başarıyı yakalamanız zordur. Sıradan davranışlar sizi yanıltır ve başarı şansınızı kaybedersiniz;

oysa yaşam dahil olmak üzere başarı şansa bırakılamaz çünkü yaratıcılıkta şansa yer yoktur.

*** Kararlılık:**

Kararlılık genetik olmaktan ziyade sonradan edinilen bir özelliktir / yetenektir, bunu etki tepki olarak algılayabiliriz, zamanın kazandırdığı diye de adlandırabiliriz. Karalılık aile bireylerinin okulu olmayan hatta okulunun olmasının dahi düşünülemediği ve de planlamasının dahi yapılamadığı deha bir yaşam örneği sergileyen ebeveynlerin eseridir. Bu konuda aile bireylerinin nasıl davranmaları gerektiği konusunda bir okul yok. Kararlı insan yetiştirme konusunda anne ve baba çok ama çok önemli bir faktördür. Bunu kişisel gelişim açısından kendini tanıyan, kişisel gelişimini tamamlayan bireylerde gördüğümüzde fark ederiz. Nasıl yapmışlarda kararlı insan yetiştirmişler diye hayranlığımızı saklamaya çalışarak izleriz.

Genel olarak bakıldığında insanın büyük bir güce sahip olduğunu fark ediyoruz ancak kullanım ve değerlendirmek konusunda kişisel farklılıklar kendini gösteriyor, her insan ayrı ancak farklı bir değer. Yeryüzünde hiç bir şeyin birbirine benzemediği gibi…

EĞİTİM

Aile içi eğitim eğitimlerin temelidir.

Bunu biliyoruz.

Eğitimde en büyük sorumluluk ailenindir.

Bunu da biliyoruz.

Ancak sadece bildiklerimizle kalıyoruz.

Oysa bilginin kullanılması ve uygulanması gerekir, kullanılmayan bilgi bir şeye yaramaz ki!

Çünkü;

Bilgi kullanıldığında bilgidir.

Hayatımızda seçme şansına sahip olmadığımız eğitimciler var, bu insanlar şu an bulunduğumuz yerde olmamızda en büyük paya sahip insanlardır.

Kimdir bu eğitimciler?

- Anneler,
- Babalar,
- Öğretmenler,
- Liderler
- Yöneticiler.

Bu eğitimciler yaşamamızın en önemli aşamalarında düşünce gücü, bilgi, entelektüelite, yaratıcılık, duygusal zeka, konuşma dili gibi kişisel gelişim konularında ve daha birçok konuda bize şekil verenlerdir. Şu anki biz olmamızda en büyük rolü onlar oynamıştır.

Ancak bu eğitimciler bizi gerektiği gibi eğitebildiler mi? İster evet deyin ister hayır, onlar aldıklarını verdiler, yeterli olamadılarsa suçu onlara yükleyemeyiz, çünkü verdikleri aldıklarıydı. Onlar öğrendiklerini en doğru şekilde vermeye çalıştılar, ancak verilenler doğru muydu? Maalesef doğru olduğunu söylememiz zor, o zaman yapılması gereken bir şey var.

Eğer onların yetersiz olduğunu düşünüyorsanız, siz başarılı bir eğitimci olun.

Çünkü,

Önünüzde sizden doğru şeyler bekleyen insanlar var.

İnsan sadece aldığı eğitimlerle kalmamıştır, kendini geliştirme özelliğine sahip insanın kendini geliştirme şansı vardır. Bu şansını kullanan insan kendini eğitir. Aldığınız eğitim sizin için bir anahtar olmalıdır ve asıl olan kendi kendinizi eğitmenizdir. Eğer kendi kendinizi eğitemiyorsanız bu sizin suçunuzdur.

Eğitimde en büyük pay anneler, babalar, öğretmenler ve lider/yöneticilere aittir.

Ancak, eğitimde en büyük paya sahip anne, baba, öğretmen ve lider/yöneticilerin iyi eğitim verebilmeleri için eğitimli olmaları gerekir, çünkü gerçek eğitimi ancak eğitimli eğitimciler verebilir.

Her şeyden önce eğitimcilerin eğitimli olmaları, eğitim verebilecek özellikte olmaları ve eğitimin bilincinde olmaları gerekir.

Çünkü eğitim bilinçtir ve çok ciddi bir iştir. Günümüzde toplumların en büyük sorununun eğitim olduğu düşünülmektedir.

Eğitim eksikliği hissedilen toplumlara bakıldığında eğitimci eksikliği hemen dikkat çeker, eğitimci yoksa eğitim de yoktur.

Bir toplumun sorunlarının başında eğitim gelir düşüncesi herkes gibi beni de ister istemez düşünmeye zorladı?

Nasıl bir eğitim gerekliydi?

Eğitimli bir toplum için neler gerekiyordu?

Neden ülkemizde eğitim eksikliğinden söz ediliyordu?

İnsanlara rastgele ülkemizdeki eğitim eksikliğinin nedenlerini sorduğumuzda nasıl cevaplar alırdık? diye düşünüyorum.

Bu sorulara pek az kişinin doğru cevaplar bulabileceğini sanıyorum. Önce neden eğitim sorusuna bir cevap bulmak gerek, sonra nasıl bir eğitim ve nereden başlanmalı sorularını sormalıyız.

Nasıl bir eğitim denince önce insan olmanın değerleri öne alınmalı ve insanı değerlerini yüceltecek planlar yapılmalıdır

Çünkü,

Eğitimsizliğin nedeni eksiklikleri tespit edemezseniz, doğru eğitim veremezsiniz.

Eğitim verecek kadar eğitimli değilseniz yine doğru eğitim veremezsiniz.

Günümüzde eğitimsizliğin fark edilmediği gibi eğitimsizliğin eğitimli toplum yetiştirmede ciddi endişelere neden olmaktadır.

Her sabah işe giderken hiç hoş olmayan bir tablo ile karşılaşıyorum. Karaköy'deki özel bir Fransız okulunun önünde bir trafik karmaşası yaşanır, sabahları okula gelen öğrenciler okul önündeki trafik ışıklarına aldırmadan karşı kaldırıma geçerler, sanki ne trafik ışıkları vardır, ne de hızla geçen otomobiller. Ülkenin en modern ve en pahalı eğitimcilerinin bulunduğu bu okulun öğrencileri kırmızı ışığa aldırmadan ellerini kollarını sallayarak karşı kaldırımı geçerken trafiği allak bullak ederler. Okul önünde her gün yaşanan bu olay beni çok şaşırtır ve sinirlendirir. Çünkü burası eğitim yuvasıdır. Eğitimin en mükemmelinin verildiğini sandığım bu okulun bende düşündürdükleri şunlar olur:

- Türkiye'nin en pahalı ve en kaliteli öğretmenlerinin bulunduğu bu okuldaki öğretmenler ne iş yapıyorlar?
- En uygar davranış olan trafik eğitimi dahi verilemeyen bu okulda öğretmenler ne eğitimi veriyor?
- Öğrencilerine trafik eğitimi veremeyen bu eğitimcilerin verdikleri eğitimin değeri olabilir mi?

Asıl sorun eğitimciler midir?

Bu sorunun yanıtını iki kere düşünmeliyiz.

Çünkü

Trafik kurallarının iki kere ikinin dört ettiği gibi düşünülmediği ve trafik eğitiminin dahi verilemediği eğitimcilerin bulunduğu bir toplumda elbette eğitimden söz edemezsiniz.

Bu ve benzeri okullardan mezun olanların eğitimlerini tamamlamaları sadece kâğıt üzerinde kalıyor. Oysa eğitim bir okul diplomasına sahip olmak değildir.

Trafik kurallarına uyma sorumluluğunun bilincinde olmayan diploma sahibi bu insanların ülkeye verecekle-rinden ve iş yaşamlarındaki başarılarından endişe edilir. Nitekim bu insanların iş yaşamlarındaki başarı oranla-rının çok iyi olduğu kanısında değilim ve asıl problem eğitimden yoksun bu insanların okul sonrası iş yaşam-larındaki problemleridir.

Eğitimin temeli olan paradigmaların (Değerler dizisi-nin) bilincinde değilseniz iyi bir eğitim aldığınız söylene-mez. Bu kendi kendinizi eğitmekle de yakından ilgilidir.

Yönetici olarak çalıştığım yıllarda yeni elemanlar alı-yorduk, üniversite mezunu adayların kişisel gelişimlerini tamamlayamamış olmaları çok dikkatimi çekmişti, kimi her şeyi bildiğini zannediyordu, kimi eğitimsizliğin ezik-liği içindeydi, kimi gelişime kapalıydı, çok azı gelişimin bilincindeydi. Her şeyden önce neden burada oldukları-nın bilincinde olmamaları çok şaşırtıcıydı. Sadece bitir-dikleri üniversitenin adının arkasına sığınıyorlardı üs-telik bu duygunun megalomanlıklara neden olduğunun farkında değillerdi.

Eğitimin okul bitirmek olduğunu sanan insanlar bana şunu düşündürdü:

Üniversite eğitimi ile eğitim aldığımızı zannettik oysa sadece öğrendik ancak eğitilmedik.

Bugün Rusya'daki üniversite mezunu sayısı Ameri-ka'daki üniversite mezunu sayısından fazladır, ancak Rus-ya'daki eğitimli insan sayısı Amerika'nın çok gerisindedir.

Buradan şu anlam çıkmaktadır; eğitim kalitesi yüksek olmadıkça eğitimli insan sayısının hiçbir önemi yoktur.

Erzurum Atatürk Üniversitesi ve Trabzon Karade-niz Üniversitesi ilk açıldığı zamanlar öğretim görevlisi sıkıntısı yaşanırdı, bazı derslerin öğretim görevlileri Ankara ve İstanbul'dan uçakla bir günlüğüne gider, ertesi gün geri dönerlerdi, o yıllarda doğuda eğitim gören öğrenciler bile eğitim kalitesinden şikayet ederlerdi.

Zenginlik ve çocuk

Cem çok zengin bir ailenin küçük oğluydu, okula babasının özel otomobili ile gelirdi, yaşı henüz on sekiz olmadığı için otomobili şoför kullanırdı. Yanında her zaman çok para olur, istediği her şeyi rahatça alırdı, giysileri pahalı, ünlü markalardı, sınıfta ona özenmeyen yoktu, sınıfın en gözde öğrencisi oydu, ama dersleri pek iyi değildi, ancak onun buna pek aldırdığı yoktu, sürekli umursamaz bir hali vardı, okul sona ermeden yaz tatilinde gideceği yerlerden söz ederdi.

Kurban bayramının arife günü, akşam saat on bire geliyordu, yatmak için hazırlanıyordum, kapı zili çaldı. Açtığımda oğlumun sınıf arkadaşı Cem'in annesi heyecanla, "Cem babasının arabasını almış senin oğlunla dolaşırken kaza yapmışlar, şu anda karakoldalar, Cem'in babası daha gelmedi!" dedi.

Kadın daha sözlerini bitirmeden hemen giyinip karakola gittim, Cem'in annesi de geldi, çocuklar nezaretteydiler, karakol nöbetçi komiseri ile görüşerek oğlumu karakoldan aldım, o arada Cem'in babası geldi. Çok sinirlenmişti, komisere şunları söyledi:

"Bütün gece nezarette kalsın aklı başına gelsin."

Daha on altı yaşında olan Cem o geceyi karakolda geçirdi, bütün geceyi nezarette geçiren Cem'in bozuk olan ruhsal yapısı daha da bozulmuştu. Sonraki yıllarda ilaç ve uyuşturucu bağımlısı oldu. Cem on sekizinde yüksek dozda uyuşturucu aldı ve öldü.

Eğitimi hissetmek

Büyük ölçekli bir kuruluşun eğitiminde şunu sordum:

"Sizce en büyük problem nedir?"

Yanıt:

"Eğitim."

"Eğitim nedir?" diye sorduğumda verilen on yanıt şunlardı:

- Bilgi
- Öğrenmek
- Düşünce gücü
- Doğru karar vermek
- Ne yaptığını bilmek
- Başarı
- Kalite
- Sanat
- Gelecek
- Yaşam biçimi

Tabii ki eğitimin içinde bütün bu söylenenlerin olması gerekir.

Ancak, eğitim:

Uygarlıktır, uygar olmaktır.

Asıl eğitim ise insanı düşündürmektir.

"Peki, eğitim nasıl olmalıdır, nereden başlanmalıdır?" sorusuna ise verilen yanıtlar şunlardı:

- Okuldan başlanmalıdır,
- Aileden başlanmalıdır,
- Eğitim kurumları oluşturulmalıdır, vs.

Verilen yanıtlar doğru ancak bir püf nokta var. Bu eğitimleri kim verecek? Öğrencilik yıllarınızı hatırlayın, her öğretmeniniz aynı mıydı? Kimisi çok iyi eğitimciydi verdiklerinin neredeyse tamamını aldık, bunların sayısı kaç tane idi? Maalesef bir tane ikincisi olmadı. Kimilerinin dersinde biran önce bitse diye düşündürdük. Ya anneler, babalar, lider yöneticiler yeterince eğitimli miydiler?

Eğitimin püf noktası önce eğitimcileri eğitmektir.

Bu bilinç oluşmadıkça, uygarlığın ne demek olduğu hissedilmedikçe, insan uygar yaşamın özlemini duymadıkça, insanların hayal güçlerini büyüterek düşündürmedikçe eğitimli toplumlar yetiştirmenin kolay olmayacağını gözlemledim. Herkes uygar olmaktan yana, hatta çoğunluk uygar olduğu düşüncesinde, ancak uygar olduğunu zannedenlerin otomobilleriyle şehir içinde seyir halindeyken sigara izmaritlerini caddelere atmaları uygarlığa daha çok yol olduğunu düşündürüyor.

Yaptığım tüm eğitimlerde fark ettiğim şey şuydu: Herkes sorunun eğitim olduğu konusunda birleşiyordu, ancak nasıl bir eğitim olması, eğitim için neler yapılması gerektiği konusundaki cevaplar yetersizdi.

Eğitim konusunda şöyle bir dönüp geriye bakıyorum eğitimin başlangıç yeri aile ortamlarında ekonomi başta olmak üzere bir hayli sorunla geçen eğitimsiz yıllar, eğitimden yoksun öğretmenler ve liderlik/yöneticilik beceri ve özelliklerden yoksun liderler yöneticiler.

Çoğu zaman lafta kalan, geçiştirilen eğitim olgusunun gerçek kimliğine kavuşturulması günümüzdeki en zor işlerden biridir. Siz eğitimle insanların önyargılarını, alışkanlıklarını, ufuklarını, düşünce şeklini, yaşama bakışını kısacası yaşam tarzını değiştireceksiniz ya da yön vereceksiniz, bunun ne kadar zor olduğunu biliyor musunuz? Bu zorluğun farkında olmalısınız, sıradan eğitimcilerle bu işin kolay kolay başarılamayacağının bilincinde olmalısınız ve önce eğitimcilerin eğitilmesi gerektiğini düşünmelisiniz, yoksa çok uzun zaman eğitim eğitim diye yakınırız.

Çalıştığım işyerinde çok beğendiğim bir iş arkadaşım vardı, onunla olmak bana pozitif enerji veriyordu, içimde ona karşı söyleyemediğim saklı bir sevgi duyuyordum, onda beğendiğim çok özellikler vardı. Gözleri, saçları, konuşması, ses tonu çok etkileyiciydi, hele yürüyüşü dans eder gibiydi, her adım atışında içimde bir şeyler geçerdi, ondan çok etkileniyordum, sevgimi daha fazla içim de saklayamazdım, içimdeki duygularımı söylemek için sabırsızlanıyordum, o da bana karşı ilgisiz değildi sonunda duygularımı söylemeye karar verdim. Bir gün arabayla giderken sigara içiyorduk, duygularımı söylemenin tam zamanı diye düşünürken, biten sigara izmaritini otomobilin penceresinden dışarı attım, bu davranışımı görünce şaşkın bir ifadeyle:

"Bunu nasıl yaparsın," dedi. Önce anlayamadım. "Neyi?" dedim.

"Sigaranı sokağa attın, inanamıyorum," dedi. Şaşırmıştım, ona göre çok büyük bir hata yapmıştım, doğruydu, sokaklara sigara izmariti atmak hiç de hoş değildi. Olayı geçiştirmeye çalıştımsa da pek etkili olmadı. O gün ona söylemeyi düşündüğüm duygularımı bir daha hiç söyleyemedim ve o günden sonra bir daha sokaklara sigara izmariti atmadım. Beğendiğim birini kaybetmiştim ama uygarlık adına acı da olsa bir şey öğrenmiştim.

Eğitim uygarlıktı.

Uygar toplum yetiştirmede görev eğitimcilerindir, eğitimli ve uygar toplum yetiştirmek için önce eğitimcilerin eğitilmesi gerekir.

Bu kitabı yazarken en çok zorlandığım konu eğitim bölümü oldu, çünkü eğitim insan olmanın gereğiydi ve böyle önemli bir konuda yazacaklarım çok önemli olmalıydı. Uzun uzun düşündüm, yaşamsal tüm objeleri defalarca düşlerimden geçirdim, insan öğesi taşıyan felsefeden sosyolojiye, tarihten bilime, edebiyattan sanata, Mevlana'dan Yunus'a, Kafka'dan Balzac'a, Dale Carnegie'den Anthony Robbins'e kadar bir hayli kitap okudum, araştırmalar yaptım. İnsan mükemmel olmalıydı, mükemmel olmak için neler gerekiyordu, yıllarca araştırdım ve mükemmel insan olmak için eğitimin daha önce de düşündüğüm gibi çok önemli olduğu konusundaki kararım daha da güçlendi.

Mükemmel insan eğitimli insandı.

İnsan; yapısı nedeniyle kendi kendini eğiten yaratıktır.

Ancak, insanın kendini eğitmesi için alt yapı sağlanmalıdır.

Japonya İkinci Dünya Savaşı'nda atom bombasıyla harap olmuştu, atom bombasının yıkımı çok büyüktü, böyle zor bir durumda Japonya parlâmentosunun ülke genelindeki yıkımın nasıl ve nereden başlanırsa düzeltilebileceği konusunda düşünüp işe eğitimden başlama kararı verdiğini öğrendiğimde tüylerim diken diken olmuştu. Japonlar büyük insanlardı. Ben bu kararı öğrendiğimde aradan yıllar geçmişti, yıllar önce yaşamış bu insanların eğitim konusundaki mantaliteleri beni hayretlere düşürmüştü. Bu karar bana eğitimin ne görkemli bir şey olduğunu bir kere daha düşündürdü.

Bir savaş kaybetmişsiniz ve ülkenizin önemli bir bölümü atom bombasıyla harap olmuş, taş üstünde taş kalmamış, binlerce insan ölmüş, binlerce insan sakat kalmış, siz böyle bir durumda eğitim kararı alıyorsunuz. Böyle bir durumda olsa olsa insan daha değişik duygular hisseder, ama siz bütün bunlara rağmen insanlık tarihinde böyle yüce bir karar bir daha asla alamayacakken, siz insan olmanın ne denli erdemli bir şey olduğunu kanıtlayacak, sizi bu kadar zorda bırakan insanları utandıracak kararınızla tarihe geçeceksiniz.

İşte eğitim bu.

Böyle bir durumda eğitim kararı alacak kadar bilinçli olmanın dayanılmaz büyüklüğü karşısında tüm dünya insanları ders almalı.

Yıllar önce eğitim diyen bu ülke insanlarının yaşama bakıştan, çalışmaya kadar her konuda araştırılması ve öğrenilmesi gereken çok önemli yanları olmalı.

İkinci Dünya Savaşı'ndan sonra Japonya'nın geldiği durum apaçık ortada, Japonya'nın ekonomideki başarılarını bilmeyen yok, dünyanın G8 olarak adlandırdığı zengin ülkeler sıralamasına girmesine neden olan İkinci Dünya Savaşı sonrası almış oldukları eğitim kararını nasıl uyguladıklarını çok merak ediyorum doğrusu.

EĞİTİM VE YOGA

Yoga bir eğitim şekli.

Nasıl?

Evet, yoga bir eğitim şeklidir hem de önemli bir eğitim şeklidir çünkü yoga ruhun eğitilme şeklidir.

Ruhunuz hazır değilse eğitim konusunda başarılı olduğunuz söylenemez.

Çünkü;

İnsan ruhuyla hisseder, dolayısıyla önce ruhunuzun eğitime hazır olması gerekir. Ruhunuzu eğitime hazırlamak için beyninizle konuşmak ta bir yoga şeklidir.

Yoga, hayata karşı koymanın gücünü hissetmek, evrenin olumsuzluklarından etkilenmeden berrak beyin sakinliği ve huzuru içinde olabilmektir…

Araştırmacılar yoganın insanın kendi kendini eğitmesinde önemli bir rolü olduğu konusunda olumlu görüşler bildirmektedirler. Aslında insanın kendini kontrol eden bir düşünce şeklidir yoga. Açılımı ise düşüncenin farkındalığını hissetmektir. Her şeyin beyinde başladığı teorisi yoganın önemini doğrulamaktadır. Yoga yapan ve yoga yapanları yakından izleyen biri olarak gelişim konusundaki izlenimlerim beni hayrete düşürdü. Yoga yapmaya başladığınızda yaşama bakış başta olmak üzere birçok şeyin değiştiğini fark ediyorsunuz. Eğer yogayı bilmiyorsanız ve yapmadıysanız hemen başlamalısınız, her yoga seansı sonrası insan yenilendiğini, düşünce dünyasının genişlediğini, çok daha pozitif enerji dolu olduğunu hissediyor.

Ve asıl olan insan kendini kendinin de bilmediği farklı bir güce sahip olduğunu hissediyor.

Bana göre yoga insanın beyin ve beden jimnastiğinin birlikte yapılmasıdır. Beyin ve beden jimnastiği sonucu hem düşünce hem de bedensel gücün arttığını fark ediyorsunuz. Yoga ile gücünüzü artırabilir ve kendinizi yenileyebilirsiniz. Yoga ile insanın kendini kontrol altına alması sonucu kişilik bilincinin güçlendiğini fark ettim. Yogadaki her bir hareketin farklı yararları var. Beni en çok etkileyen, bağdaş oturuşta elleri diz üstüne koyma ve işaret parmağı ile başparmağı birleştirme hareketi. Sırt üstü yatarak ikişer dakikalık ara ile tek bir kolu yukarı kaldırma ve işaret parmağını yukarıda tutma hareketinin de çok yararını gördüm. Enteresan olan şey şu ki, bu hareketler saatler sürse bile insan yorulmuyor, bunu bizzat yaşadım. Yoga yaparken yorulmadığınız gibi aksine bir yerden enerji alır gibi tuhaf bir güç ve dinamizm hissediyorsunuz.

Yoga hem beden hem de ruh sağlığı açısından çok olumlu bir çalışmadır.

İnsanın en önemli özelliği olan kişilik gelişimi, aile içi eğitim ile kazanılır. Mükemmel kişiliklerin oluşumunda başarı aile eğitimine aittir, yaşama bakış, yaşamı sevmek, insanlara gereken değeri vermek, toplum bilincine göre hareket etmek, yaratıcı olmak, başarılı iletişim kurmak, trafik kurallarına uymak, dürüst olmak, saygın olmak, çalışkan olmak, üretken olmak, özgüven duymak, dini eğitim ve daha birçok şey, aile içi eğitimle kazanılır.

Annem ilkokul mezunu, babam ise okuryazar bile değildi. Babam İkinci Dünya Savaşı sonrasının sıkıntılı ortamında okula gitmek şöyle dursun yoksulluk içinde yaşamını sürdürmeye çalışan bir ailede büyümüş, çocukluğu yoksulluk ve zorluklar içinde geçmiş. Babamın anlattıklarından, çocukluğumda ilk öğrendiğim şey yoksulluk oldu, babam o günleri anlatırken okula gidememenin acısını çok duygusal bir şekilde dile getirirdi.

Çocukluğumda o zamanlar anlam veremediğim fırtınalara rağmen yaşam çok keyifliydi. On yaşındaydım. Bir gün evin bahçesinde tahtalardan sinema salonu benzeri bir baraka yaptım. İki kişinin sığabileceği büyüklükteki tahta barakada arkadaşlarıma, izlediğim filmlerden örnek alıp, aktörü, yönetmeni, her şeyi olarak tek başıma film gösterileri yapardım, arkadaşlarım merakla beni izlerdi, çok heyecanlı ve keyifliydi, sonra kış başladı annem barakanın tahtalarını ısınmak için sobada yaktı.

Öğrenmek ve merak

Öğrenmek merak etmek ve istemekle başlar. İnsanlar çoğu kez anlatılanları ya bildiklerini ya da kendilerini ilgilendirmediğini zannettikleri için eğitimlerden sıkılırlar.

Ancak;

Eğitimlerden sıkılma nedenleri arasında konuşmacının karizma, aura, prezantabilite, vizyon, gizemli ses rengi ve marjinal konuşma dili gibi özellikler gelmektedir.

Çünkü;

İnsanlar karşılarında hayranlık duyacakları, enerjisinden ve karizmasından etkilenecek marjinal konuşma diline sahip insanlar beklemektedirler.

Ayrıca eğitimin ne olduğu bilincinin eksikliği.

İnsan, yaşamın eğitim olduğunun bilincinde olmadıkça eğitime gereken özeni göstermiyor, oysa eğitim bilincinin oluştuğu insan öğrendiklerinden ve yaşamdan keyif alır.

Eğitim ve çocuk

Çocuklar konuşmaya başladıklarında hep soruları ile karşılaşırız, onların bu soruları öğrenmek merakından ileri gelir. Öğrenmek insanda içgüdüsel bir davranıştır. İnsan öğrenmek ister ancak öğrenme isteğinin farkında değildir, öğrenme isteği bilinci oluştuğu zaman gerçek eğitim başlar. Okula başladığımız yıllar neden eğitim aldığımızın farkında değiliz.

Eğitim yaşamla başlar, yaşam sona erdiğinde biter. Yemek yemekten, yürümeye kadar, kalem tutmaktan kitap yazmaya kadar geçen zaman bir eğitim evresidir. Önceleri öğrenmekle başlayan yaşam sonraları öğretmekle devam eder, öğretici olsak bile her zaman öğrenci kalmak zorundayız, çünkü bilginin sınırı yok, her ne durumda olursanız olun mutlaka öğreneceğiniz birçok şey olmalı.

Başarılı lider yöneticiler eğitenlerdir.

Örneğin;

Atatürk'ün yaşam tarzına baktığımız zaman yaptığı her işle birlikte, toplumu eğiten gerçek bir lider olduğunu görürüz, yaptığı her şeyin uygarlık yolunda önemli çalışmalar olduğunu bugün çok daha iyi anlıyoruz.

Atatürk yaptıklarını devrim adı altında gerçekleştirmiştir. Harf devrimi, şapka devrimi gibi icraatlar a bakılırsa gerçekten her biri birer devrim niteliğindedir ve Atatürk her devriminde örnek davranışlarla önderlik yapmıştır.

Bir iş yerinde başarıda zorlanılıyorsa, hemen eğitim eksikliği dikkat çekiyor. Başarılı bir organizasyona baktığınız zaman içinde eğitimin önemli bir yeri olduğunu görürsünüz.

Eğitimlerde lider yöneticilere coaching/koçluk yapıyor musunuz soruma gereken yanıtların verilmediğini, geçiştirildiğini gördüm.

Oysa bilinmesi gereken toplum eğitimcileri liderler, yöneticiler ve koçlardır dolayısıyla liderlerin yöneticilerin ve koçların eğitim konusunda marjinal özellikler yanında bilgi ve entellektüelite ye sahip olmaları gerekir yoksa inandırıcı olamazlar, saygı duyulmazlar.

Beyin fırtınası

Genel Müdür Mr. Naipp yönetiminde brain stormig/ beyin fırtınası yapıyorduk. Brain storming genelde herkesin katılımını sağlamak açısından oldukça önemli ve başarılı bir çalışma şeklidir, herkes yaratıcı fikirler söylemek açısından kendini zorlayarak yeteneklerini sergilerken farklılığını ortaya koymaktan ayrı bir heyecan duyar.

O sabah 08.00'da başlayan toplantı saat 12.30 olduğunda hâlâ devam ediyordu. Öğlen yemeği saati gelmiş herkes acıkmış, yemek molasını bekliyordu, ancak genel müdür hiç durmadan devam ediyordu, karnı acıkanlar birbirine bakıyor genel müdür saati unutmuş olmalı diye düşünüyor ve birinin hatırlatması gerekir düşüncesiyle birbirlerine sen söyle gibi işaretler yapıyorlardı.

Genel müdür bir şeyler olduğunu fark edince,

"Acıktınız mı?" diye sordu.

Herkes "Evet," der gibi başını salladı.

Genel müdür sesini biraz yükselterek,

"Siz Avrupa Birliği'ne girmek için müracaat etmiş bir ülkenin çalışanlarısınız," dedi, "üstelik yöneticisiniz, Amerika ve Avrupa'daki şirketlerde öğle yemeklerinin kaldırıldığından haberiniz yok mu? Öğlen yemeği kandaki toksin oranını artırdığı için çalışma performansını düşürmektedir, bu nedenle öğlen yemeği yenmemektedir. Öğlen yemeği yememeye alışmalısınız."

Hiç beklemediğimiz bu konuşma herkeste soğuk duş etkisi yapmıştı. Herkes birbirinin yüzüne baktı, şaşırmıştık.

O gün öğle yemeğini toplantıya ara verilmeden küçük bir sandviçle geçiştirmek zorunda kaldık.

Mr. Stanley Ohara

1999 yılında lider yönetici eğitimine katılmıştım, eğitimci Mr. Stanley idi. Mr. Stanley eğitim konusunda Mr. Brain adıyla anılıyordu. Mr. Stanley salona girer girmez kürsüye geldi, sol elini pantolonunun cebine soktu, sağ elini yumruk yapıp işaret parmağını havaya kaldırarak, "Bayanlar, baylar ülkenizde tek sorun var," dedi Herkes merakla Mr. Stanley'i izliyordu. Mr. Stanley, "Bu sorun nedir biliyor musunuz," diye sordu.

Herkes daha da meraklı bakışlarla Mr. Stanley'i izliyordu. Mr. Stanley pozitif enerji dolu bakışlarıyla salonu şöyle bir taradı. Eli havadaydı.

"Eğitim," dedi ve devam etti, "Bu sorun tüm dünyanın sorunu."

Bir eğitimcinin konuşma dili, beden dili, ikna etme sanatı ve bilgi konularındaki ustalık ve beceri gücünü Mr. Stanley'de gördüm.

Mr. Stanley'in eğitimi süresinde ve sonrasında çok düşündüm. Çok etkilenmiştim, bir eğitimci ancak bu kadar başarılı olabilirdi, konu ve konular üzerindeki ayırımcılığı ve konuya odaklanması, öğretim bilinci konusundaki agresif davranışları çok ilgimi çekmişti.

Eğitimlerden çok şeyler öğrendim, gerçekten çok gerekliydi. Ancak bir şey fark ettim, o da aldığım eğitimlerin en az iki katı kendimi eğittiğim idi.

Eğitim sadece aldıklarınız olmamalı, eğitim aldıklarınıza sizin de bir şeyler katmanızdır, çünkü her insan ayrı bir yetenektir, birinin düşündüklerine bir başkası mutlaka farklı bir şeyler katmalıdır.

İnsanda mutlaka sorumluluk bilincinin olması gerek, sorumluluk bilinci sadece sizdeki sorumluluk bilinci halinde kalmamalıdır, bu bilinci çevrenize, hele lider yönetici iseniz ekibinize aşılamalısınız, sorumluluk bilincini aile bireylerine ve ekibinizde oluşmasını sağladığınız takdirde güvenilir ve başarılı olmalarını sağlarsınız.

Eğer siz bir lider yönetici olarak sorumluluk bilincinin farkında değilseniz ve egolarınız ön plânda ise:

"Burada işiniz olamaz, olmamalı."

"Çünkü işinize zarar verirsiniz, kendinize zarar verirsiniz, çevrenize ve insanlara zarar verirsiniz."

Lider yöneticilik konularında aldığım eğitimler bana sorumluluk bilincinin önemini öğretti.

Hepsi birbirinden önemli konulardı ancak, aldığım eğitimcinin eğitimi ise eğitim vermenin ne demek olduğunu öğretti.

Yönetici olarak göreve başlamanın ikinci ayında ilk yöneticilik eğitimi aldığımda dikkatimi çeken bir şey oldu. Eğitimde insanın çok önemli olduğunu öğrendim.

Eğitimcinin eğitimcisi Prof. Dr. Len Whitehead bir soru ile başlamıştı:

"Sizler yöneticisiniz, ekibinizde çalışmayan iki eleman var, böyle bir durumda ne yaparsınız?"

On üç kişilik değişik departman yöneticileri hep aynı fikirdeydik:

"İşine son veririz." Len Whitehead gözlerimize baktı: "Tamam o zaman eğitim bitti, nasıl olsa sorunu çözdünüz," dedi.

Herkes çok şaşırmıştı, eğitim başlayalı daha on dakika olmuştu, eğitim programı beş gündü, belli ki yanıtlarımızı beğenmemişti.

Sağa sola birkaç adım yürüdü ve: "Sizlerin görevi insanları eğitmek, yönlendirmek, içlerindeki cevherleri ortaya çıkarmak ve kullanmalarını sağlamaktır, insanın işine son vermek işin dramatik tarafıdır, bunu yapamazsınız, sizler ekibinizi eğitmek ve yönlendirmek için buradasınız, görevinizi doğru yapın."

Hepimiz şaşırmıştık, mesaj çok açık ve netti. "İnsanları eğitin, yönlendirin, içlerindeki cevherleri ortaya çıkartın, kullandırın ve çalıştırın" açıklaması aslında çok doğru ve anlamlıydı.

Şöyle ilave etti:

"Yönetmek bir sanattır, sizler de yönetici olduğunuzu unutmayın."

(CHD)

PSİKOLOJİK HAZIRLIK VE PSİKOLOJİK GÖZLEM

İnsan yaşamında yapılması gereken her şeyin bir ön hazırlığı vardır, sınav öncesi ders çalışmak, futbol, basketbol, atletizm öncesi antrenman gibi. Yapılması plânlanan işin ön hazırlığını yapmadığınız takdirde başarıdan emin olamazsınız.

İnsanları ikna etmede başarılı olmak içinse psikolojik hazırlık çok önemlidir, yani kendinizi psikolojik olarak hazırlamanız gerek, konunuza hakim olmakla birlikte işinizin nasıl yapılması gerektiği konularına konsantre olmalısınız, kendinizi karşınızdakine ilginç kılmalısınız, karşınızdakini ikna edebilmenin bir sanat olduğunu, ve bu sanatın bilincinde olmalısınız. Marjinal olmalısınız.

Kendinizi psikolojik olarak hazır hissetmediğiniz bir iş görüşmesini % 50 kaybetmiş sayılırsınız.

Bir iş görüşmesinin başarılı geçmesini istiyorsanız psikolojik olarak mutlaka çok iyi hazırlanmanız gerekir. Psikolojik hazırlık bir görüşmenin sihirli anahtarıdır. Psikolojik hazırlık insanın kendini iyi hissetmesidir. İnsanın kendini iyi hissetmesi için de olması gerekenler vardır.

Psikolojik hazırlık öncesi olması gerekenler şunlardır:

- Özgüven
- Bilgi

- Motivasyon
- Yaptığınız işi sevmek
- İnanmak
- Heyecan
- Kararlı olmak
- Pozitif enerji
- Etkili konuşma ve beden dili

Bu sayılanlara sahip olduğunuz takdirde kendinizi zaten hazır hissedersiniz. Geriye inancı tam, kendine güvenen, heyecanlı, cesur, başarmanın sanat olduğu bilincini yaşayan biri olarak başlamanız kalıyor. Yani uygar olmanız kalıyor. Ancak yine de bilinmesi gerekenler vardır. İnsanlar hayatta en çok bir başka insandan etkilenirler. İnsan, insansız yapamaz, insanın yaşamını pozitif etkileyen hormonlar yaşamdan keyif almamızı sağlar, burada da paylaşımcılar insanlardır. İnsanlar birbirlerine pozitif bir şeyler verirler, bu insan olmanın vazgeçilmez unsurudur.

Bütün iletişimlerde insanlar birbirlerine bir şeyler verirler yani bir takım yargılara varırlar. Bunun birçok nedeni vardır, birincisi insanların birbirleri için cazip yaratılmıştır. Varlıklarından destek alırlar, motive olurlar, psikolojik güç alırlar, bir takım değerlendirmeler yaparlar ve birbirlerinden bir şeyler alır, bir şeyler verirler.

İnsanlar birbirlerine neler verirler?

- Sevgi
- Heyecan
- Enerji

- Güven
- Pozitif enerji
- İlham
- Optimizm
- Huzur
- Mutluluk
- Negatif enerji

Yukarıdakiler, insanların birbirlerine karşı farkında olmadan verdiklerinden sadece bir kaç tanesidir. İnsanlar gereksinimleri nedeniyle birbirlerine ihtiyaç duydukları için bilinçaltı karşılıklı alışveriş yaparlar. Bunların içerisine en önemlilerinden birisi psikolojik güçtür.

Psikolojik güç

Büyük ölçekli bir kuruluşun müşteri ilişkileri müdürlerine verdiğim eğitimde mola esnasında kahve alırken genç bir bayan yanıma geldi. Çekingen ve utangaç hareketlerle konuşmaya başladı.

"Affedersiniz bir şey sorabilir miyim?"

"Tabi ki."

"İş görüşmeleri öncesi genelde kendimi hazır hissedemiyorum, sıkıldığımı hissediyorum. Ne yapmam lazım?"

Bir soruyla karşılık verdim.

Seni kuşkulandıran nedir?"

"Görüşmeye başlamadan önce içimde bir boşluk, bir tedirginlik hissediyorum."

Güzel ve alımlı bir bayandı. Bir şeyler söyleyerek onu rahatlatmam gerekiyordu. Sorununun motivasyon ve özgüvenden kaynaklandığını düşünerek konuşmaya başladım.

"Sen hiç aynaya baktın mı?"

Gülümseyerek:

"Evet,"

"Ne görüyorsun?"

"Kendimi görüyorum."

"Biraz dikkatli bakarsan çok güzel birini göreceksin," dedim.

Gözlerinin içi güldü, bu sözleri ilk defa duyuyormuş gibiydi, hoşuna gitmişti, Şaşkın mutluluk kapladı yüzünü.

O anda molanın bittiğinin haber veren çanın sesiyle salona yöneldik.

Eğitim sonunda akşam eve dönerken eğitim sürecinde yaşananları düşünüyordum.

Aradan üç ay geçmişti, aynı kuruluşun başka bir eğitimdeydik, genç bayanla tekrar karşılaştık. Koşarcasına yanıma geldi, çok sevinçliydi.

"Merhaba hocam."

"Merhaba çalışmalar nasıl gidiyor?"

"Çok iyi gidiyor. Söyledikleriniz beni öyle motive etti ki o günden sonra kendimi çok rahat hissediyorum,"

Sevinmiştim. Tekrar konuşmaya başladım:

"Çok güzelsin, bunu sana söyleyen olmadı mı?"

Genç kız edasıyla biraz sevinerek, biraz utanarak,

"Oldu ama hiç kimse sizin kadar güzel söylemedi." dedi.

"Sence fark nedir?"

"Söyleyiş şekliniz çok etkileyiciydi."

"Peki, bu sana bir şeyler çağrıştırdı mı?"

"Evet, siz gücümün farkına varmamı sağladınız, konuşmanın ne demek olduğunun farkına vardım, o gün söylediklerinizle güçlü olduğumu hissettim ve bu bana güven verdi." (CHD)

Yaşam sevinçlerini gözlerinizden yansıtın, aslında bunu farkında olmadan yapıyorsunuz, ancak bunu bilerek ve çok iyi yapmalısınız, çünkü siz osunuz. Yaptığınız her şeyi ama her şeyi iyi yapın, en önce seksi iyi yapın, çünkü hormonlar insanın psikolojik yapısında oldukça etkilidirler. Yaşamın gizemini içinizde hissedin.

Sizi görmek için can atan, sizi gördüğü zaman heyecanlanan, dizleri titreyen, konuşurken kalp atışlarını kontrol edemeyen o kadar insan var ki işte bunu fark etmelisiniz çünkü sizde olan bir başkasında yok. İlahi gücün kudreti işte burada!

Hayatım boyunca aldığım ilhamlar nedeni hep insan oldu. Yaşadığım zorluklar, sevinçler, hüzünler beni yönlendiren değerler olmuştur. İyileri güzellikleri kaliteyi örnek aldım ve daha iyisini yapmaya çalıştım. Hüzünleri acıları kötülükleri ise ders olarak algılamaya çalışıp aynı hataları yapmamaya çalıştım.

Kaliteleri nedeniyle idol aldıklarım hiç bitmedi.

Beni en çok yönlendiren, geliştiren ve değişim bilincini hissettiren idol aldıklarım oldu.

PSİKOLOJİK GÖZLEM

İnsanların psikolojik yapılarına göre davrandıklarını herkes bilir, bunu saklamanın da yine zor olduğu herkesçe bilinir. İçinde bulunduğunuz durum yüzünüzden, gözlerinizden, beden dilinizden yansır.

İnsanların duygularını saklamak istemeleri bilinçaltı davranıştır, ya da saklamak istedikleri bazı davranışları vardır. Her şeye rağmen insanlar arası bağ öylesine kuvvetlidir ki insan karşısındakini düşüncelerini tıpatıp olmasa bile kısmen tahmin edebilme yeteneğine sahiptir. Bu en azından karşınızdakinin pozitif ya da negatif düşündüğünü tahmin edebilmektir. İnsan yapısı nedeniyle, bilinçaltı karşısındakinde hissettiği davranışlara göre hareket eder.

Bir iş görüşmesinde karşımızdakinin yapısından, davranışlarından etkileniriz, olumsuz davranışlar karşısında gücümüzü kaybederiz, karşımızdakini ikna etmede zorlanırız, hatta başarısız oluruz. Karşımızdakinin de bizim davranışlarımızdan etkilendiğini hiç düşündünüz mü?

İnsanlar çoğu zaman bir iş görüşmesi öncesi kendilerini psikolojik olarak hazır hissetmezler. Bunun nedeni görüşme ya da sınav seyrinin ön heyecanıdır. Heyecan sonucu belirler ve genellikle insanlar heyecanlarına yenilirler, istediklerini veremedikleri gibi gerçek kişiliklerini dahi yansıtamazlar.

Psikolojik hazırlık için önce bilgi, bilgiyle birlikte güven ve eğitim şarttır.

Bilgi güven verir, eğitim ise neyin nasıl yapılması gerektiği konusunda bilgi kazandırır, geriye psikolojik hazırlık kalır, psikolojik bakımdan hazırlanmak içinse psikolojik hazırlık bilinci oluşmalıdır.

Psikolojik hazırlık bilincinin oluşmasını sağlayan etkenler nelerdir?

- Hiçbir şeyin gücünüzün üstünde olmadığının farkında olmak.
- Yeteneklerinizin farkında olmak.
- Bilgili olmak.
- Özgüven duymak.
- Yapacağınız işin insan etkileme sanatı olduğunun bilincinde olmak.
- Yeteneklerinize sanat katmak.
- Duygusal zekâyı kullanmak.
- Her şeyin sevgiye dayalı olduğunun bilincinde olmak.
- Her şeyin sizde biteceğinin bilincinde olmak.
- Yapmanız gerekenlerin nedenlerinin farkında olmak.
- Karşınızdakini nasıl etkileyeceğinizin planlarını yapmak.
- Marjinal olduğunuzu göstermenin keyfini hissetmek.
- Yapacağınız iş ne olursa olsun mutlaka başarmayı hedeflemek.

Karşınızdaki kim olursa olsun önemli olan sizsiniz, her şeyden önce davranışlarınızın, gülümsemenizin, konuşma becerinizin, ses tonunuzun ve bilginizin çok önemli olduğunu bilmelisiniz. Beceri, yetenek, satış sanatınız ve marjinal kişiliğiniz karşınızdakinin sizi kabul etmesi, size inanması için yeterli olacaktır.

Psikolojik olarak hazır olduğunuzda görüşmeye başlar başlamaz psikolojik gözlemle karşınızdakinin ses tonu, konuşması, bakışları, davranışları gibi konuşma ve beden dili davranışlarından size karşı olan düşüncelerini değerlendirip konuşma şeklinizi ona göre ayarlamalısınız.

Unutmamanız gereken bir şey var: Karşınızdaki kişi ilgisiz, agresif ya da istenmeyen davranışlar sergiliyorsa bunun nedeni sizsiniz, mutlaka yanlış ve eksik bir şeyleriniz var demektir.

Karşınızdakinin davranışları sizi dinlemeye hazır olup olmadığını belirler, bu bir yerde karşınızdakini nasıl etkilediğinize de bağlıdır. Karşınızdakinin psikolojik durumuna göre davranmak zorundasınız. Genel tavrınız, davranışlarınız ve konuşmalarınızla onu pozitif hale getirebilirsiniz, bunu başaramazsanız başarılı olamazsınız, çünkü konuşmanızın kabul edilmediğini hissettiğinizde devam ederseniz boşuna zaman harcamış olursunuz. Konuşmanızı ilginç kılabilmek için karşınızdakinin dikkatini çekmek zorundasınız, bu da sizin konuşma ve beden dilini nasıl kullandığınıza bağlıdır. İyi kullanılan konuşma ve beden dili sonunda insanların olumlu etkilendikleri bilinmektedir.

Psikanalizin gücü

Öğrencilik yıllarımda bir gün Tıp Fakültesinde öğrenci olan bir arkadaşım bana geldi.

"Yarın Psikiyatr Prof. Dr. Ayhan Songar'ın psikolojik sorunları olan öğrencilere yönelik bir semineri var, gelir misin?" dedi.

O yıllarda benim de birçok insan gibi psikolojik sorunlarım vardı ve hiç düşünmeden, "Evet," dedim. Toplu psikanaliz şeklinde yapılacak olan seminer saat sabah saat 09.00'da idi, sabah saat 08.30'da seminer salonuna gittim. Ben, arkadaşım ve elli civarında öğrenci salonda yerimizi almıştık. Saat 09.00'du ve hocayı bekliyorduk, herkes heyecanlı idi, saat 09.10'da hoca salona girdi, kürsünün önünden bir iki adım sağa sola gitti sonra bize döndü ve, "Pencereden dışarı bakın," dedi. Herkes pencereden dışarı baktı. Hoca, "Ne görüyorsunuz?" diye sordu. Dışarısı Hastanenin bahçesiydi, insanlar sağa sola gidiyorlardı.

"İnsanlar, çiçekler, ağaçlar," yanıtını verdik.

Hoca, "Peki o insanlar mutlu mu?" diye sordu.

Bize göre o insanlar mutluydu, ya da bize öyle geliyordu. Herkes mırıldanarak, "

Evet," dedi.

Hoca dışarıya baktı, sonra bize baktı, gülümsedi, yüzünde farklı bir anlam vardı, herkes merak ediyordu, acaba hoca ne diyecekti. Bu davranışı ne anlama geliyordu? Salonda hiç kimseden ses çıkmıyordu.

Ellerini ceplerine soktu gözleriyle tüm sınıfı taradı, biraz sert, biraz da yüksek bir sesle,

"Bütün insanlar mutlu demek," dedi ve devam etti.

"Peki, siz neden mutlu değilsiniz, yoksa aptal mısınız?"

Salonu bir sessizlik kapladı, hoca dura dura, sindire sindire konuşuyordu. Neler söyleyeceğini merak ederken bir eliyle kapıyı açtı ve şunları söyledi:

"Derhal çıkın buradan, aptal değilseniz o zaman mutlu olmak zorundasınız, hadi defolun," diyerek kapıyı gösterdi.

Tüm öğrenciler salonu terk ederken hoca kapıdan çıkan herkesin tek tek gözlerine bakıyordu. Yaramazlık yapmış çocukların affedilişi idi sanki kovulan herkesin yüzünde saklı bir gülümseme vardı.

Hocanın davranışı ve sözleri herkeste şok etkisi yaratmıştı, beş dakikalık psikoterapisi çok başarılıydı.

Hocanın o günkü davranışları bana şunları düşündürdü:

"Ben de diğer insanlar gibi yaşamın bir parçasıydım ve benim de mutlu olmaya hakkım vardı. Ben de mutlu olmalıydım, ben aptal olamazdım."

Arkadaşımla birlikte oradan ayrılırken daha mutluyduk, sırtımızdan büyük bir yükün kalkmasının keyfini yaşıyorduk.

(CHD)

Birkaç yıl birlikte çalıştığım psikolog Muhteşem Nejat işinde deneyimli bir uzmandı. Kendisi ile zaman zaman konuşurduk, çağımız insanının ortak sorunu olan psikoloji üzerine sohbetler ederdik, hastalarını ve deneyimlerini anlatırken o anları tekrar yaşardı. Yine böyle bir konuşmada şöyle dedi:

"Psikolojik sorunları olan insanların tedavileri zor değil. Zorluğu hastanın kendisi yaratıyor."

Eğer hastanın kendisi için yarattığı zorlukları fark eder ve bu zorlukları yenme bilincini sağlarsan hasta zorlukları yenme aşamasına gelebilir. Sonucu görmeden sonucun ne işe yaradığı konusundaki karamsarlık işin en kötü tarafıdır."

Psikolog Muhteşem Nejat'ın sözleri bana şunları düşündürmüştü:

"İnsan bir deneyimi daha yaşamadan, başına gelebilecek olumsuz şeyleri düşünürse hayattan keyif alamaz. Yaşanmamış bir şeyi anlamanın mümkün olamayacağı kanısındayım. Yaşamadan yaşandığını düşlemenin gerçeği yansıtmadığı düşüncesindeyim. Yaşamdaki hiçbir şeyi olmadan olmuş kabul edemezsiniz."

Yaşam mevsimler gibidir, mevsimleri bilirsiniz rüzgâr, kar, yağmur, güneş, çiçekler, sıcak ve soğuk. İnsan, bütün bunları defalarca yaşamasına rağmen her mevsim yeniden geldiğinde o mevsimi ilk defa yaşıyor gibidir, her mevsim aynı olmasına rağmen her mevsimin her defasında insanda bıraktığı duygular farklıdır.

YARATICILIK

Hayaller gerçeklerden daha önemlidir.
Einstein

Albert Einstein atomun insanların öldürülmesi için kullanıldığını öğrenince, "Ben atomu insanlığın yararına kullanılması için keşfetmiştim. Böyle olacağını bilseydim yapmazdım, çok pişmanım," demiş.

Mucitler, besteciler, şairler, yazarlar ve daha birçok yaratıcı kişilerin yaratıcılık konusundaki çalışmalarına bakıldığında düşlerindeki yaratıcılıklarını hiç beklemedikleri bir zamanda gerçekleştirdiklerini görürüz. Mucitler düşünce dünyalarında yaratmak istediklerini hiç ummadıkları bir anda başarmışlar, yaratmayı düşlediklerini dinlenirken, yemek yerken, doğayı seyrederken, karda, yağmurda yürürken ya da Arşimet gibi hamamda gelen bir ilhamla keşfetmişler. Mucitlerin hayal dünyaları yaratmak istedikleri konularda öylesine doludur ki, düşlerinde sadece yaratma arzusu vardır. Yaratma güdüleri bir yaşam tarzına dönüşmüştür, yaratıcılıktan başka şey düşünmezler, başarmak için can atarlar, yaratmak onlara yaşama gücü verir.

Yaratıcı insanlar aynı zamanda duygusal insanlardır, görünüşlerinin aksine içlerinde fırtınalar vardır, ama bunu hiç hissettirmezler. Doğadaki her şeyden etkilenir, her şeye şaşırırlar, yaşamın gizemi onları çok duygulandırır, kendi kendilerine güler, gülerken ağlar, ağlarken bile keyif alırlar. Yalnız başlarına bile mutludurlar. Dünyada onlar için en enteresan, en farklı yaratık insandır, sanki kendileri insan değilmiş gibidirler. İnsanları seyretmekten keyif alırlar.

Yaratmayı düşlediğiniz şeyleri hayal dünyanızda önce kendiniz seyredin. Hayal dünyanız ne kadar büyükse o kadar yaratıcı olabilirsiniz. Yaratıcı olmak için hayata büyük pencereden bakmak gerek. Her insanın içinde yaratma gücü ve isteği vardır, her insan yeni bir şeyler üretmek ister, ancak bir türlü başlayamaz. Yaratıcılık boyutlarının farklılığı her insana göre değişir. Büyük düşünmek, küçük düşünmek gibi! Ama herkesin içinde yaratma güdüsü vardır.

Dünya devamlı bir değişim içindedir. Değişim yenilikler getirir, yenilikler değişimi getirir, değişimle gelen yenilikleri özümsemeli ve değişimin gerektirdiği yenilikleri değişimden önce hissetmelisiniz. Dolayısıyla değişimin gerisinde kalamazsınız, değişimin gerisinde kalırsanız yeniliklerin de gerisinde kalırsınız. Sonuçta çağın gerisinde kalırsınız, değişim öncesi gelişim gerek, çünkü değişimin nedeni gelişimdir, çağı yönlendiren gelişimin ardındaki değişimdir, bunun için herkesin yapması gereken birtakım şeyler var.

Dünyada her şey gibi teknolojide devamlı gelişiyor, seçeneklerle beraber üretim artıyor, tüketici daha kaliteli ürün, daha kaliteli hizmet ve daha kaliteli insan görmek istiyor, rakipler gittikçe çoğalıyor, rekabet artıyor. Böyle bir durumda kendimize neler yapmalıyız diye sormamız şarttır. Bu soruyu kendinize sormak yapılması gerekenlerin gereksinimini hissetmektir. Önemli olan değişim gerekliliğinin farkında olmak, olacakları hissederek birtakım tedbirleri çok önceden almaktır.

Bence her şey insanın genetik yapısından kaynaklanır, ancak düşünce insanın kişisel yapısından kaynaklanır, düşünce insanın en özgür yanıdır, düşünce sınır tanımaz, düşünceler doğruyu düşler, ama yine de doğru kararlarda kişilik yapısı etkendir.

İnsanı insan yapan her şey insanın geninden kaynaklanır, ancak insanın geninden gelenleri yönlendiren yine insanın kendisidir. Tanrı insana olayları değerlendirmesi ve karar vermesi için yargılama gücü vermiştir, eğer genden gelenleri iyi değerlendirirseniz başarılı olursunuz, yoksa duygularınızın esiri olursunuz, bu da sizin çağın gerisinde kalmanıza neden olur. Sakın kendinize yenilmeyin, çünkü insan kendisine yenilirse yeteneklerini, özgüvenini, yaratıcılığını kaybeder.

EMPATİ

Başkalarının sevinçlerini hüzünlerini bazen içimizde hissederiz, sanki aramızda bir bağ varmış gibi, evet bir bağ olmalı.

Empati, (Empathei) Yunancadan gelen bir kelime. Milattan önceki yıllarda empathei *"içini hissetme, hissedilenleri taklit etme"* anlamında kullanılmış ve günümüze kadar gelmiş.

Günümüzde empati insanların duygularını hissederek aralarında bir bağ oluşturmak anlamında kullanılmaktadır.

Çoğumuz zaman zaman başkalarının yaşamlarına özenerek bakarız ve onların yerinde olmak isteriz, çünkü başkalarının daha mutlu olduklarını zannederiz. İnsanların birbirinden daha mutlu olup olmadıkları konusunda herhangi bir şey söylemek çok zor, çünkü kimin daha mutlu olduğu konusunda kesin bir veri yok. Ancak, bilinen tek şey insanın sevdiği ve sevildiği sürece kendini mutlu hissetmesidir. Hani o keşke zaman dursa sözünün söylendiği anlar.

Empatinin çok başarılı kullanıldığı ortam sevgi ortamıdır, sevenler arasındaki empati, empatinin en güzel örneğidir.

Başkalarının duygularını az da olsa anlayabiliyor ve hissediyor, duyguları paylaşmanın bir yaşam tarzı olduğunu düşünüyorsanız, empati kurmakta yetenekli birisinizdir.

Dinler tarihine baktığınız zaman insanların birbirlerine yardım etmelerinin temel ilke olduğunu görürsünüz, Tanrı kutsal kitaplarda insanların birbirlerine yardım etmelerini istemektedir. İnsan ilahi gücün bu isteğini yerine getirdiğinde, yani başkalarına yardım ettiğinde yaşamdan daha çok keyif almaktadır. Tanrı yeryüzündeki canlıları bir bütün olarak ve yaşamı paylaşım esasına göre yaratmıştır, bu paylaşım içerisinde insana öncelik tanımıştır. Empatinin en yoğun hissedildiği ortamlardan biri de aile ortamıdır, aile ortamında sürekli devam eden bir duygusal alışveriş vardır, bir çocuğu en iyi anlayan annedir, anne çocuklarının duygularını hisseder, evladının yüzüne baktığı zaman duygularını ve düşüncelerini anlar, neredeyse onunla yaşar, onunla sevinir, onunla üzülür, acılarına ve sevinçlerine ortak olur, sorunlarına mutlaka bir çözüm bulur, anne ile çocuk arasında sürekli empati vardır.

Başkalarının duygularını hissederek yaklaşım, düşündüklerine ortak olmak, onu kabul etmek ve paylaşmak size değer kazandırır. Kendinizi bir başka mutlu hissedersiniz.

Sizi anlayan bir insana nasıl bakarsınız? Onu kendinize daha yakın hissetmez misiniz? Zor anlarımızda bize destek olanları hiç unutmayız.

Bu yaklaşım davranışı bir dostluk olarak da algılanabilir, empati oluşturmanın amacı da iyi niyet yaklaşımıdır, dost eli uzatmaktır.

Kadınların empati konusunda daha başarılı oldukları görülür, kadınların genetik yapılarındaki duygusallık daha baskındır. Kadınlık içgüdüsü kadınların empatiye daha yatkın olduklarını gösterir.

Bir de anne olmanın içgüdüsel özelliği empati kurma konusunda daha gelişmiş düşünce yapısı oluşmasının nedenidir.

Bir insanın empati oluşturması bu konuda yetenekli olması kadar başka birtakım özelliklere sahip olmasına da bağlıdır. İnsan önce insanlar ve yaşam arasında bir bağ olduğunun bilincinde olmalıdır.

Empati bir şeyi ne kadar istediğimizle yakından ilgilidir. Ne kadar istersek o kadar başarılı empati kurabiliriz.

Çünkü;

Empati hissetmektir. Hissetmediğiniz bir şey ile sağlıklı iletişim kuramazsınız kaldı ki empati psikolojimizin olaya konsantre olarak hissetmesidir.

Empati beynimizin sağ lobunun sevgi ve insancıl değerler önde olmak kaydıyla yapıcı çözümler üretmesidir.

Empati oluşturmak için insanda olması gereken özellikler nelerdir?

- İnsanları sevmek
- İnsanları anlamak
- İnsanları tanımak
- Sevgi dolu olmak
- Yapıcı olmak
- İnsan özelliklerinin bilincinde olmak
- Yaşamdan keyif almak
- Özgüven duymak

- Hoşgörülü olmak
- Paylaşımcı olmak
- Kendini güçlü hissetmek

İnsan insana muhtaçtır sözü çok doğrudur. Örneğin bir başka şehre gittiğimizde yalnızlık duygusu yaşarız, empatinin kökeninde de muhtaçlık duygusu yatar. Empati kurmak bir yerde gereksinimdir. Her insan yaşamında yalnızlık hisseder, insan yaradılışında var olan yalnızlık duygusu bilinçaltında insanı arayışa sürükler, öyle ki kalabalıkta dahi yalnızlık duygusu yaşamak insanın kendisini anlayacak birinin eksiğinden kaynaklanır. İnsan sevinçlerde, hüzünlerde başını göğsüne koyacağı birine ihtiyaç duyar.

Siz, karşınızdaki ile empati kurarak bir frekans oluşturursanız onu anlayan, ona sarılan, onun yalnızlığını gideren siz olursunuz, insanın bir başkasına sarılması ona teslimiyeti anlamına gelir, güven duygusu oluşur.

İnsanlar arasında başarılı iletişim kurmanın yolu empati oluşturmaktan geçer.

Empati, insanın yardım ihtiyacı sonucu kurulan bir bağdır. Gereksinim bir sunuluş ise reddedilmesi imkânsız olduğu gibi kabul edilmesi de mutluluk yaratır. Siz empati kurmakla, bir insanı anladığınızı, onun duygularını hissettiğinizi ve paylaşmak istediğinizi, onun ihtiyaçlarını karşılayacağınızı ifade etmektesiniz, insanların da istediği zaten budur.

Şöyle bir okul yıllarına dönelim. Hepimizin o yıllarda sevdiğimiz ve sevmediğimiz öğretmenlerimiz olmuştur. En çok sevdiğimiz öğretmenlerimizin bizimle empati kuranlar olduğunu söyleyebiliriz. Zayıf aldığınız bir dersin öğretmeni size zayıf verdiğinde sizden intikam alır gibi davranışlar sergiliyorsa onu sevmez ve gizli bir kin duyarsınız. Zayıf aldığınız bir başka dersin öğretmeni neden zayıf aldığınızı, buna üzüldüğünü, çalışmamanızın belki de belli sebepleri olabileceğini, sizin aslında başarılı olabileceğinizi, size bir sınav hakkı daha vereceğini açıkladığında sizinle bir empati kurduğunu göstermekte duygularınızı hissettiğinden böyle bir hak daha vererek sizin bunu değerlendirmenizi istemektedir. Bu davranış şekli bir empatidir. Sizin çalışmamanızın bir nedeni olabileceğini, sorunlarınız olabileceğini, sorunlarınızı anladığını ve amacının size yardım etmek olduğunu hissettiğinizde doğal olarak o öğretmeninizi çok seversiniz, doğrusu da budur. Hiç kimse dersinden zayıf almak istemez ancak, kendince kendisinin de çok net açıklayamadığı birtakım nedenleri olabilir. İşte, insanı anlamak, insanın kendisinin de bilmediği nedenlerin olabileceğini hissetmek empatidir.

Unutmamanız gereken bir şey var, insanlar kendi duygularını yaşarlar.

Başkalarının içinde bulunduğu psikolojik durumu sadece hissedebilirsiniz ama onun duygularını yaşayamazsınız. Yapılması gereken sadece o kişinin içinde bulunduğu duyguları onaylamaktır, ona hak vermektir. Çünkü insanlar kendilerine hak verildiği zaman, anlayışla karşılandığı zaman çok mutlu olurlar. İnsan ilişkilerinde başarılı olmanın insanları anlamaktan geçtiğini unutmayın.

Büyük küçük ölçekli şirketlerin çok önem verdiği konuların başında eğitim gelmektedir. Eğitimdeki önceliklerin başında ise iletişim gelir, çünkü amaç satıştır ve satışın gerçekleşebilmesi için şirketin vermeye çalıştığı mesajların ulaşması gereken yerlere ulaşmasıdır.

Şirketlerin şirket içindeki eğitimlerde bu konu üzerinde ısrarlı bir şekilde durulur, başarılı da olunur, ancak başarının %70'e ulaştığına hiç şahit olmadım, aksine şirketlerin bu kadar ısrarlı olmaları ve sürekli eğitim aldırmalarına rağmen yine de çok çarpık ve bir o kadar da ilginç gelişmelere rastladım.

Çok iyi bir ekibi yönetiyordum. İyi bir ekip diyorum çünkü ekibimin üyeleri eğitimlerde çok başarılı olmuş, şirket içi çalışmalar sonunda başarılı sınav sonuçları ile kendilerini kanıtlamışlardı. Bu arkadaşlarım meslek yaşamımda beğendiğim ve güvendiğim nadir insanlardı. Mükemmel bilgileri, konuşma ve beden dilini başarı ile kullanmaları, gözlerindeki coşkuları gelecek için umut veriyordu. Kendi kendime bu ekiple çok başarılı olacağımızın hayallerini kuruyordum, başarıdan öylesine emindim ki gelecekte onlar için çok iyi projelerim vardı.

Ekibin çalışmaya başlaması ile doğal olarak başarılı satışların gelmesini bekliyordum. Şunu hemen itiraf etmeliyim: Bu arkadaşlarıma o kadar güveniyordum ki, iki kere ikinin dört ettiği kadar emindim ve onların denetlenmesi gerekebileceği aklıma bile gelmiyordu. Yaptığımız haftalık toplantılarda çalışmaları hakkında onların görüşlerini alıyordum, çalışmaları hakkındaki görüşlerini dinlerken gözlerindeki ışıltılar ve coşku dolu sözleri bana ayrı bir keyif veriyordu.

Aradan zaman geçtikçe satışlarda beklenen rakamlara ulaşmakta yetersiz kaldığımız belli olmaya başlıyordu ama ben hâlâ umutlarını sıcak tutmaya çalışıyordum. Bir ay, iki ay, üç ay derken satış hedeflerinin çok gerisinde kaldığımızı görmek bazı tedbirler almamız gerektiğini düşündürdü. Bir yerlerde aksayan bir şeyler olmalıydı. Neler yapılmalıydı? Tabii ki arkadaşlarımın çalışmalarını yakından görmek ve marketing/pazar araştırması yapmak için onlarla ikili çalışmak gerekiyordu. Onlarla birlikte yaptığım ikili çalışmalar beni hayrete düşürmüştü, çok güvendiğim arkadaşlarımın çalışmadıklarını gördüm, şirket içi eğitim ve raporlamalarında çok başarılı olan bu insanların hiçbir şey yapmamış olmaları çalışma yaşamımda çok nadir rastladığım bir şeydi. Önce oturup düşünmeye başladım, eğitimde çok başarılı olan bu arkadaşlarım hiç çalışmamışlardı. Ne yapmam gerekiyordu? Onlarla bu konuyu nasıl konuşacaktım? Bu üç arkadaşım gerçekten çok yetenekli insanlardı, neden çalışmamışlardı, neden doğru olmayan hayali çalışma raporları vermişlerdi, neden böyle davranmışlardı!

Şirket tarafından özel araba verilmişti, maaşlar da iyiydi, destek, motivasyon gibi şirketin yapması gereken her şey eksiksiz yapılmıştı, o halde neden böyle olmuştu? Şaşkınlığımı gidermek ve bu arkadaşlarımı uyarmak için tek tek görüşmek üzere odama çağırdım.

Çalışma yaşamımda bana önemli bir deneyeyim kazandıran bu arkadaşlarımın çalışmama nedenini öğrenmek istiyordum. Konu çok ciddi idi, hem şirkete, hem de kendilerine zarar vermişlerdi ve bu konuyu çözmek istiyordum. Aslında bu konu hakkında bu elemanlarla konuşacak pek fazla bir şey yoktu, işin olmazsa olmaz kuralı gereğince hemen bitirilmesi gerekirdi. Ancak son bir görüşme yapmak istiyordum.

Kurumsal yapıdaki şirketlerin temel ilkeleri dahilinde yapılması gerekenlerin neden yapılmadığını, üstelik çalışma plânlarını kendileri yapmalarına rağmen, plâna dahi uymadıkları ve neden çalışmadıklarını belgesel olarak ispat etmeme rağmen yanıtları da bir o kadar şaşırtıcı ve tutarsızdı. Çalışmadıklarını kabul etmiyorlardı.

İddialarımı belgelerle destekleyerek, şunu şurada yapmamışsın, şunu şurada yanlış yapmışsın, kendi yaptığın plâna uymak bir yana tamamen plân dışı hareket etmişsin, çalışma saatlerini şirket yararları doğrultusunda kullanman gerekirken çalışma bölgende dahi yoksun, deyip, neden? Diye sordum ama yanıtlar hep havada kaldı. Hep bahane ürettiler, hep birtakım sorunlar olduğunu söylediler.

Konuşma sonunda üzülerek bu elemanların işlerine son vermek zorunda kaldım.

Empati, duyguları okuma yeteneğidir, başarılı bir empati kurmak duygusal becerilerinizin gelişmişliğine bağlıdır. Empati gözle yapılan bir temas sonucu kurulur, bu öyle bir temastır ki bir kuyumcunun pırlantayı tanımasına benzer. Pırlantaya iyi bir şekil vermek için sanatkâr bir kuyumcu deneyimi ve becerisine sahip olmak gerekir. Başarılı bir empati kurmak için de duygusal deneyim ve beceri gerekir, duygusal zekânın farkında olunması ve kullanılması gerekir.

Bunun için insanın önce kendisinin neler hissettiğini bilmesi gereklidir, kendisinin neler hissettiğini bilmeyen biri başkasının ne hissettiğini anlayamaz.

İnsanların psikolojik dünyaları, içinde bulundukları şartlara ve durumlara göre şekillenir ve genel olarak bakıldığında onları anlamak zordur. Oysa herkesin içinde fırtınalar vardır ama bunu fark edemezsiniz. Sizinle konuşurlar ama akıllarından geçenler tamamen başka şeylerdir, dikkatlerini sizin söylediklerinize çekmek istiyorsanız önce onların neler hissettiğini anlamanız gerekiyor, yoksa boşa konuyor olursunuz. Hatta onlar sizin yanlarında olduğunuzun farkında bile olmayabilirler.

Herkesin bir komedi dünyası olduğu kadar, bir de trajedi dünyası vardır, insanlar genelde herhangi birisi ile konuşmaya başlarken hemen söze girer ve konu hakkındaki bildiklerini anlatmaya çalışırlar. Karşısındaki insanın psikolojik dünyasında neler olduğunu düşünmezler. İnsanların psikolojik olarak sizi dinlemeye hazır olup olmadığını anlamak gerekir. Eğer bunu fark eder ve ona göre davranırsanız başarılı bir iletişimi başlatmış olursunuz. Başkalarının neler hissettiğini anlayamamak başarısız bir iletişimi başlatmak demektir.

Eski bir alışkanlık olan, sohbetin başlangıcında *"Nasılsınız?"* sorusunu sormak duygusal dünyanın tanımlanması konusunda bir ipucudur. Ancak çok klasik bir sorudur. Karşınızdaki "Nasılsınız?" sorunuza, "biraz rahatsızım başım ağrıyor," yanıtını verdiğinde siz akşam gideceğiniz bir eğlenceden bahsedemezsiniz, çünkü onun için önemli olan şey başının ağrımasının giderilmesidir. Psikolojik gözlemle bir insanın başının ağrıdığını anlayamazsınız ama bazı sorunları olduğunu tahmin edersiniz ve onun durumuna göre yaklaşır ve nedenini öğrenebilirsiniz.

Günümüz insanında olması gereken en önemli özelliklerden biri de empati konusunda yetenekli olmasıdır.

Aslında empati toplumsal gereksinimdir, sadece biriyle empati kurarak yardım etmek değildir çünkü empati toplumların çok önemli gereksinimlerinden birisidir.

Bir toplumda insanların birbirilerine saygı duyduklarını ifade eden davranışlar toplumsal empatinin başarısı olarak algılanır çünkü toplumsal empati insanların kendilerini iyi hissetmelerine neden, toplumsal sinerjiye ve pozitif enerji enerjiye neden olur.

Sokakta yürürken birbirimizin gözlerine bakarız bu var oluşun kurallarından biridir çünkü insanlar topluluklar halinde yaşamaya kodlanmış ve birbirimize bakmaktan keyif alırız dahası beğenilmek ve beğenmek duygularımız kabardığı için kendimizi iyi hissederiz bu tamamen hormonlarımızın deşarjıyla bilinçaltımızın yaptığı hareketidir.

Bu insanlar duygularıyla yaşar demektir.

DUYGUSAL ZEKÂ (EQ)

Ünlü şair Nazım Hikmet ressam Abidin Dino'ya, "Bana mutluluğun resmini yapabilir misin Abidin?" diye sormuş.

Duygusal zekâ resim gibi, müzik gibi, şarkı gibi, şiir gibi bir şeydir, özenir ve duygularınızı katarsanız insanları hayran bırakırsınız, öyle güzel şeyler yaratırsınız ki, siz de şaşırırsınız. Duygusal zekânın içinde duygu vardır, sevgi vardır, mevsimler vardır, sanat vardır. Kullanıldığında kendinizi sanatın içinde hissedersiniz, yaptığınız iş bir sanat eserine döner.

Çok uluslu ilaç firmasında çalışmaya başlamadan önce daha farklı bir eğitim aldığım için bu işe alışmam kolay olmadı, sadece benim değil, benimle birlikte eğitimde olan herkesin aynı duyguyu yaşadığını fark ettim. Tıbbi kelimeler birbirine karışıyordu, eğitime katılan herkes gece gündüz çalışıyordu, eğitim sonu sınavda başarılı olamadığımız takdirde işimizi kaybedebilirdik, çünkü işe giriş anlaşmasında eğitimde başarılı olmak şartı vardı, başarılı olmak için stres altında geçen eğitim günlerini hâlâ unutmadım. Başarılı olmak için çok çalışıyordum, insanın yapısını öğrendikçe de konular daha çok ilgimi çekiyordu. İlaçlar ve tedavi yöntemleri ise bir başka heyecan veriyordu, eğitim zor olmasına rağmen eğitim sonrası çalışmak çok keyifli olmalı diye düşünüyordum.

Başarılı eğitim sonunda çalışmaya başladığım ilk günler kendimi çok farklı bir dünyanın içinde buldum.

Aylar geçtikçe çok şey öğrendim, mesleki bilginin yanında insan ilişkileri ve iletişimin önemini fark ettim. Bir zaman sonra hastalıkların tedavisinde ilaçların öneminin yanında insan faktörü dikkatimi çekti. Bazı Doktorların hastalarının daha çok olması, hastaların muayene olmak için beklemek pahasına aylar sonraya randevu alması beni bu konuda düşünmeye sevk etti. Kullandıkları ilaçlar ve tedavi yöntemleri aynı olmasına rağmen bazı doktorların hastalarının çok olmasının doktor hasta ilişkisinden kaynaklandığını gözlemledim. Hastası çok olan doktorlar hoşgörülü ve güler yüzlü davranışlarıyla hastalarıyla çok iyi iletişim kuruyor, hastalığı ve tedavisi hakkında açıklayıcı bilgiler veriyor ve dost oluyorlardı. Bu davranışın insandaki olumlu etkisi ilaç tedavisine başlamadan hastanın kendini iyi hissetmesine neden oluyordu.

Duygusal zekâsını kullanan insanların sosyokültürel yapıları hemen dikkat çeker, çevrelerine karşı ilgili, insanlara karşı sevecendirler. Marjinal özellikleri, konuşma ve beden dili başta olmak üzere imajları ve vizyonlarıyla dikkat çekerler. Onlar başkalarıyla ilişki kurma da ve insanları etkilemede oldukça yeteneklidirler, bunu içlerinden geldiği için ve isteyerek yaparlar, hele empati kurmada üstlerine yoktur.

Her insan mutlaka duygusal zekâsını kullanmalıdır, lider yöneticilerinse mutlaka kullanması gerekir. Duygusal zekâ özellikle ekip yönetmede, karar vermede, yönlendirmede, koçluk yapmada ve eğitimde çok önemlidir. Çünkü duygusal zekâsını kullanan insanlar uyumlu ve güçlü kişilikleriyle çok etkilidirler ve davranışlarıyla karşısındakinde iz bırakırlar.

Günümüz dünyasında IQ testi ile zekâ düzeyini ölçmek, yerini zekânın nasıl kullanıldığına bırakmıştır. Zekâdan ziyade zekânın nasıl kullanıldığının daha önemli olduğu anlaşılmıştır, bu da pratik zekâ ile duygusal zekânın birlikte kullanılması gerektiğini ortaya koymaktadır.

Düşünürler, zekâ gelişimi konusunda birçok nedenin etkili olduğunu öne sürmektedirler.

Bunlar,

- Kalıtım,
- Çevresel faktörler,
- Yaş,
- Deneyim,

Olarak gösterilmektedir.

Bence zekânın kalıtımla geçtiği tezi tamamen doğru değildir, nice zeki anne ve babaların çocuklarının zeki olmadıkları, nice zeki olmayan anne ve babaların çocuklarının zeki oldukları görülmektedir. Bence zekâ gelişiminde en büyük etken anne ve babanın davranışlarıdır, zekâ gelişiminde insanın yetiştiği aile ortamındaki davranışların önemli olmasına karşın zekâ gelişimi konusunda hangi davranışın daha etkili olduğu çok net açıklanamamaktadır. Zekâ gelişimi için yapılan davranışların çocuğun günlük ortamdaki gözlemleriyle doğru örtüşüp örtüşmediğini fark etmek çok zordur, hatta mümkün değildir. Aile bireyleri arasındaki çok küçük gibi görünen, fark edilmeyen ve önemsiz olduğu sanılan bazı davranışlar çocuğu derinden etkilemekte ve zekâ gelişiminde etkili olmaktadır.

Çevrenin, yaş ve deneyimin zekâ gelişiminde etkileri vardır.

Zeki insan yetiştirme konusunda dünyada bilinen etkili bir yöntem yoktur. Zeki insan yetiştirme konusundaki çabalar da boşa çıkmıştır, geçmişte. Nazi Almanya'sında ve Sovyet Rusya'da zeki insan yetiştirme konusunda birtakım uygulamalar yapılmış ancak sonuç başarısız olmuştur. Zekâ bebeklikten başlayan oluşumdur. Zeki insan yetiştirme çabalarına her çocuk değişik tepkiler vermektedir. Bir yöntemle zeki insan yetiştirildiği gibi aynı yöntemle bir başka insanda istenilen sonuç alınamamıştır. Burada önemli olan zekâ gelişimi konusunda doğruyu bulmaktır, doğru insan ve doğru davranışlar zekâ gelişimi konusunda en büyük etkendir, bence doğru davranışlar ve yönlendirme işin sırrıdır.

Zeki insan yetiştirmek için aile bireylerinin çocuklarına çocuk gibi değil yetişkin gibi davranmaları gerekir. Bireyler şiddet içeren davranışlara neden olmamalı, hatalara olumlu yaklaşmalı ve her hatayı öğretici olarak kabul etmelidirler.

Zekâ gelişiminde anne ve babaların davranışları şiddet içermemeli, hoşgörülü olmalıdır.

Evrenin kuruluşundan beri insanoğlu o kadar gelişim göstermiştir ki bunu geçmişe şöyle bir baktığımızda anlayabiliriz. Duygusal zekâ insan gelişiminin örneklerinden biridir, eğer birinci ve ikinci dünya savaşları başta olmak üzere tüm savaşlar öncesi insanlar duygusal zekâlarını kullansalardı savaşlar olmazdı, çünkü duygusal zekâ savaşın insana vereceği zararları, acıları kabul etmez ve savaş nedenlerine mutlaka bir çözüm bulurdu.

Duygusallık insanın adalet terazisidir, duygu olmadan hiçbir şey konusunda doğru karar veremezsiniz, doğru kararlar için duygusal zekânın kullanımı şarttır.

Ancak, duygusal zekâ kullanımında mantığın önemli bir yeri olduğunu belirtmek gerek, duygusallık mutlaka mantıkla birleştiği zaman duygusal zekâya dönüşür. Bunun unutulmaması ve duygusallıkla duygusal zekânın karıştırılmaması gerekir.

Duygu dünyası insanı düşünmeye teşvik eder, değerleri enine boyuna inceler sonunda doğru kararı verir. Duygusal zekâlarını kullanma özelliği kazanmış insanlara baktığımızda onların kişisel gelişimin engeli olarak kabul edilen önyargılarını yenmiş, güçlü, adil, yaratıcı ve pozitif enerji dolu insanlar olduklarını hemen fark ederiz.

Duygusal zekâ insanın yaşama sanatsal bakışıdır.

Öğrencilik yıllarımıza baktığımızda öğretmenlerimiz konusunda birtakım kararlar verdiğimizi fark ederiz. Bu bilinçaltı bir yargıdır, duygusal zekâlarını kullanan öğretmenlerimize bir başka sevgi duyarız, bu öğretmenlerin sınırlarındaki öğrencilerin başarı oranı daha yüksektir, başarılı öğrencilerin sayılarının artışında, duygusal zekâlarını kullanan öğretmenlerin rolü çoktur. Çok iyi hatırlarız, öğrencilik yıllarımızda duygusal zekâsını kullanan öğretmenlerin derslerinden sınıfta kalan öğrenci sayısı hemen hemen yok gibidir. Duygusal zekâdan yoksun öğretmenlerin öğrencileri arasındaki başarı oranı ise daha düşüktür, duygusal zekâlarını kullanmayan öğretmenler öğrencilerin gençlik davranışlarını hoş karşılamazlar, bunu kendilerine yapılan bir davranış olarak yorumlayıp karşı tavır koyarlar. Oysa öğrenci gençlik davranışlarında kötü niyetli olmayıp, yaptıklarının farkında bile değildir, yaptıklarını bazen sempatik olmak için, bazen espri yapmak için, bazen da kendini kanıtlamak için yapmıştır. Bunu ancak duygusal zekâsı gelişmiş öğretmenlerin anlayabildiğini görmek hiç de zor olmasa gerek.

Duygusal zekânın insan kazanmak, kazandırmak için ne kadar önemli olduğunu şimdi çok daha iyi anlıyorum.

Öğretmenlerimin arasında duygusal olanların çok daha mutlu oldukları, kişilik sahibi oldukları hâlâ gözlerimin önünde. Hep onları örnek almaya çalıştım, çünkü doğru kararlar verir, öğretmek adına en doğru şeyleri yaparlardı. Başka öğretmenler tarafından okuldan atılması düşünülen yaramaz öğrencilerin kazanılması konusundaki çabaları olağanüstü bir davranıştı.

Bir insanı yaşamın başı olan öğrencilik yıllarından kazanmanın ne kadar önemli olduğunun düşünülmesi ne büyük bir değerdi, sayısı çok az olan bu öğretmenleri her zaman saygıyla anmaktan kendimi alamıyorum.

Duygusal zekâ varlığının fark edilmesi, duyguların yaşanması, varoluşçuluğun hissedilmesi ve uygulanışının izlenmesi çok keyifli, duygulu ancak mantıklı düşünce şeklidir.

Alman Genel Müdür G.V. bizleri zaman zaman suçlar gibi eleştirirdi, "Siz Türkler çok duygusalsınız," derdi.

Evet, haklıydı, bizler duygusal insanlarız, bunu kabul ediyordum, ama bir şey vardı, mantıklı duygusallık kullanıldığı zaman başarı daha yüksekti. Bunu en azından kendimden biliyordum, bunu yaşıyordum, o zamanlar duygusal zekâmı kullanarak çok sıcak ve unutulmaz ilişkiler kuruyor, kurduğum ilişkilerde çok başarılı oluyordum. Her şeyden önce işimi seviyordum, işimi severek yapıyor, çalışırken eğleniyor ve işimden keyif alıyordum, bana çevrilen bakışlardan mutlu oluyordum, insanlara çok değer veriyor ve bunu onlara hissettiriyordum, çalışırken işimi çok daha iyi yapmanın yollarını arıyor, işimi ciddiye alıyor, konuşmalarımı bir tiyatrocu gibi etkili ses tonu ile yapmaya çalışıyordum. Bütün bunlar duygusal zekânın kullanılması sonucuydu.

Aradan pek fazla zaman geçmedi, şimdilerde bütün dünyada EQ'nun asgari IQ kadar önemli olduğu fark edildi. Başarmak için IQ yalnız başına yetmiyordu.

IQ'su yüksek olanların genel olarak EQ/duygusal zekâlarını kullanan insanlara göre daha asosyal olduklarını, içlerine kapanık olduklarını, sanatsal özelliklerinin daha zayıf olduğunu görüyoruz.

IQ'su yüksek insanların yaşamlarına baktığınızda:

- Müzikle çok az ilgilendikleri,
- Daha az gülümsedikleri,
- Hoşgörülü olmadıkları,
- Acıma duygularının az olduğu ya da hiç olmadığı,
- Hayata maddi açıdan baktıkları,
- İnsanın değeri konusunda herhangi bir yargılarının olmadığı,
- Sinema ve tiyatroya çok az ya da hiç gitmedikleri,
- Modanın farkında olmadıkları görülür.

Duygusal zekâlarını kullananların ise hayata bakışları daha pozitiftir. Görünüşlerinde bile insana güven veren kendilerine özgü tavırları dikkat çeker. Onları sinirli göremezsiniz. Problem çözmede çok ustadırlar.

NEDEN EQ / DUYGUSAL ZEKÂ

EQ / DUYGUSAL zekâ yapıcı olmayı düşler.

EQ / DUYGUSAL zekâ yıkıcı olmayı önler.

EQ / DUYGUSAL zekâ insanı kazanmayı hedefler.

EQ / DUYGUSAL zekâ aceleciliği engeller.

EQ / DUYGUSAL zekâ dürüst olmayı sağlar.

EQ / DUYGUSAL zekâ kaliteye özen gösterir.

EQ / DUYGUSAL zekâ iletişim başarısı sağlar.

EQ / DUYGUSAL zekâ sanatsal düşünmeyi sağlar.

EQ / DUYGUSAL zekâ motivasyona önem verir.

EQ / DUYGUSAL zekâ ekip ruhu oluşturmada etkilidir.

EQ / DUYGUSAL zekâ pozitif enerji üretir ve yansıtır.

EQ / DUYGUSAL zekâ eğitimini ön plâna alır.

EQ / DUYGUSAL zekâ yönlendirmede pozitif etkilidir.

EQ / DUYGUSAL zekâ verimliliği artırır.

EQ / DUYGUSAL zekâ insanlar arası ilişkilerde başarılı olur.

EQ / DUYGUSAL zekâ doğru karar vermeyi sağlar.

EQ / DUYGUSAL zekâ kişisel gelişimi olumlu etkiler.

Karşınızdakini etkilemenin en önemli nedeni duygusal zekânın kullanılmasıyla mümkündür. Konuşma dilinizi, beden dilinizi mükemmel kullanma isteği duygusal zekâ sonucudur, işe sanatsal yaklaşım duygusal zekânın sonucudur.

Günlük hayatta karşılaştığınız her insanda ilginç özellikler görebilirsiniz, önemli olan insanlarda gördüğünüz bu ilginç özelliklerden ne kadar etkilendiğinizdir. Bir başkasında gördüğünüz ilginç özellik sizi farkında olmadan olumlu ya da olumsuz etkiler, neden olumlu neden olumsuz etkilediğini hiç düşündünüz mü? Bilmeniz gereken bir şey var: Tanrı bütün insanları sizin beğenileriniz doğrultusunda yaratmamıştır, kaldı ki sizi olumsuz etkileyen birisi bir başkasını olumlu etkileyebilir. İnsanlarla sürekli yüz yüze olduğumuz günümüz dünyasında değiştirilmesi gereken bir şey varsa önce siz kendinizden başlamalısınız. Yani duygusal zekânızı kullanmalısınız.

İnsan yaşamda gördüğü her şeyden etkilenir, bunların başında da insan gelmektedir. Yaşamdaki etki-tepki gizemi bilinçaltı yaşadığımız bir duygudur.

Karşı cinsten birinin cinsel cazibesinin sizi etkilemediği sadece bir masaldır. İnsan karşısındakinin cinsel özelliğine göre bilinçaltı kendine çeki düzen verir, eğer karşı cinsten etkilenmiyorsanız o zaman bir problem var demektir. Tanrısal bir güdü olan bu cazibenin hissedilmesi doğal olmakla birlikte olumlu kullanılması gerekir. Karşınızdakinin cazibesi duygularınızın bilinçaltı pozitif enerjiye dönüşmesini sağlar, konuşma ve davranışlarınızın canlılığını aktive eder, bu da duygusallığınıza yansır, buraya kadar her şey çok normaldir, ancak duygusallığın zaafa dönüşmemesi için mantıklı olmanız şarttır.

Yapılan araştırmalarda sadece kadınların çalıştığı iş ortamında verimliliğin % 30, sadece erkeklerin çalıştığı bir ortamda verimliliğin % 40, kadın ve erkeklerin beraber çalıştıkları bir ortamda ise verimliliğin % 70'e ulaştığı saptanmış.

Bunun nedeni insanların birbirinden etkilenmeleridir. İnsan kendini daha güçlü hisseder, daha aktiftir, daha enerjiktir, içgüdüsel olarak insanın kendini karşı cinse beğendirme duygusu öylesine baskındır ki insanın gücü iki katına çıkar.

İnsancıl cazibenin var olduğu bir ortamda duyguların pozitif enerjiye dönüşerek işe yansıdığı tespit edilmiştir. Duygusal zekâ yaşamın kurallarını kabul etmekle yaşanması gerekenleri de hoşgörü ile karşılar. Bir insanın duygusal zekâsını kullanıp kullanmadığı gözlerinden, konuşma dilinden anlaşılır. Duygusal zekâsını kullanan insanlar hayata daha geniş açıdan bakarlar ve size öylesine huzur verirler ki kendinizi okyanusta bir yelkenlide zannedersiniz. Bakışlarda sevecenlik vardır, sempatiktirler, kendilerini sevdirmekten keyif alırlar, davranışlarıyla size değer verdiklerini ima ederler, çünkü onlar için insan ön plândadır. Karanlıkta güneş gibidirler, tavır, görüntü ve davranışları beğendiğiniz bir tiyatro sanatçısını hatırlatır, mutluluğu temel ilke edinmişlerdir, yaşamın bütün olumsuzluklarına rağmen yaşama pozitif yönden bakarlar, özel hayatlarını iş yaşamlarından ayırırlar. Hayatın bazen bir tiyatro oyunundaki gibi rol yapmak olduğunu çok iyi bilirler ama doğaldırlar, gözlerindeki pozitif enerji o kadar uzaktan fark edilir ki kendinizi uzun zamandır göremediğiniz bir sevgilinin bakışlarının sıcaklığında bulursunuz.

Başarı, insanlar arasındaki mücadele sonucu kazanılır.

İnsanları etkilemek ve başarmak için duygusal zekânızı kullanmayı asla unutmayın.

Pratik zekâ beyin kararıyla verilir, duygusal zekâ kalbin sesiyle verilir. Bence insanın doğru karar verebilmesi için ikisinin de ortak görüşü alınmalıdır, ikisinin ortak görüşünü almazsanız sonradan pişman olacağınız olayları yaşamanız kaçınılmazdır.

Bunu evlilik öncesine benzetiyorum, biri mantık evliliği diğeri ise aşk evliliğidir, bence iyi bir evlilik için ikisinin de olması gerekir. Sadece aşkın olduğu evliliklerde mantığın eksikliği hissedilir, sadece mantığın olduğu evliliklerde sevginin eksikliği hissedilir. Mutlu evliliklerde her ikisinin de olması şarttır, aksi halde evlilik okyanusta sallanan başıboş gemiye benzer; sürekli yara alır ve bir gün sulara gömülür.

İnsanın bir yanı sevgidir, insan yaşamda en çok sevgi eksikliğini hisseder, duygusal zekâ insan hayatında sevgi devamlılığı sağlar.

Evli bir arkadaşım vardı, devamlı karısı ile yaşadığı sorunlardan söz ederdi. Bir gün karısından ayrılmaya karar verdiğini söyledi, yeni tanıştığı birini seviyordu. Karısı arkadaşımın ayrılma isteğini olumlu karşılamıştı, ancak bir problem vardı, biri üç diğeri dört yaşında iki çocukları vardı, onlar ne olacaktı? Sonra bir gün çocukları kimsesizler yurduna vereceklerini söylediler. Arkadaşım bana, "Çocukları kimsesizler yurduna vereceğim. Dayanamam, sen de gelir misin," dedi. Bu tablo hiç düşünmediğim, hiç görmek istemediğim bir tabloydu, ama yine de gitmeye karar verdim. Çocukları oraya bırakıp ayrılma anımız çok dramatik oldu, çok büyük bir travma geçirmiş gibiydim, birkaç gün o ayrılık tablosu gözlerimin önünden gitmedi, içim acıyordu, ayrılma anında çocukların kulaklarımı tırmalayan ağlamalarının acısını içimde hissettim.

Aradan üç ay gibi bir zaman geçti, arkadaşım ayrıldığı eşi ile çocuklarını ziyarete gideceğini, benim de gelmemi istedi. Çocukların durumunu merak ediyordum, duygusal dünyam beni gitmeye zorladı ve gittim. İkinci gidişim çocukları bıraktığımız günden çok daha kötü oldu. Çocukları gördüğümde nasıl ayakta durduğuma inanamıyordum, çocukların anne ve babalarıyla karşılaşması yaşamımda gördüğüm en hüzünlü ve en acı sahneydi. Çocukların yarı acılı yarı sevinçli, özlem dolu davranışları tam bir trajediydi, sanki bambaşka bir dünyadaydım, olamazdı böyle bir şey, insanların bunu yapmaya hakları yoktu, yaşam bu kadar acımasız olamazdı.

Oradan ayrılırken gözyaşlarımı saklama ihtiyacı dahi duymadım, bu tabloyu gören herkesin ağlaması gerekirdi. Yaşamımda bu kadar yürekten ağlamak istediğim an bir daha olmayacaktı.

Bu evlilik mantık evliliğiydi, aşkın eksikliğini hisseden bireyler sonradan başkalarına âşık olmuşlardı, yaşamın en değerli varlıkları olan çocuklarını dahi feda etmişlerdi. Buna değer miydi? Bence değmezdi. İnsan kendi zevkleri için başkalarına acı çektirmemeliydi. Hele çocuklarına.

Asla.

Yaşamım boyunca binlerce insan tanıdım, her insan bende başka başka izler bıraktı, hepsi bu gün gibi hatırımda. Kiminin davranışları, kiminin kişiliği, düşünceleri, duygusallıkları, yaşama bakışları, vizyonları, imajları, kinleri, nefretleri bana çok şeyler öğretti. Kimi zeki, kimi aptal, kimi çalışkan, kimi tembel, kimi sorumsuz, kimi vurdumduymaz, kimi acımasız, kimi duygusaldı, her birinden başka başka şeyler öğrendim.

İnsanları tanıdıkça kendi kendime sorular sormaya başladım. İnsanların özellikle zaafları, ön yargıları ve egoları ön plândaydı. Kendi zaafları, ön yargıları ve egoları için başkalarını ezip çiğnemeleri, başkalarını hiçe saymaları, kendilerinden başka kimseye değer vermemeleri, başkaları hakkındaki acımasız kararları beni çok şaşırtıyordu. Yaşam bu olmamalıydı.

Sonunda bütün bunların altında yatan şeyin kişilik çatışması olduğu yargısına vardım. İnsan bu yargıyla yaşayamazdı, bu yargının değiştirilmesi gerekiyordu ama nasıl olacaktı? Deneyimlerim ve özellikle duygusal zekâm bana insan gerçeği konusunda doğru karar verebilmek için düşünce dünyasının değiştirilmesi gerektiğini düşündürdü.

İnsan kişisel problemlerle yaşayamaz, yaşamamalı, çünkü kişisel problemler insanın düşünce gücünü kullanmasını engeller.

İnsan yaşamına baktığımızda kişisel problemlerin ön plânda olduğunu görüyoruz. Hemen hemen tüm problemleri biraz irdelediğimizde kişisel kaynaklı olduğunu fark ediyor ve bu problemlerin kökeninde insanın düşünce yapısının bulunduğunu yargısına varıyoruz. İnsanda olumsuz düşünce yapısı oluşturan nedenleri ortadan kaldırmak şarttır, bunu başardığınız takdirde düşünce gücünüzü kullanabilirsiniz. Çünkü, insanı insan yapan düşünce gücüdür. Düşünce gücünü kullanarak kendini geliştiren, olumsuzlukların üstesinden gelebilen, problemleri çözebilen, yaratıcı insan gerçeğini algılayan, yine insanın kendisidir. İnsanın saplantılarından kurtulması ve doğru karar vermesi kendi düşünce dünyasını yönlendirmesi ile mümkündür. Yani kendini eğitmesi gerekir.

Düşünce gücü ile insan önce insan olduğunu ve gücünü hissederek yaratıcı özelliklerini kullanır.

Gün geçtikçe insanlar yaşamlarını teknolojiye endeksliyorlar, her şey daha çok teknolojik değer taşımaya başladı. Bunu isteyen ve yaratan insan, teknolojik gelişimle birlikte insan olma özelliklerini unutmuş gibi görünüyor. İnsan teknolojiyi düşünce gücü ile yarattı, teknolojiyi yaratan insan kendini unutur oldu.

Yirmi dört yıl önce Amerika'ya gittiğinde on üç yaşında olan Nebil'i yirmi dört yıl sonra geldiğinde tanıdım. Nebil'i tanıdığım günden iki gün sonra dünyanın ilaç devi çok uluslu bir Amerikan şirketi yöneticilerine yaptığı bir prezantasyonda izledim, çok etkilendim, çok mükemmeldi, Prezantasyonu Amerikalıları bile etkilemişti. Duygusal zekâsını, pratik zekâsını, konuşma ve beden dilini mükemmel kullanıyordu, onu izlerken çok keyif aldım. Prezantasyon bittiğinde Nebil başarıya ulaşmıştı.

Sonraki günler Nebil'le yirmi dört yıl önceki Türkiye'den ve şimdiki Amerika'dan konuştuk. Amerika'daki teknolojinin insanın sevgiye dayalı bazı özelliklerini yitirmesine yol açtığını anlatırken eskiye duyduğu özlem gözlerinden hüzünlü bir şekilde yansıyordu. Çocukluk yıllarında dinlediği masallardan söz ederken, Nenelerin hala o eski masalları anlatıp anlatmadıklarını sordu.

"Teknoloji işte bu. Bugün Amerikalının en büyük sorunu kendini ifade etmesidir, onun için şu ara Amerika'da kendini tanıma, düşünce gücü, konuşma dili, iletişim gibi kişisel gelişim konularında mükemmel olabilmek için eğitimler alınmaktadır. Eğitim veren kurumlar çok büyük bir sektör haline geldi, bu tür eğitim veren kurumların eğitimlerinde ilk ders bir masal ya da bir öykü anlatmakla başlıyor. Oysa biz bu masalları çocukluk yıllarımızda defalarca dinledik. O masalları hâlâ unutmadık, işte onun içindir ki bazı değerlerimiz hâlâ sıcak. Bu gün teknolojide çok büyük aşamalar kat ederek robotlaşan Amerikalı, insanı insan yapan insan ilişkilerindeki duygusal özelliklerin eksikliğinin farkına varmış ve kaybolmak üzere olan bu özellikleri yeniden kazanmaya çalışmaktadır," dedi ve ilave etti:

"Başarmak için birikim gerekir. Başlangıçtaki eğilim güçlü olmayabilir, çünkü o dönem birikimdir," diyerek şöyle bir örnek verdi:

"Çığ iki dakikalıktır, iki dakikada her şey olup biter, ancak bir çığın oluşumu için milyonlarca kar tanesi günlerce, hatta aylarca birikir birikir ve sonunda önlenemez bir güçle önüne gelen her şeyi yıkar geçer."

Günümüz dünyasında öne çıkan birçok şey var, bunların başında; kendini tanıma, yaratıcılık, iletişim, yaklaşım, kalite ve konular gelmektedir. Bütün bunlar düşünce gücünün kullanımı ile gerçekleşir.

İnsan bireysel olarak birçok şey kazanabilir, çok mükemmel olabilir, bu sadece ve sadece düşünce gücünü kullanmasıyla gerçekleşir, düşünce gücü çoğu insanın farkında olmadığı, dünyanın en büyük cevheridir. İnsan ne yazık ki ne kadar büyük bir güce sahip olduğunun yeterince farkında değil.

Gençti, zekiydi, üstelik çok yakışıklıydı, ancak talihi öyle değildi. Genç ve yakışıklıydı ama çocukluğu yoksulluklar içinde geçmişti, on sekiz yaşına geldiğinde biraz toparlanır gibi oldu, bir yandan üniversiteye devam ediyor bir yandan da bir fırında çalışıyordu. Hayat neler öğretmişti, çocukken annesinin pişirdiği ekmekleri şimdi o pişiriyordu, başarılı bir öğrenci değildi ama başarılı olmak istiyordu. Fırında gece çalışmaları olmasa çok başarılı olacağından emindi, ama gece boyunca çalışarak uykusuz kalmak ve ardından bazen hiç uyumadan okula gitmek kolay değildi. Derslerde uykusu geliyordu, kendisini çimdiklemek bile fayda etmiyordu. Yalnızlığa aldırmıyordu. Küçük, tek odalı bir evde oturuyordu. Ev sahibi kadın çamaşırlarını yıkıyor, bazen ona yemek veriyordu. Sabahları okula giderken karşı komşu kızı yolunu bekliyordu, okul yolunda onunla konuşarak yürümek çok güzeldi. Onu seviyordu ama sevgi ile okulu birbirinden ayırmak istiyordu, aşkı uğruna okulunda başarısız olmak istemiyordu, bir yandan sevgi bir yandan okulu zor yürüyordu, üzülüyordu ama aşka ayıracak parası da yoktu. Fırında çalışarak kazandığı para ev kirası, kitaplar, üst baş ile baş etmesine ancak elveriyordu. Komşu kızı ile bir kafede kahve içmeyi o da çok istiyordu ama parası yetmiyordu, yaşamın acımasızlığı karşısında zaman zaman kendini bir uçurum kenarında hissediyordu. Kalbi komşu kızındaydı, hep onu düşünüyordu, ama ayakları onu okula götürüyordu, okula giderken böylesi daha iyi diye duygularını bastırmanın acısını içinde hissediyordu, aşka ayıracak zamanı yoktu, çünkü okulu başarıyla bitirmek ve yaşama bir an önce atılmak istiyordu. Tüm zorluklara rağmen başarmalıydı, yaşam plânında çok şeyler vardı. Üniversitenin son yılı geldiğinde eğer bir aksilik olmazsa okul bitecekti, ancak mezuniyet töreninde giyecek bir takım elbisesi yoktu, buna çok içerliyordu. Mezuniyet töreninde giyebileceği bir elbisesi olmamasının acısı o güne kadar bütün yaşamı boyunca duyduğu acıların en büyüğü idi, ya da ona öyle geliyordu, bunu kabul edemiyordu, bari o gün bir elbisesi olsaydı. Düşündü düşündü. Bir yerlerden bulmalıydı. Kiralayacak parası da yoktu, sonunda mezuniyet törenine eski elbiseleriyle katılmak zorunda kaldı. Tören boyunca tüm gözlerin kendisinde olduğunu sandı, tören bittiğinde biraz sevinçli, biraz buruktu, bu ona çok koymuştu. Okuldan çıkarken belki de o koridorda attığı son adımlarıydı, her adım atışta beyninde bir şeylerin şimşek gibi çaktığım hissetti. "Daha çok başarmam gerek, daha çok başarılı olmalıyım," diye geçirdi içinden. Şimdiki hedefi ihtisas yapmaktı, öyle de oldu. İhtisas yaptığı yıllar biraz daha rahat geçti, zaman buldukça özel kliniklerde cumartesi, pazar ve gece nöbetlerine gidiyordu, yoruluyordu ama aldırmıyordu. Sonunda ihtisas bitti ve ülkenin en büyük özel hastanelerinden birinde iş buldu, önceleri sadece hastanede başlayan çalışmalarına konferanslar ve kitap yazmalar ile devam etti, yaşam eskiye göre daha keyifliydi, akşamları eve geldiğinde bilgisayarın başına geçiyor ve devamlı yazıyordu. Konferanslardan ayrı bir keyif alıyordu, konferansların tek bir amacı vardı: insanlara insan olmaları gerektiğini anlatmaya çalışıyordu. Bu çalışması o kadar ilgi görmeye başladı ki ülkenin en beğenilen psikoloğu oldu, kitapları daha çok satmaya başladı, çok para kazandı, sonra kendi kendine düşünmeye başladı, neden bu kadar ilgi çekiyor, neden bu kadar beğeniliyordu? Psikolog olduktan sonra insanlarda bir eksiği keşfetmişti, o da insanların düşünce gücünün farkında olmadıkları ve kullanamadıklarıydı. Evet, bütün mesele insanların düşünce güçlerinin farkında olmamalarıydı. Bir gün denize bakan evinin balkonundan akşam güneşini seyrederken üniversite yıllarında kaldığı evin karşısındaki komşu kızını hatırladı. Ne kadar güzeldi, diye geçirdi içinden, sonra bir şey daha hatırladı; evlenmeyi unutmuştu ve kendi kendine başkalarına düşünce gücünün ne demek olduğunu anlatmaktan kendinde bir şeyleri unutmuştu, sonra üniversite yıllarındaki komşu kızını aramaya başladı ve bir gün tesadüfen karşılaştı. Eski sevgili alışverişten dönüyordu, ellerinde paketler vardı onu görünce elindeki paketleri düşürdü. Eski sevgilinin gözlerinde buruk bir sevinç fark etti, eski sevgili evlenmişti, bir oğlu vardı ve mutluydu. Bir iki kelime konuştuktan sonra eski sevgili biraz buruk olsa da yoluna devam etti. Eski sevgilinin arkasından bakarken dudaklarından şu cümleler döküldü: "Yaşam sadece başarmak değilmiş." Yaşam düşüncenin eseridir, yaşamdaki her şey önce düşülmüş sonra gerçekleşmiştir. Düşünce gücü Tanrı'nın insana verdiği doğanın en büyük gücüdür, bu gücün kullanılması ile evrenin yönlendirilmesine dahi şekil verilmektedir, evreni yönlendirecek gücün bilincinde olmak gerek.

Düşünce gücünün farkında olmak için neler yapmak gerek, hepinizin bildiği gibi birçok düşünce şekli vardır, insan zaman zaman değişik düşüncelere dalar, bu düşünceler ağırlıklı olarak günlük olayların etkisi ile oluşan düşüncelerdir. Örneğin okulda ya da işyerinizde sizi rahatsız eden biri saatlerce hatta günlerce düşünmenize neden olur, keza duygusal dünyanız sizi uzun uzun düşündürür, aklınızın bir yerinde çoğu zaman o vardır, işte insanı bloke eden bu düşünceler, düşünce gücünüzü kullanmanızı engeller.

Düşünce şekilleri

- Yenilikçi düşünce
- Yaratıcı düşünce
- Çağdaş düşünce
- Pozitif düşünce
- Hayalci düşünce
- Çocukça düşünce

- Duygusal düşünce
- Gözlemci düşünce
- Kötümser / pesimist düşünce
- İyimser / optimist düşünce
- Gerçekçi düşünce.

Kafanızı şöyle bir yoklayın, bu düşünce şekilleri size hiç de yabancı değil, burada yazılan düşünce şekillerini yaşıyor ve de biliyorsunuz. Nasıl biliyorsunuz? diye bir soru sorulduğunda yanıt vermek çok kolay, çünkü bu düşünce şekillerini zaman zaman yaşadım ve yaşıyorum diyeceksiniz. Evet doğrudur, her insan bu düşünce şekillerini yaşar. Peki, yaşadığınız bu düşünce şekillerinin hangisinin önemli olduğunu konusunda ne düşünüyorsunuz? Sizce bu düşünce şekillerinden hangisi önemli? Örneğin pozitif düşünceyi seçtiniz, neden pozitif düşünce? Çünkü pozitif düşünceye sahip olmak istiyorsunuz, çünkü pozitif düşünce güç demektir, çok doğal çünkü bu insanın güçlü olmak isteğinden kaynaklanır. Duygusal düşünce derseniz sevgi insanın genetik yapısından gelen bir ihtiyaçtır.

Şimdi burada çok net anlaşılması gereken nokta şudur; istediğiniz pozitif düşünce sizde var, duygusal düşünce de var, kısacası tüm düşünce şekilleri var. İnsan beyni tüm düşünce şekillerini barındırır. Tüm düşüncelere sahip insan düşüncelerini yönlendirdiği zaman düşünce gücü ortaya çıkar.

Düşünce gücünün farkında olmak gözlemci düşünce ile gerçekleşir. İnsan gözlemci düşünce ile insanları, çevresini, yaşamı ve içindeki cevherleri fark eder ve kullanma gerekliliğini hisseder. Düşünce gücünün farkında olan insan düşünce gücü ile her an yeni şeyler üretebilir.

Düşünce gücünün kullanım nedenlerine bakıldığında bilinçaltı yaratıcılık güdüsünün ihtiyaç duyulduğunda ortaya çıktığı görülmektedir. İşte gözlem budur, insanın kendi kendini gözlemi. İnsan gözlemci olduğunda önce kendisinde ve yaşamda birçok şeyin eksikliğini görecektir, eksikliklerin giderilmesi gereksinimi düşünce gücünü pozitif hale getirir.

İnsan düşünce gücü ile kendi geleceğini belirler. Düşünce gücünü kullanmayan insanlar çağın gerisinde kalırlar. Buna rağmen böyle bir gücü kullanmamaları bu çok şaşırtıcıdır. Düşünce gücünün kullanımında eğitimin önemli bir yeri olduğu bilinmektedir. Düşünce gücü, evrene şöyle bir baktığımızda insanı diğer yaratıklardan farklı kılan, üstün kılan muhteşem bir özelliktir. Eğer insan bu özelliğin farkında değilse, bu gücü kullanmıyorsa bunun birçok nedeni olabilir, bu nedenlerin başında aile ortamı, öğrenimi ve çevre faktörlerinin geldiği görülmektedir.

Düşünce gücünün kullanımını engelleyen nedenler

- Eğitim,
- Önyargı,
- Özgüven eksikliği,
- Kompleks,
- Tembellik,
- Mutsuzluk,
- Çaresizlik,
- Sinirlilik,
- Psikolojik bozukluklar,
- Karamsarlık / Pesimizmdir.

Bu sayılanlar bulunduğunuz dünyayı tanımlar, sizi tanımlar, düşünce yapınızı tanımlar. Bu duygular içindeki insan değil yaratıcı olmak, yaşamını sürdürmekten bile aciz bir tablo sergiler, yaşamı boyunca iç sürtüşmeler yaşar, yaşamı kendine ve etrafındakilere zehir eder. Düşünce gücü kendileri tarafından sınırlanan bu insanlar toplum içerisinde tüketici ve asalak olmaktan ileriye gidemezler, onların kendilerinin dahi tanımlayamadıkları bir dünyaları vardır.

Düşünce gücünüzün bilincinde olmak istiyorsanız, düşünce gücünüzü kullanmak istiyorsanız düşünce gücü bilinci oluşturan nedenleri hissetmeli ve yaşamalısınız.

Düşünce gücü bilincini oluşturan nedenler

- Merak,
- Gözlem,
- Sevgi,
- Pozitif enerji,
- Özgüven,
- İddialı olmak,
- Yaşamdan keyif almaktır.

Yaşamın gerçek tarafı olarak algılanan bu duyguların olduğu dünya insan olmanın gerçek yanıdır. Sizi bu iki dünyanın birisinde olacaksınız diye sınırlayan bir şey mi var? Elbette yok. O halde neden düşünce gücünüzü kullanmıyorsunuz.

Asla unutmayın, yaşam iki duygunun birden hüküm sürdüğü dünyadır.

Düşünce gücü insanın yaratıcı yanıdır ve bu yaratıcı yanın mutlaka kullanılması gerekmektedir, artık günümüz insanının beklentileri çok farklıdır. Yenilik beklentileri, kalite beklentileri, sıra dışı/marjinal beklentileri artmıştır, yenilikçilik vasfı taşımayan sıradan insanlar, ürünler, fikirler ve davranışlar ilgilerini çekmemektedir.

Günümüzde kalıcı olabilmek için yenilikçi bir vizyon oluşturmalısınız, bunun da düşünce gücünüzü kullanmanızdan geçtiğini unutmayın.

Sıradan olmaya devam ederseniz, birçok şeyi yaratıcı ve yenilikçilere kaptırırsınız.

Evrene baktığımızda yeryüzünde iki tür cevher yatağı görürüz:

1. Yeraltı cevherleri: Altın, elmas, pırlanta, petrol vs.
2. Yerüstü cevherleri: Düşünce gücü.

Daha önce hiç bilmediğimiz, varlığından haberdar dahi olmadığımız yeraltı cevherleri artık bilinmekte ve değerlendirilmektedir. Yeraltı cevherlerini keşfedip yeryüzüne çıkarıp kullanan insandır.

Yerüstü cevherleri ise insanın düşünce gücüdür, düşünce gücü insanın tahmin bile edemeyeceği bir güçtür.

Çevreye şöyle bir baktığımızda düşünce gücü ile yaratılanlar; TV, Radyo, telsiz, telefon, otomobil, uçak, ilaç, kalp nakli, bilgisayar, atom ve daha neler nelerdir.

İnsanlar zaman zaman önemli kararlarda bile bazen kararsızlık tablosu sergilerler, bu o an analitik düşünememekten ileri gelir. Ne yapacaklarını bilemez hatta olayları kendi akışına bırakırlar. Sonucun kendiliğinden oluşmasını beklerler. Sonuç olumsuz geliştiğinde başkalarını sorumlu tutarlar, onlara sorsanız kendilerinin hiçbir suçu yoktur, oysa olayları yönlendirmek biraz da insanın kendi elindedir. Elbette hiçbir şey size istediğiniz gibi sunulmaz, burada önemli olan alt yapıdır. Bir olayın isteğiniz gibi sonuçlanmasını istiyorsanız gereken çabayı sarf etmeniz gerekir. Olayın gelişiminde yetenek ve becerilerinizi kullanmanız gerekir, çünkü yaptığınız sizin eserinizdir.

Çalıştığım iş yerinde, yirmi çalışma arkadaşımın hepsi de bölge müdürlüğüne terfi ettirilmeyi bekliyordu. İçlerinden biri vardı ki bu en kıdemli olandı, tabii ki o da terfi bekliyordu ve çok emindi, nasıl olsa ben terfi edeceğim diyordu. O zamanki gözlemlerimle bu en kıdemli olan arkadaşımın pek fazla yönetici olabilecek özellikleri yoktu diye düşünüyordum. Çünkü çok sıradan davranışları vardı, konuşmalarından ve giysilerinden günün çok gerisinde olduğu fark ediliyordu, birtakım başarılan vardı ama bence bunlar yetersizdi. Hissettiğim kadarıyla onda eksik olan bir şeyler vardı, sonuçta o en kıdemli arkadaşım yönetici olamadı. Aradan yıllar geçti. Şimdi o arkadaşımda o yıllarda gördüğüm ama bir türlü adını koyamadığım eksikliğin çağdaş olmaması, yeniliklere açık olmaması olduğunu biliyorum. Çağdaş olmanın, yeniliklere açık olmanın ne demek olduğunu şimdi çok daha iyi anlıyorum. Çağdaş olmak, yenilikçi olmak beyinsel gelişimdir, düşünce gücünü kullanmayan insanın çağın gerilerinde kalacağını, yaratıcı olamayacağını asla unutmaması gerekir. Bunu çok yakın çevremiz olan aile hayatımızda görebiliriz. Genellikle çocuklar anne ve babalarının bir adım önündedir, çocuklar teknolojik olarak öndedir, düşünce olarak öndedir, ve daha birçok konuda öndedir.

Nedenine bakarsanız bunun, merak ve öğrenme duygusundan kaynaklandığını görürsünüz.

Her zaman çocuk kalmak ve yaşama çocuk gözüyle bakmak gerekir.

BEDEN DİLİ

Beden dili günümüzün en güçlü iletişim araçlarından birisidir.

İnsanlar doğal yapıları nedeniyle değişik beden dillerine sahiptirler. Her insan anlatmak istediklerini konuşma dili ile birlikte kendine özgü birtakım hareketlerle anlatmaya çalışır. Bu davranış şeklinin bilinçaltı fiziksel bir tepki olduğu bilinir. Bu tepkisel davranışlar anlatılmak istenenin beden hareketleri ile doğruluğunun kanıtlanması amacına yöneliktir.

İletişimde beden dilinin konuşma dili kadar önemli ikinci bir güç olduğunun fark edilmesi sonucu beden dilinin iyi kullanılması konusundaki eğitim çabalan artırılmıştır.

Çoğu kez, anlatılmak istenenler ile beden dili hareketlerinin birbirini doğrulamaması nedeniyle, verilmek istenen mesajların yerine ulaşmadığı gözlenmiştir. Başarısız bir iletişimde verilmek istenen mesajların yerine ulaşmaması hem zaman kaybına, hem de iş kaybına neden olmaktadır. Oysa şirketlerde temel ilke verilmek istenen mesajların eksiksiz ve zamanında yerine ulaşmasıdır.

Bir mesajın eksiksiz ve zamanında yerine ulaşması için konuşma dili ile birlikte beden dilinin mükemmel kullanılması gerekmektedir.

Bir mesajı kötü beden dili ile vermeye çalıştığınızda çabalarınız boşa gider, istenileni başarmazsınız.

Günümüzde beden dilini etkin kullanmanın en az anlatılan kadar önemli olduğu artık kabul edilmektedir. Beden bilini başarılı kullanmak mesajın iletimi ile birlikte konuşanın kişisel kalitesine, imajına, çalıştığı işyeri imajının olumlu algılanmasına, daha da ötesi ki bu oldukça önemlidir, kabul edilebilirliğine karar verilir.

Beden dilinde başarılı çalışanlar daha etkili olmaktadırlar, zira beden dilini iyi kullananlar kalite imajı çizmekte ve hayranlık yaratmaktadırlar.

İnsanlar bilinçaltı olarak içlerinden geçirdiklerini görmek isterler.

Bu bir nevi rahatlamadır. Örnek: Sevgili, anne, baba, çocuk, çiçekler, sinema, tiyatro, kitap, deniz, manzara, gökyüzü, bulutlar, yıldızlar bunlardan bazılarıdır.

Beden Dili Hareketleri

Beden dili hareketleri beş ana başlıkta toplanır

1. Yüz ve baş hareketleri
2. El kol hareketleri
3. Vücut hareketleri
4. Oturuş şekli
5. Yürüyüş şekli

Beden dili uygarlık görüntüsüdür, uygarlık insanın özünde vardır, insanın özünde olan bu uygarlığın kazanılması gerekir.

Yukarıda belirtilen beş madde öylesine birbirine bağımlıdır ki beden dilinin mükemmel kullanımı için beş kuralın da hatasız kullanılması şarttır.

Başarılı beden dili neler yapar?

1. Anlatmak istediklerinize inandırıcılık sağlar.
2. Söylediklerinize ve size saygınlık kazandırır.
3. Sinerji sağlar.
4. Size güven duyulmasını sağlar.
5. Kalite kazandırır.

Beden dilinin mükemmel kullanımı bir sinema ya da tiyatro oyuncusunun yaptığının bire bir aynısıdır, yani her ikisinin de inandırıcı olması gerekir. Bir oyuncu oyunun kahramanıdır, oyundan bir takım mesajlar vermek için çaba sarf eder, mesajın eksiksiz iletilmesi için başarılı olmak zorundadır, oyunun başarılı olması için günlerce prova yapar, çünkü beden dilini çok iyi kullanmak zorundadır.

İnsanların alışkanlıkları ile oluşan bir takım reflekslerini değiştirmesi zordur, ancak mümkündür.

Beden dilini etkin kullanmak istiyorsanız beden dili kuralları çerçevesinde davranış şekillerine dikkat etmek koşuluyla bir ayna karşısında kendinizi izleyin, bir aktör/aktris gibi provalar yapın, aşırı hareketlerden kaçının. Güven verici hareketler yapmayı alışkanlık haline getirin, en uygun davranış şekillerini bulacağınızdan emin olun, ancak, çok iyi bir gözlemci olmalısınız. Örneğin bir aktörü/aktristi gözlerinizin önüne getirin.

Beden dilini başarılı kullanmak için beden dilinde yapılması ve yapılmaması gereken hareketlerin bilinmesi gerek.

Beden dilinde yapılması gerekli hareketler

Beden dilinin mükemmel kullanımını; saygın, kaliteli, sıkıcı olmayan, güven veren, güzel görüntü ve olumlu mesajlar veren davranışlar olarak algılayabiliriz, tıpkı bir sinema ya da tiyatroda etkilenmek, duygulanmak gibi. Beden dilinde bakışların etkilemek sanatında önemli bir yeri vardır.

Beden dilinde pozitif bakışlar

a. Etkili göz teması
b. Gülümseyen bakış
c. Optimist bakış
d. Pozitif bakış
e. Anlamlı bakış
f. Gizemli bakış
g. Dinleyen bakış

- **Bakışlar:**

Beden dili kullanımında en etkili organ bakışlardır. Bakışlar göze hoş görünen ve kısa sürede beğeni kazandıran hareketlerdir, sevimlilik kazandırır, bakışlardaki tebessüm, optimizm, pozitif enerji, coşku ve gizem sizin vizyonunuzu ve marjinalitenizi yansıtır. Bakışların etkisi o kadar büyüktür ki hem sizin kabul edilmenizi, hem de beğenilmeniz sonucunda mesajlarınızın bire bir kabul edilmesini sağlar.

Etkili göz teması karşınızdaki ile aranızda,

- Frekans oluşmasını sağlar,
- Duygusal bir bağ oluşmasını sağlar.

Etkili göz teması konuya hem hakim olmak, hem de etkilemek açısından önemlidir. Karşınızdaki ile aranızda bir frekans oluşturun, çabalarınız önce bunun için olmalıdır. Frekans oluşmasını sağlamak için gözlerinizi ve ses tonunuzu mükemmel kullanmalısınız.

Bakışlar neden etkilidir?

Gözler olayları algılamak, duygu bağı oluşmasını sağlayarak etkilemek, etkilenmek, anlamak ve karar vermek adına önemlidir.

Gözler:

- İleticidir,
- Algılayıcıdır,

Doğa harikası olan gözler çevre ile aramızdaki bağımızdır.

Gözler, pozitif enerji iletiminde en etkili organlarımızdan biridir.

Pozitif enerji iletişimin en büyük gücüdür. Bu gücün mutlaka kullanılması gerekmektedir. Pozitif enerjinin iletimi başta gözler olmak üzere, ses tonu, konuşma şekli, mimikler ve hareketlerle yapılır. Yani konuşma ve beden diliyle iletilir.

Etkili Bakış Ne Demektir?

Etkili bakış, içinizde var olan pozitif enerjinin gözlerle yansıtılmasına denir.

Pozitif enerji oluşmasını sağlayan duygular nelerdir?

Pozitif enerji duyguları:

- Sevgi
- Mutluluk

- Coşku
- Gizem
- Özgüven
- Kalite
- Dinamizm
- Güç
- Kararlılık
- Heyecan
- Hoşgörü

Etkili bakış, içinizdeki pozitif enerjiyi yani sevginin, dinamizmin, coşkunun, mutluluğun, özgüvenin, gizemin, kalitenin, kararlılığın, enerjinin, heyecanın, hoşgörünün ve gücün gözlerle yansıtılması demektir.

Pozitif enerjiyi kullanabilmek için önce pozitif enerjinizin farkında olmalısınız. Pozitif enerjinizi, duygusal zekânızı kullanarak konuşma ve beden dilinizle ifade etmelisiniz.

Var olan bir şeyi yansıtabilirsiniz, eğer bu duyguları yaşamıyorsanız etkili bakışta başarılı olamazsınız. Önce pozitif enerji ile dolu olmak şarttır. Pozitif enerji ile dolu olmak istiyorsanız önce insanları, yaşamı ve doğayı sevmekle başlayın. Pencereden dışarı baktığınızda çiçekleri görün, sabah işe gelirken bir şarkı mırıldanın, doğadaki her şeyin sizin için yaratıldığını unutmayın, hiçbir neden olmadan sevinin, sevinçten ağlayın, herkesin sizin gibi bir insan olduğunu ve sizin gibi aynı duyguları yaşadığını unutmayın.

Mevsimler, çiçekler, renkler, yağmur, gökyüzü ve en önemlisi insanlar, işte enerji kaynakları. Pozitif enerji yaşamdan alınır ve her zaman dolu dolu vardır.

Pozitif enerjinizle insanları mutlu edebilirsiniz.

• **Dudak, kaş ve yüz hareketleri:**

Bu hareketler bakışlara güç kazandıran hareketlerdir, olumlu mimikler bakışların etkisini artırır, sinerji yaratır, mesajlarınıza güç kazandırır, sevimliliği artırır, bakışlardaki anlamı doğrular.

Beden dili hareketlerini başarılı kullanmanız için öncelikle karşınızdakinden etkilenmelisiniz. İnsanları sevmek, her insanın cazip tarafını bulmak, o insanı tanımak, onu konuşturmak, çok iyi dinlemek, etkilenmek ve etkilemek adına, karşınızdakinde bir şeyler bulmalısınız. Sizin bu sıcak arayışınız karşınızdakinde ilgi uyandıracaktır ve size sevgi duyacaktır.

İnsanlar, sizin vermek istediğiniz mesajdan önce sevgiyi alırlar.

İnsanlar önce sevgiyi alırlar.

• **Ayaklar üstünde duruş:**

Duruş şeklinde mükemmellik beden dilinde mükemmel görünüş olarak algılanır.

İnsanların duruş şekilleri; özgüven, kararlılık, kalite ve imajı yansıttığı gibi, psikolojik yapıları hakkında da bilgi verir.

Duruş şeklindeki başarısızlık çekingen, ürkek, utangaç, kendine güven duymayan, inandırıcı olmayan tavırlardır.

• **Dinleme:**

Başarılı bir iletişimin temel kuralları olan konuşma dilini ve beden dilini çok mükemmel kullanabilirsiniz. Eğer, iyi bir dinleyici görüntüsü sergileyemezseniz istenen başarıyı sağlayamazsınız.

Konuşma ve beden dilinde dinlemenin önemli bir yeri vardır. Etkileyici bir ses tonu, mükemmel imajlar ve mükemmel beden dili elbette çok etkilidir. Beden dilinin yüz ve baş hareketleri içinde yer alan dinleme şekli, karşınızdakinin konuşmasına gösterdiğiniz ilgi ve dikkatli dinleme görüntünüz onu rahatlatır ve rahat konuşmasını, fikir ve düşüncelerini öğrenmenizi sağlar.

Bırakın konuşsun, şikâyetlerini anlatsın, hatta sizi suçlasın. Onu gönülden dinlediğiniz tablosu sergileyin, hatta anlattıklarından etkilenin ve "haklısınız," "ben de sizin yerinizde olsam aynı şeyi düşünürüm," "kesinlikle," "mutlaka," gibi kelimelerle onun görüşlerine katılın. Hak verilmek insanların hoşuna gider ve buna ihtiyaç duyarlar.

İnsanların tepkileri elbette olacaktır ve bu çok doğaldır.

Sonrası mı? Sonrası kolay.

İkna etme sanatında etkili olan alt yapıyı hazırladınız, düşüncelerinizi ve söylemek istediklerinizi şimdi daha kolay kabul ettirebilirsiniz.

- **Tokalaşma:**

Tokalaşma tüm avucu kaplayan hararetli el sıkış şeklinde olmalıdır.

Ne çok sert olmalı, ne de çok yumuşak olmalıdır.

Tokalaşmak genellikle çok samimi bir davranış olarak bilinir. Tokalaşmak bir nevi enerji alışverişidir, sevgi alışverişidir, hasret gidermedir, iyi, samimi duyguların iletilmesidir. Ancak, insanlar ilk defa tanıştıkları biri ile tokalaşmak zorunda oldukları zaman tereddüt ederler, tokalaşmak için ellerini ya geç uzatırlar, ya da erken, birinin eli diğerinden önce uzatılır, ya da geç uzatılır. Acaba tokalaşsam mı? Diye düşünülür. Bu düşünce ve tereddüt dolu davranışlar beden dilinin iyi kullanılmasını olumsuz etkiler. Görüşmenin çok mükemmel olması gereken başlangıç ve final aşamalarında kötü bir şekilde tokalaşmak, görüşme ne kadar başarılı geçerse geçsin sonuç üzerinde olumsuz etki yapar.

Görüşme kötü geçebilir ya da kötü geçmeyen bir görüşme iyi sonuçlanmayabilir, ama yine de finalin iyi yapılması gerekir, çünkü iyi bir final bir sonraki görüşme için iyi bir başlangıç olabilir.

Finalde, her şeye rağmen çizilen mutlu tablo ve hararetli tokalaşma sevginin kalıcılığını sağlar.

- **Oturuş:**

Oturuşta dört önemli kural:

1. Koltuğa tam yaslanmak.
2. Hafif sağa ya da sola eğik oturmak.
3. Gerektiğinde bacak bacak üstüne atmak.
4. Elleri koltuğun kolçaklarında tutmak.

Otururken dikkat edilmesi gereken iki önemli nokta:

1. Karşınızdakinin sizi rahat görebileceği bir yere oturmak.
2. İyi göz teması kurabileceğiniz bir yere oturmak.

Karşınızdakinin sizi izlediğinin farkında olun, onu ikna etmeniz gerektiğini asla unutmayın, karşınızdakine sergileyeceğiniz beden dili sizin ve mesajlarınızın kabul edilmesi ya da edilmemesi sonucunu doğurur.

El hareketleri yaparken elleri sağa, sola yukarı, aşağı doğru 10 santimden daha fazla oynatmamak ve bu hareketleri yaparken nutuk atar gibi konuşmamak gerekir. El kol hareketlerini bir orkestra şefi gibi kullanmak en güzelidir.

En etkileyici beden dili sevgililer arasında kullanılandır.

Neden?

Çünkü sevgililer kendilerini beğendirmek isterler, bunun için bilinçaltında çok çaba sarf ederler. Bu istek öylesine baskındır ki mükemmel beden dili hareketleri sonuna kadar yılmadan usanmadan devam eder. Bu hepimizin yaşadığı, bildiği bir davranış şeklidir. Bu davranış şekli başarma isteğinin ne kadar önemli olduğunu kanıtlar.

Beden dilinde istenmeyen davranışlar

1. Etkili göz teması kuramamak.
2. Bakışları sağa sola kaçırmak.
3. Konuşurken başka taraflara bakmak.
4. Elleri önde birleştirmek.
5. Parmak uçları ile tokalaşmak.
6. Koltuğun ucuna oturmak.
7. Koltuğa yığılmak.
8. Elleri nereye koyacağına karar verememek.
9. Elleri ovuşturmak.
10. Parmaklarla oynamak.
11. Tırnak yemek.
12. Aşırı kaşınmak.
13. Elde kalem veya anahtar vs. ile oynamak.
14. Ayakları yere vurmak.

15. Kambur oturmak.
16. Sık sık saç düzeltmek.
17. Gereksiz yere saate bakmak.
18. Takılarla oynamak.
19. Masaya yaslanmak.
20. Aşırı gülmek.
21. Gülerken ağzı elle kapamak.
22. Masada herhangi bir şeyle oynamak.
23. Ellerle ritim tutmak.
24. El kol hareketlerinde aşırıya kaçmak.
25. Dudak yemek.

Beden Dilinin Gücü

Doğal bir gereksinim olan beden dilinin gücü günümüz iletişiminde tartışılmaz hale gelmiştir. Uygarlık ve başarıdaki "olmazsa olmaz" kuralının temel öğelerinden biri olan beden dili günümüzde sanat olarak algılanmaktadır. Sinema, tiyatro gibi sanatsal aktivitelerdeki etkisi kadar iş yaşamında da başarıya giden altın kuralların en önemlilerinden biridir.

Toplumsal imajınızın etkili olmasını istiyorsanız beden dilini iyi kullanmalısınız.

Beden dilindeki davranışlara göre bir takım yargılara varılır, bu hareket bunu ifade ediyor, şu hareket şunu ifade ediyor gibi tanımlamalar yapılır. Bu görüş doğru olmakla birlikte, bana göre günümüzde beden dili hareketlerinde önemli bir konu ön plâna çıkmıştır. Her insana özgü farklı beden dili hareketleri vardır. Artık klasik beden dili hareketleri geride kalmış, insana marjinalite kazandıran farklı beden dili hareketleri önem kazanmıştır. İnsan kendine yakışan beden dili hareketlerini kendisi bulmalıdır. Sıradan beden dili hareketleri yerine farklı ve yakışan beden dili hareketleri size marjinalite kazandırır. Her şeyde olduğu gibi beden dili hareketlerinde de farklılıklar marjinalitenin tamamlayıcısıdır.

Yaşam ustalığı olarak algılanan, yaşama sanatsal bakışınızı yansıtacak ve size marjinalite kazandıracak beden dili hareketlerini siz bulmalısınız.

Nasıl mı? Eğer beden dili sizi ilgilendiriyorsa, beden dilinin farklılığı konusunda sizi düşündüren bir şeyler varsa sizde konunun alt yapısı oluşmaya başlamış demektir, ve bu konuda en iyi öğrenim gözlemdir. Gözlemlerinizse en iyi beden dili hareketlerini edinmeniz konusunda size doğru karar verdirecektir. Yeter ki iyi bir gözlemci olun.

Beden dili bir yaşam tarzıdır.

Beden dili hareketlerinde önce istenmeyen beden dili hareketlerinin neler olduğunu bilmelisiniz, kötüleri fark etmezseniz iyileri bulmazsınız.

Beden dili hareketlerinde iki konu iticidir:

1. Aşırı saygılı davranışlar

- Ezik ve aşırı mütevazı davranışlar
- Elleri önde bağlama
- Kambur oturma
- Elleri ovuşturma
- Gereksiz baş sallama
- Gereksiz tebessüm

2. Kendini beğenmiş davranışlar

- Otururken yayılma
- Elleri gereksiz yere ceplere sokma

- Kolları göğüste birleştirme
- Gereğinden fazla samimi davranışlar
- Aşırı el kol hareketleri
- Kendini büyük gösterme çabası, tepeden bakma.

Beden dilinde kullanılan bu hareketler itici karşılanmakla birlikte, hoşa gitmez, bu davranışları sergileyenler dışlanır ve kabul edilmezler, hem kendilerine hem de fikirlerine değer verilmez.

Beden dili dünyanın varoluşundan beri insanoğlunun bir gereksinimi olmuştur. Beden dili daha konuşmanın gelişmediği ilk insanlar arasında anlaşmak, yemek, içmek gibi doğal bir ihtiyaç olarak başlamıştır. İlk insanlarda konuşma henüz gelişmemişken, insanlar birbirileriyle el kol hareketleriyle, yani beden dili ile konuşur, istek ve düşüncelerini beden dillerini kullanarak anlatırlardı.

Yaşamdaki evrim, insanın genetik yapısından kaynaklanan gelişim, mükemmellik içgüdüsü ve başarıya giden yol beden dilinin gücünü yaratmıştır.

Beden dili bir güçtür. Bu gücün kullanılması gerektiğini asla unutmayın.

İLETİŞİM

Tanrı insanları birbirleri için cazip yaratmış, birbirimizde gördüklerimiz karşısında etkileniriz, gördüğümüz her insandan çok farklı duygular hissederiz, her insan içimizde değişik değer yargıları oluşturur.

İnsanlar arası cazibe yaşamın bilinmeyen gizemlerinden biridir, hayatın rengi bu gizemlerde saklı.

İnsanların birbirlerinde gördüklerinden etkilenmeleri görülen ve görülmeyen bağlarla gerçekleşir. İnsanların birbirlerine ihtiyaç duymaları görülen ve görülmeyen bağlarla insanları birbirlerine yakınlaştırır. İnsanların birbirlerine ihtiyaç duymalarının altında birbirlerine cazip görünmelerinden kaynaklanır.

İnsanlar arasında doğal gereksinimlerden ötürü bilinçten bağımsız bir şekilde oluşan ruhsal bağ, duygu bağı, psikolojik bağ, cinsel bağ, varoluş bağı, ses bağı, koku bağı, sevgi bağı, görsel bağ bir iletişim ağı ile gerçekleşir. Yani insanlar bilincinde olsun ya da olmasınlar birbirlerine bir iletişim ağı ile bağlıdırlar.

İletişim becerisine sahip olanlar marjinal olarak kabul edilirler. Marjinal olmak ilgi çekici özelliktir. Marjinal olmakla daha başlangıçta avantajlı duruma geçersiniz, bu avantajı iyi kullanırsanız iletişim becerisinde başarıya giden ilk adımı atmış olursunuz.

İletişim Nedir?

İletişim duygu, düşünce, bilgi ve mesajların akla gelen her türlü yolla başkalarına aktarılmasıdır.

Bunun için konuşma ve beden dilini iyi kullanmak zorundasınız.

İletişimde ilk etki prezantabl görüntüyle başlar. Çünkü iletişim insanların birbirlerini gördükleri andan itibaren başlar. İnsanlar ilk bakışta bir şeylerden etkilenirler ve gördükleri hakkında bir yargıya varırlar, ilk yargı iletişim başarısının anahtarıdır.

İletişim, kişiliğin tanımlanmasında esrarlı bir güce sahiptir, bu gücün kullanılması iletişim başarısı sağlar, bu nedenle iletişim konusunda bilinmesi gerekenler vardır. Aslında hepimiz yaşamın önemli bir parçası olan bir iletişim ortamındayız. Ancak iletişim gerektiğince biliyor muyuz, iletişim gücünün farkında mıyız? Bu konuda yapılan araştırmalar önemli bir çoğunluğun iletişim bilincinin farkında olmadığını göstermiş. Yine iletişim konusundaki araştırmalar iletişim kalitesi çok önemli olduğunu, iletişim kalitesinin insanın kişisel gelişimi konusundaki çabalarına bağlı olduğu yargısına varılmış.

Başarılı bir iletişim için,

1. Prezantabilite,
2. Konuşma dili,
3. Beden dili,
4. Empati,
5. Bilgi,

Şarttır.

İletişimle gerçekleşenler şunlardır

- İletişim insanlar arasında gizemli bir bağ kurulmasıdır.
- İletişim duygu ve düşüncelerin anlatılmasıdır.
- İletişim mesajların aktarılmasıdır.
- İletişim anlaşılmaktır.

Bütün bunların istendiği gibi aktarılması başarılı iletişimin gereğidir, eğer başarılı değilseniz vermek istediğiniz mesajları, duygu ve düşünceleri gerektiği gibi anlatamazsınız. Kısaca anlaşılmazsınız, her şeyden önce kim olduğunuzu anlatamazsınız.

Üstelik;

İletişim konusunda problem yaşamak, ardından daha birçok problem getirecek demektir.

Günümüzde iletişim sanat olarak algılanmaktadır, iletişimi sanat olarak algılayarak kendini eğiten ve bireysel olarak geliştirenler iletişim konusunda başarılı insanlardır. İletişim, mesajların algılanması kadar kim olduğunuzu tanımlar, kişiliğinizi tanımlar, iletişimde başarılı olan insanlar kim olmalarının ne demek olduğunun bilincine olan insanlardır.

İletişimden amaç mutlaka başarılı olmaktır çünkü başarılı olmayan iletişim, iletişim değildir. İletişim, konusu her ne olursa olsun, ikna etme temeline dayanmalıdır.

Ünlü filozof Aristo iletişimde ikna edici iletişim modeli teorisi ile iletişimin önemini vurgulamıştır. Aristo'ya göre iletişimde en önemli öğe ikna etme teorisidir. Aristo, karşınızdakini ikna ettiğiniz zaman iletişim başarısı sağlarsınız tezini savunmuştur. Bu teorinin önemi günümüzde daha da artmıştır.

Ünlü yazar Dale Carnegie,

- *Dost Kazanma ve İnsanları Etkileme Sanatı*
- *Söz Söyleme ve İş Başarmak Sanatı*
- *Etkili Konuşma Sanatı* adlı kitaplarında yıllar önce iletişimin sanat olduğunu anlatmış.

İletişimde Aristo'nun ikna edici iletişim teorisi ile birlikte günümüzde önemli iletişim teorileri vardır:

- İkna edici iletişim
- Bilgiye dayalı iletişim
- Örgütsel iletişim
- Grup iletişimi
- Bireysel iletişim

Bu yöntemlerin hepsinde de başarılı bir iletişim sağlanması için iletişimcinin gücü ve becerisi ön plandadır.

- **İkna edici iletişim**

Bu yöntemde mutlak olan ikna etme esasıdır, karşınızdakini ikna edemediğiniz takdirde başarılı bir iletişim sağlayamazsınız. Günümüzde iletişim, ikna etme sanatı olarak kabul edilmektedir.

Mimar Sinan'ın Sultan Ahmet Camisinin sanat eseri olarak önemi ne ise iletişimdeki ikna etme sanatı da o dur.

İletişim bir ikna etme sanatıdır, çünkü karşınızdakini ikna ettiğiniz takdirde o insan artık sizindir. Sizin istediklerinizi bire bir yerine getirecektir, verdiğiniz bilgiyi kullanır, verdiğiniz mesajları alır ve savunur. İkna etme becerisinde başarılı olduğunuz takdirde artık o sizin sanat eseriniz olmuştur. Siz ikna edici iletişimdeki başarınızla dünyaca ünlü sanat ustalarının yaptıkları eserlerin canlısını yaratmış olursunuz.

- **Bilgiye dayalı iletişim**

İletişimde insanların sizi kabul etmeleri için bilginize ihtiyaç duymaları gerekir, yani sizin bilginiz karşınızdakinin gereksinimi olmalıdır. İnsanların gereksinimleri olan bilgiyi verdiğiniz takdirde başarılı iletişim sağlarsınız.

Bilgiye dayalı olmayan iletişim şov yapmaktan öteye gitmez.

Bilgi ile insanları bilmedikleri konularda aydınlatmak kabul edilmektir.

- **Örgütsel iletişim**

Örgütleyen, örgütlerin ayakta durmalarını sağlayan, yönlendiren, faaliyetleri plânlayan, hedef gösteren, amaçlar ve örgütselleşme yararlarının ne demek olduğunu kabul ettirebilen iletişimdir. Bunun için liderlik özelliklerinin olması gerekir.

Çünkü iletişim kadar iletişimcinin becerisi ve gücü ön plândadır.

Çünkü bir örgütü yönlendirebilmek, ayakta tutabilmek, hareket yeteneğini kullandırmak ve ikna etmek iletişim becerisi gerektirir.

- **Grup iletişimi**

Grup iletişimi en zor iletişimdir, başta tüm gruba hitap etmek için bilgi, özel iletişim tekniği ve yetenek gerekir. Öncelikle tüm gurubu kontrol altında tutmalısınız, birden fazla bireyin bulunduğu ortamda dikkatler az da olsa dağılır. Grup iletişiminde tüm bireylerin gözlerine eşit oranda bakmalısınız, araya espriler koymalısınız, karşılıklı soru ve yanıtlarla katılımcıların tümüne eşit konuşma imkânı vermelisiniz ve herkesi eşit konuşturmalısınız, çok konuşmaya meraklı insanlara fazla konuşma fırsatı vermemelisiniz, konuşmayanları mutlaka konuşturmalısınız. Grubu kontrol edilebilir beceriye sahip olmalısınız.

- **Bireysel iletişim**

Bireysel iletişim, iletişimin en önemli bölümünü oluşturur. İnsanlar yaşamları boyunca zaman zaman kendilerini yalnız hissederler. Hayatta birçok konuda tek başlarına mücadele etmek zorunda kalırlar, en önemli sınavlarında tek başlarınadırlar, tek başlarına yaparlar, işe giriş için ilk görüşmelerini tek başlarına iş ararlar, evlilik kararlarını tek başlarına verirler, bireysel beceri ve yeteneklerini tek başlarına kanıtlamak zorundadırlar. Haksızlıklar karşısında kendilerini tek başlarına savunmak zorundadırlar. Bütün bunların hepsinde iletişim becerisine sahip olmak gerekir.

İletişim iki insan arasında gerçekleşir, biri siz, diğeri ise rakibinizdir.

İletişimin iki insanın ilk karşılaşma ânı ve hemen sonrasında yaşanan kısmı buzdağının görünen kısmıdır.

İletişim gücü ile kazanılanlar

- Yönetim/Yönlendirme
- Eğitim
- Motivasyon
- Güven
- Kalite

Bunlar ise iletişim becerisi ile buzdağının görünmeyen kısımlarıdır.

Yaşamın her aşamasında iletişim ön plândadır, her yerde ve her zaman vardır, insanlar arasındaki her şey iletişimle başlar.

İletişim, insanların karşılıksız yaptıkları en gizemli alışveriştir.

Bilmem dikkat ettiniz mi, çok basit bir iletişim olarak görünen postacılar, kargocular bir mektup, bir zarf getirdiklerinde ya bir merhaba deyip ya da konuşmadan bırakıp giderler, buna rağmen postacıları unutmayız, çünkü getirdiği sizin için önemlidir. GSM mesajları da öyle değil mi. İletişimde önemli şeyler verildiği imajı yaratılmalıdır.

İletişim çok ciddi bir iştir.

İletişim bir sanattır.

İletişim büyük ve küçük ölçekli kuruluşların hedeflerine ulaşmaları için en etkili silahtır.

Günümüzdeki büyük ve küçük ölçekli kuruluşlar iletişim konusunda sürekli eğitim almaktadırlar. Bu kuruluşlar ürünlerini başarılı bir şekilde pazarlamak için iletişim gücünü daha iyi kullanma plânları yapmaktadırlar. Bu konudaki çalışmalar şunu göstermiştir. İletişimde en önemli yatırım insandır. Her ne kadar ürünün tanıtılması konusunda yapılanlar etkili olsa da bence bireysel iletişim çok daha kalıcıdır, sonuçlar da böyle olduğunu doğrulamaktadır.

Tanrı, iletişim organlarını duygu ve düşüncelerin aktarılması için yaratmıştır. İnsanların anlaşmasında temel faktör olan konuşma iletişimin esasıdır. Temel faktör olan konuşma dili ile birlikte, beden dili ve sözsüz mesajlar da iletişimin önemli araçlarındandır.

İletişimde başarılı olmak için ortam ve zaman iletişim becerisi kadar önemlidir.

Başarılı bir iletişim için iletişimi bir bütün olarak düşünmek gerek, iletişim kurallarından herhangi birini çiğnersiniz sağlıklı bir iletişim kuramazsınız, çünkü iletişim bir bütündür.

Karşı karşıya gelen iki kişinin ilk iletişimi, iletişim sürecini ve iletişim başarısını belirler. Konuşma ve beden dilindeki iletişim kriterleri ile birlikte kişilerin giyim aksesuarlarına kadar geniş bir perspektif iletişimin bütünüdür. Konuşma, ses tonu, beden dili dahil olmak üzere tüm iletişim kriterlerindeki kalite, kişisel kalite olarak algılanır. Kişisel kalite verilmek istenen duygu, düşünce ve mesajlara yansır. Başarılı bir iletişimde kalite her zaman ön plândadır.

İletişim, bilgi alış verişi olmakla birlikte duygu alışverişidir de, başarılı bir iletişim sizi mutlu ettiği kadar karşınızdakini de mutlu eder, başarısız bir iletişim ise her iki tarafı da mutsuz eder.

Alışveriş için gittiğiniz bir mağazada çok beğendiğiniz bir giysi olsa dahi satıcının size davranışı yani iletişim becerisi o giysiyi alıp alma konusundaki kararınızı değiştirebilir.

Mutsuz evliliklerin önemli nedenlerinden ilk sırada gelen iletişim bozukluğudur.

Şirketlerin başarısızlık nedenlerinin en önemlilerinden birincisi iletişim beceriksizliğidir.

İletişimde verilmek istenilen mesajların konuşma ve beden dilinde çok başarılı bir şekilde sunuluşu ile karşınızdakinin ne kadar çok duyu organına ulaşırsanız, o kadar sağlıklı ve başarılı bir iletişim gerçekleştirmiş olursunuz. Çünkü iletişimde başarı karşınızdakinin tüm iletişim organlarına hitap etmekle başlar.

Vermek istediğiniz mesajın verilişinde ses tonunuzun, konuşma şeklinizin, beden dilinizin, imajınızın gücü ve mükemmelliğiyle, o ruhsal açıdan ne durumda olursa olsun, karşınızdaki kişinin kapalı olan iletişim kanallarını açmış olursunuz, bir yerde ona da yardım etmiş sayılırsınız.

Başarılı iletişim mutluluk nedenidir.

İletişimin en önemli ve dikkat çekici yanı karşınızdaki insanın ruhsal durumunun değişmesini sağlamanızdır. Bu değişimi sağlayan başarılı bir iletişimdir. Psikanaliz iletişimin ne denli önemli olduğunu ortaya koymaktadır.

İletişim insanın sesli ve sessiz davranış biçimidir.

Başarısız bir iletişimde karşınızdaki insanda çok değişik, olumsuz davranışlar görürsünüz. Başarısız bir iletişimde dinlenmezsiniz, kabul edilmezsiniz, reddedilirsiniz. Başarısız bir iletişimde karşınızdaki insanlar; ilgisiz, olumsuz, karşı ve şüpheci davranışlar sergilerler.

Başarısız iletişimde karşınızdakinde oluşan düşünce ve davranışlar şunlardır

1. Ya öyle mi?
2. Acaba?
3. İnandırıcı değil.
4. Sıkılma belirtileri
5. Dinlememek.
6. İlgisiz tavırlar.
7. Gitse de kurtulsam.
8. Kalitesiz biri.
9. Çay kahve ikram etmemek.
10. Kanıtlar yetersiz.
11. Çok pahalı.
12. Ekonomik kriz var.
13. Başka bir ürün kullanıyorum.
14. Şu an zamanım yok.
15. Bu konu ile arkadaşlarım ilgileniyor.
16. Telefon, kâğıt, kalem gibi şeylerle ilgilenmek
17. Megaloman tavır
18. Başka konulardan söz etmek
19. Küçük görmek
20. Bilginizi yetersiz görmek

Eğer bir görüşmede bu tür davranışlarla karşılaşıyorsanız, iletişimde başarısız birisiniz demektir, öncelikle bu davranışları görmeniz gerek, bu davranış nedeninin siz olduğunu bilmeniz, yetersiz ve hatalı olduğunuzu kabul etmeniz gerek. Bu davranışlar sizi, fikirlerinizin ve görüşlerinizin reddedildiği anlamını taşır. İletişim beceriksizliğiniz yüzünden karşınızdaki tatmin olmamıştır, sizden pozitif enerji adına olumlu hiçbir şey alamamıştır. Kısacası, rahatsız olmuştur, sıkılmıştır.

İletişimin bir sanat olarak düşünüldüğü günümüzde iletişim adına bilgili olmak gerekmektedir. Bu, eğitimle kazanılır, doğuştan olduğu söylenen yetenekler yetiştirilebilen yeteneklerdir. Hiç kimse annesinin karnında iletişim becerisini öğrenmemiştir, bütün mesele konuya ilgi duymakla başlar, ilgi duymak kişisel gelişim adına insanın kendince birtakım çabalar içinde olması gerektiği bilinci yaratır. Bu bilinçle insan kendisini değerlendirir, yönlendirir ve eğitir.

Başarılı iletişimin kuralları

1. Prezantablite,
a. Giyim/model
b. Renk seçimi
c. Bakımlı olmak (saç, makyaj vs)

2. Konuşma dilini iyi kullanmak
a. Etkili ses tonu
b. Etkili konuşma

3. Beden dilini iyi kullanmak
a. Bakışlar
b. Mimikler, jestler
c. El kol hareketleri
d. Beden hareketleri

4. Bilgili olmak
5. Psikolojik olarak hazır olmak

6. Psikolojik gözlem yapmak
7. Pozitif enerji dolu olmak
8. Dinlemek
9. Coşkulu olmak
10. Marjinal olmak
11. Zamanı efektif kullanmak
12. Uygun ortam

Başarılı bir iletişim için yukarıdaki on iki madde konusunda eğitimli ve deneyimli olmak şarttır.

1. Prezentablite İletişimin, insanların birbirlerini gördükleri andan itibaren başladığını düşünürsek prezantabl olmanın ne kadar önemli olduğunu asla unutmamamız gerekir.

İletişimin başladığı ilk görünüşteki etki, insanın yapısal özelliği nedeniyle güzellik, gizem, farklılık zaafından kaynaklamaktadır. Bu zaaflar prezantabl olma bilinci oluşturmalıdır.

Prezantabl görünüş, insanın görünüş özellikleri karşısındakinin duygu dünyasına hitap eder. Prezantabl görüntü beğeni ve hayranlık duyguları oluşturur, dikkat çeker, ilk görüşte ciddiye alınmanızı sağlar ve daha başlangıçta kabul edilirsiniz.

Prezantabl olmak için imaj/giyim kuşam, renkler çok önemlidir.

İnsanlar genel olarak hayranlıklarını saklamaya çalışsalar da başarılı bir iletişimci bunu fark eder ve karşısındakinin bu zaaflarını kullanır.

2. Konuşma dilini iyi kullanmak. İnsanın dışına yansıyan en gizemli tarafı ses rengidir, ses renginizle insanlarda değişik duygulara neden olursunuz, ses renginizle insanların en hassas duygularına hitap edersiniz, ses renginiz onları oldukları yerden çok uzaklara götürür.

Çok beğendiğiniz bir şarkıyı, bir şiiri dinlediğinizde hüzünlü bir mutluluk duymanız gibi bir şeydir bu.

Etkili ses tonu ve başarılı konuşma dili karşınızdakinin sizi dinlemesini sağlar.

3. Beden dilini iyi kullanmak. Başarılı beden dili kullanımı söylediklerinizi doğrular. Başarılı beden dili söylediklerinize güç katar.

4. Bilgili olmak. Bilgi sizin konunuzda otorite olduğunuz anlamına gelir. Sunduğunuz ürün, fikir, hizmet ne olursa olsun hem işinize hem size güven duyulmasını sağlarsınız.

5. Psikolojik olarak hazır olmak. Başarılı bir iletişim için konuşma ve beden dilini olumlu etkileyen kriterlerin en önemlilerinden biri psikolojik açıdan hazır olmaktır. Kendinize olan güveniniz sizi psikolojik açıdan olumlu hazırlar, en iyisini yapacağınıza inanmalı ve yaptıklarınızdan keyif alacağınızın bilincinde olmalısınız. Yapacaklarınız tek cümle ile tanımlamalısınız: "Ben yaparım."

6. Psikolojik gözlem. Başarılı bir iletişim için karşınızdakinin sizinle iletişime hazır olup olmadığını psikolojik gözlemle anlamanız gerekir. Psikolojik gözlem sonucu kişinin içinde bulunduğu duruma göre konuşma dilinizi ayarlamalı ve ona göre iletişimi sürdürmeli ya da bir başka zamana ertelemelisiniz, yoksa başarısız bir iletişim yapmış olursunuz.

Satmayı plânladığınız ürün, fikir, hizmet konusunda karşınızdakine özgür olduğu duygusu hissettirmelisiniz.

7. Pozitif enerji dolu olmak. İletişimin başarısı için konuşma ve beden dilinize pozitif enerjinizi katmalısınız, yapmak istediğinizi önce kendiniz hissetmelisiniz, ve bu duygunuzu karşınızdakine hissettirmelisiniz. Gözler, jestler, mimikler, ses tonu gibi konuşma ve beden dili araçlarıyla içinizdeki pozitif enerjiyi karşınızdakine yansıtmalısınız.

8. Dinlemek. Siz konuşmaya başlamadan önce ya da sonra karşınızdakinin konuşmasına fırsat verin, hatta açış soruları ile konuşmasını sağlayın. Görüşlerini anlatması onu rahatlatacaktır ve o konuşurken büyük bir dikkatle onu dinleyin, dinlemek etkili konuşmak kadar önemlidir. İnsanlar dikkatle dinlendiklerini fark ettikleri zaman kendilerine ve görüşlerine değer verildiği kanısına varırlar.

9. Coşkulu olmak. Anlatmak istediklerinizi coşkulu şekilde iletmeye çalışırsanız sizin coşku dolu davranışınız olumlu karşılanır. Coşkulu olmak işinizin ne kadar önemli olduğu izlenimini uyandırır.

10. Marjinal olmak. Marjinal/sıra dışı olun. Sıradan insanlardan bir farkınız olmalı, her gün birçok insanla muhatap olan kişi, karşısında kişisel ve çalışma kalitesi ile sıra dışı birini görmek ister, sıradan insanlardan artık bıkmıştır, marjinal tavrınız olumlu ve unutulmaz düşüncelere neden olacak, hatta özenilecek, hafızalarda kalacaksınız.

11. Zamanlama. Zaman yönetimi ile hem kendi zamanınıza, hem de karşınızdakinin zamanına saygılı olmanız gerekir. Zamanlama, kabul edilmeniz açısından önemlidir. Size zaman ayrıldığında, başkasının zamanını aldığınızı unutmayın ve zamanı karşınızdakine bırakırken kendi zamanınıza da özen gösterin.

12. Ortam. Her şeyin uygun bir ortamı olduğu kuralını sakın unutmayın.

Başarılı bir iletişim esnasında dikkat etmeniz gereken şey şudur: Beden hareketleriniz, anlatmaya çalıştığınız konu hakkında doğru mesajlar veriyor mu? Hareketlerinizin ifade ettikleri ile anlatmak istediklerinizin anlamının birbiri ile örtüşmesi şarttır. Yoksa hareketlerinizin anlamsız davranışlar olarak algılanması iletişimi iletişim olmaktan çıkarır.

İletişimde anlatmaya çalıştığınız konu her ne olursa olsun onu hissetmeli ve hissettirmelisiniz.

KONUŞMA DİLİ

İnsanlar ancak çok iyi bildikleri konularda güzel konuşabilirler.
Sokrates

Konuşmanın sanat olarak kabul edildiği günümüzde insanların konuşma konusundaki becerileri kişilikleri konusunda birtakım yargılar oluşmasına neden olur. İnsanlar konuşmaları ile değerlendirilirler.

Konuşma insanın sosyokültürel yapısını belirler.

Söylemek istediğim o kadar çok şey vardı ki, neden söyleyemedim, keşke söyleseydim? Söyleyemediklerimin yüreğimde bıraktığı özlem hâlâ sımsıcak. Aradan yıllar geçti; şimdi düşünüyorum da, söyleseydim anlatabilir miydim? Hep yarım kaldı söylemek istediklerim, ya anlatamadım ya da dinlemediler.

İlk bakışta duygusallık kokan bu satırlarda özlem, hüzün ve çaresizliğin acısını hissederiz. Ancak, yazar bu satırlarda konuşma konusunda yetersiz olduğunu anlatmak istemiş.

Bir konuşmada ne söylendiği ve ne anlaşıldığı iki ayrı kavram olarak değerlendirilmelidir. Başarılı bir konuşma dili iletişim gücü olarak kabul edilir. Ancak, anlatmaya çalıştığınız her ne olursa olsun sizin anlattıklarınız karşınızdakinin anladıklarından ibarettir. Ne anlattığınız önemli değil ne anlaşıldığı önemlidir. Çünkü insanlar sürekli değişken psikolojik yapılar içindedirler. Herhangi bir şeyi anlatmadan önce insanların sizi dinlemeye hazır olup olmadıklarını anlamanız gerekir. Başlangıçta konuşma dilinizi ve ses renginizi başarılı bir şekilde kullanırsanız karşınızdakinin sizi dinlemeye hazır olduğunu göreceksiniz.

Bir eğitimde, "İstanbul size ne hatırlatıyor," diye sordum, verilen ilk on yanıt şunlardı:

- Aşk
- Romantizm
- Sevgi
- Macera
- Kadın
- Deniz
- Huzur
- Şiir
- Hayal
- Dram

Cevaplar bana hiç de şaşırtıcı gelmedi. Her insan yaşadıkları, hissettikleri, düşündükleri ve içinde bulunduğu duruma göre farklı görüş bildirir, bu çok doğaldır. Peki İstanbul bu muydu? Evet, buydu, söylenenlerin hepsi doğruydu. Söylenenler ker kesin içindekilerdi.

Anlatmak istediğiniz ne olursa olsun etkili anlatım tarzınız ve mesajlarınızla karşınızdaki kişinin sizi onaylamasını sağlamalısınız. Burada önemli olan insanlarla aynı düşünüyor olmaktır.

Sokrates

Sokrates her zamanki gibi Akropol'de bir konuşma yaparken, dinleyenlerin, anlattıklarını anlamak istemediklerini fark eder. Konuşurken bir yandan da konuşma yeteneklerini kullanmadığının farkına varır, dinleyenlerin anlamsız bakışlarından rahatsız olur, anlatmak istediklerini anlatamadığına üzülür, konuşmasını son ve etkili bir cümle ile bitirmek ister ve şöyle der:

"Anlatıyor, anlatıyor anlatamıyor muyum?"

Sokrates bu sözlerinden sonra hemen yerine oturur, son cümle herkesi şaşırtmıştır, salondan çıt çıkmaz, herkes yerinde kalakalmıştır. Son cümle tüm anlatılmak istenenlerin anlaşılmasına neden olmuştur, ya da karşısındakileri anlamaya mecbur bırakmıştır.

Sokrates'in söylediği son cümleyi konuşmanın sanatı olarak algılamak gerekir. Sokrates bu sözlerine iletişim sanatını katmıştır.

Herhangi bir şeyi başarılı bir şekilde anlatabilmek için iletişimin sırrı olan konuşma sanatını keşfetmek gerekir. Hangi kelimeleri, hangi cümleyi nasıl, ne zaman ve nerede kullanacağınıza dikkat edin. Cümlelerin içinde biraz duygusal, biraz edebi, biraz da felsefi kelimeler olmalıdır. Öyle cümleler kurmalısınız ki, bunlar alışılmış cümlelerin dışında, farklı cümleler olmalıdır. Ancak, mantıktan ve gerçeklerden sakın uzaklaşmayın.

Güzel konuşmak istiyorsanız güzel konuşmanız gerektiğinin bilincinde olmalısınız. Çünkü güzel konuşma becerisi istek ve bilinçle kazanılır.

Güzel konuşmak için önce kendinizi duymalısınız, bence insanın kendisini duyması güzel konuşma eğitiminin birinci kuralıdır. İnsan kendini dinlemesinin ne kadar önemli olduğunu konuşmasını bir kasete alıp dinlediğinde fark eder hatta konuşmasını dinlediğinde kendisine şaşırır. Güzel konuşmak için önce kendinizi dinleyin, işte o zaman güzel konuşmak konusunda neler yapmanız gerektiğinin farkına varırsınız.

Kitap

Bir cumartesi günüydü. Kitapçıları dolaşıyordum. Son zamanlarda kitap satışlarında bir canlılık gözleniyordu. Özellikle öğrencilerin çoğunlukta olmaları beni sevindirmişti. Kitabevi sahipleriyle dost olmuştum, "İşler nasıl?" diye sorduğumda "Fena değil," dediler.

Kitap almaya gelen öğrencilerle sohbet ediyordum. "Kitap okumayı seviyor musun?" "Hangi tür kitap arıyorsun?"

Sorularıma verilen yanıtlar çok değişikti. Özellikle öğretmenlerin öğrencilere kitap tavsiye etmeleri dikkatimi çekti. Önce öğretmenleri kutluyorum, okumak bir ülkenin uygarlık seviyesini gösterir.

Değişik yaşlardaki kitap meraklılarının aradığı kitaplar içerisinde konuşma dili, beden dili, duygusal zekâ, düşünce gücü, iletişim, kişisel gelişim ve benzeri konulardaki kitaplar oldukça fazlaydı.

Bir delikanlı ile sohbet ederken konuşma dili beden dili, iletişim gibi konularda kitap aradığını söyledi, "Neden?" diye sordum.

"Birçok nedeni var," diye söze başladı.

"Nedir bu nedenler?" diye sorunca gülümsedi. "Güzel konuşmak istiyorum."

"Neden güzel konuşmak istiyorsun?"

Sorumu duyunca gözlerinin içi güldü, "Arkadaşlarım arasında marjinal olmak istiyorum," dedi.

Bir insanın güzel/etkili konuşmak istemesi, güzel/etkili konuşmaya ihtiyaç duyması ile gerçekleşir, güzel konuşma becerisi güzel konuşmanın gerekliliğini hissetmekle kazanılır.

Hiç kimseye herhangi bir şeyi kolay kolay kabul ettiremezsiniz. İnsanlar yapısal olarak başlangıçta her şeye tepki gösterirler, hele konu konuşmak ise. Herhangi bir şeyi kabul ettirebilmek için önce karşınızdakinin hayır demesine neden olmamalısınız, hayır kelimesi söylendiğinde değiştirilmesi çok zordur. Bu davranış biliminde de öyledir, itici olmamalısınız, davranış ve konuşmalarınızla itici olursanız daha başlangıçta dışlanırsınız. Her şeyden önce kişiliğinize sempati duyulmaz, söyledikleriniz her ne kadar doğru olursa olsun davranış ve konuşmanızdaki iticilik kolay kolay insanların kabul etmeyeceği bir özelliktir. Her şeyde olduğu gibi başlangıç çok önemlidir. Konuşmaya başlamadan önce ayrıntılı düşünmek ve hazırlık yapmak zorundasınız, çok iyi hazırlanmalısınız.

Koçluk ve coaching

Bayer ilaç firmasında teşkilât koordinatörü olarak çalışırken Ankara'ya gittim. İşe yeni başlayan bayan bir tıbbi mümessil arkadaşımla ikili ziyaretler yapıp çalışmalarını değerlendirmek, çalışırken eğitmek ve ekip ruhunu pekiştirmek istiyordum. Sabah 08.15'te tıbbi mümessil arkadaşımın otomobili ile yola çıktık, genç arkadaşım çok heyecanlıydı, bir kavşakta önümüzdeki bir otomobile hafifçe çarptı. Küçük bir kazaydı, arkadaşım çok üzülmüştü. Heyecanla arabayı kullanamayacağını söyledi.

Ben, "Olur böyle şeyler, hata sende değil, üstelik çok iyi araba kullanıyorsun," dediğimde kendini toparladı. Yola devam ettik ve gitmeyi plânladığımız üniteye ulaştık. Gittiğimiz ünite bir Devlet kurumunun polikliniği idi. Doktor 'un odasına girmeden arkadaşım bana, plân gereği Doktor hakkında bilgi verdi. Bilgi şöyle idi:

"Doktor türbanlı bir bayan, elinizi uzatmayın çünkü inançları gereği erkeklerle tokalaşmaz ve ürünlerimizi reçete etmiyor."

Arkadaşım kapıyı vurarak Doktor 'un odasına girdi ve, "Günaydın Doktor hanım İstanbul'dan teşkilât koordinatörüm geldi. Sizi ziyaret etmek istiyoruz," dedi.

Doktor hastasını muayene etmiş reçetesini yazmıştı. Hasta çıkmak üzereydi.

Doktor bize bakarak,

"Hoş geldiniz," dedi.

"Hoş bulduk," diyerek oturduk. Kendimi tanıttıktan sonra, "Amacım sizleri yerinizde ziyaret ederek hatırınızı sormak," dedim.

Doktor konuşma şeklimden ve ses tonumdan etkilenmişti. Konuşma devam ederken Doktor, "Çay içer misiniz?" diye sordu.

"Teşekkür ederim zamanınızı almayalım," dedim.

"Olsun," diyerek yanındaki hemşireye çay söylemesini rica etti. Çaylar geldi, konuşmalar keyif verici olmaya başladı. Doktorun başlangıçtaki soğuk davranışları yerini sıcak ve cana yakın davranışlara bırakmıştı, ancak bekleyen hastalar vardı ve çaylar bitmişti.

"Doktor hanım ilginize çok teşekkür ederim, daha fazla zamanınızı almayalım," dedim.

Doktor hanım konuşmalardan memnundu, yerinden kalktı kapıya gitti, kapıdan bekleyen hastalara, "İstanbul'dan misafirim var bana on dakika daha müsaade eder misiniz?" dedi, tekrar masasına geldi ve yanındaki hemşiresine bize kuşburnu söylemesini rica etti. Bize içer misiniz diye sormamıştı bile. Konuşma uzadıkça ben de konuşmadan çok keyif almaya başladım. Zaten işim konuşmaktı ve konuşmanın bütün güzelliklerini sergiliyordum. Doktor konuşmalarımı dikkatle izliyor, konuşurken gözerime bakıyordu, hele ürün hakkındaki konuşmalarımı özenle dinliyordu, belli ki beni marjinal bulmuştu, amacım zaten buydu. Bir satış uzmanının mutlaka marjinal olması gerekir. Oturalı yarım saati geçiyordu, Doktor 'un ilgisi ve tavrına arkadaşım da çok şaşırmıştı. Yine aynı nezaketle izin isteyerek ayağa kalktığımda Doktor gitmemizi hiç istemiyor gibiydi. Yanıma geldi ve elini uzattı. Şaşırmıştım, inançları gereği erkeklerin elini tutmayan Doktor elimi iki elinin arasına alarak beni kapıya kadar uğurladı ve:

"Sizi tanıdığıma memnun oldum, güle güle, Ankara'ya geldiğinizde yine beklerim," dedi.

Ayrılırken arkamda bıraktığım olumlu izlenim beni çok mutlu etmişti, görüşme başarılı geçmişti, vermek istediğimiz mesaj yerine ulaşmış, satış başarıyla gerçekleşmişti. İşe başlayalı altı ay olan arkadaşım şaşkın, beni izliyordu. (CHD)

İnsan söylemek isteyip de söyleyemediklerine üzülür, üzülür ama yine de söyleyemez. Bunun bir nedeni olmalı.

Söyleyin söylemek istediklerinizi. Uygun kelimeler mi bulamıyorsunuz, söylediklerinizi anlatamamaktan mı çekiniyorsunuz, konuşma dilinin nasıl kullanılması gerektiğini beceremeyeceğinizden mi korkuyorsunuz? Evet hepsi mi diyorsunuz? O halde hemen başlayın egzersizler yapın ve isteyin yeter, çünkü başarırsınız.

Düşünce ilahi bir güçtür, konuşmak ise düşünce gücünün sesli ifadesidir. Konuşmak Tanrı ile insanlar arasında ve insanların kendileri arasında bir köprüdür. Bu köprüyü iyi kullanmak gerekir. Yaşadığınız sürece duygularınızın ve anlatmak istediklerinizin anlaşılması için mutlaka güzel ve etkili konuşmak zorunda olduğunuzu asla unutmayın.

Kulağın algıladığı her şey ses olarak yorumlandığını biliyoruz. Denizdeki dalga sesi, rüzgâr sesi, kadın sesi, kuş sesi, para sesi, keman sesi, davul sesi, kedi-köpek sesi ve daha sayılamayacak kadar ses. Sesler içerisinde en zor olan insan sesidir, çünkü insan sesi değişkenlik gösterir, insan sesinin kullanımında değişik etkenler rol oynar. İnsan sesinin renginde duygusallık vardır, hırs vardır, öfke vardır, sevgi vardır, nefret vardır, kızgınlık vardır, sevinç vardır, korku vardır, heyecan vardır ve daha birçok etken vardır.

İnsan sesi terbiyesi en zor sestir, uygun kullanımı en zor sestir, insan sesinin mükemmel kullanımının altında beceri vardır, çalışmak vardır.

Konuşma insanın duygularını ve düşüncelerini dile getirmesidir. Konuşmadaki etkinlik, mükemmellik bu gücün iyi kullanılması ile mümkündür. Eğer insan bunu gerektiği gibi yapamazsa duygu ve düşüncelerini istediği gibi anlatma konusunda zorlanır. Konuşma, konuşan kişinin kim olduğunu yansıtır. Yansıtılan, kimlikten ziyade kişiliktir, insan söyledikleriyle kişisel yeteneklerini yansıtır, o zaman var olan bir gücün nasıl kullanılması gerektiğinin bilincinde olunması gerek.

Güzel ve etkili konuşmada şunlar vardır

- Uygarlık
- Pozitif enerji
- Sevgi
- Kalite
- Çağdaşlık
- Gelecek
- Güven
- Saygınlık
- Yetenek
- Coşku

Etkili ve güzel konuşmak için kelimeler ile anlatmak istediğimiz, vermek istediğimiz sözlü mesajlar kadar önemli olan ve çoğu insanın farkında olmadığı sözsüz mesajlar vardır.

Bazen anlatmaya çalışıp da anlatamadığımız birçok şey olabilir. Bazen de bir bakışın, bir tebessümün söylemek istediklerinizden daha etkili olduğunu yaşamış olmalısınız. İşte bunlar sözsüz mesajlardır.

Sözsüz mesajlar nelerdir?

1. Ses tonu

a. Duygusal ses tonu

b. Romantik ses tonu

c. Akıcı ses tonu

2. Beden dili
a. Bakışlar
b. Yüz ifadesi
c. Dinleme
d. Oturuş
e. Yürüyüş
f. Tokalaşma
g. Ayakta duruş
3. İmaj/Giyim
a. Renkler
b. Moda
c. Uyum
4. Makyaj
5. Parfüm
6. Çiçek
7. Hediye
8. Not alma
9. GSM mesajları

Sözsüz mesajlar güzel konuşmanın gizemidir.

En güzel konuşma aç karnına yapılan konuşmadır. Aç karnına yapılan konuşmada olası heyecan açlıktan kaynaklanan bedensel sistemin yavaşlaması nedeniyle azalır. Aç karnına yapılan konuşmada ses titreşimleri olmaz, heyecanı daha az hissederiz, sesinizi kontrol altına alabilir daha yavaş konuşuruz, yavaş konuşma konu, kelime ve cümleleri seçme ve uygulama rahatlığı getirir, hata oranı asgariye iner.

Eğer denemediyseniz bir kez aç karnına konuşmayı deneyin.

Güzel konuşmak için ağız, dil, dudak, boğaz, gırtlak, akciğerler ve diyafram için egzersizler yapılması gerekir.

Ses tonu, bir ressamın kullandığı renklere benzer. Ses renkler topluluğudur, tüm renklerin kullanılması ile güzel/etkili konuşma gerçekleşir.

İnsan, sesini yukarıdaki organlar yardımıyla değişik renklerde ve tonlarda çıkarabilir. Sesinizi bir enstrüman gibi kullanabilirsiniz, bir enstrümanın iyi ses vermesi için akort edilmesi gerekir.

Örneğin çalışmaya harflerle başlayın. Bir odada yalnız başınıza A harfini değişik tonlarda çıkarmaya çalışın. Öncelikle ağız, dudak ve dil hareketlerini özgür bırakarak değişik sesler çıkarın, sonra normalde yaptığınız konuşmanın dışına çıkın ve ağız, dudak ve dil hareketlerine daha değişik şekiller verin, farklı sesler çıkarın. Önce ağzınızdan çıkanı kulağınız duymalı, çıkardığınız sesleri bir teybe alın ve dinleyin çok şaşıracaksınız. Benim sesim bu mu? Diyeceksiniz, çıkardığınız seslerden birisini daha çok beğeneceksiniz. Beğendiğiniz sesinizin kalıcı olmasına özen gösterin. Konuşurken vurgulamalara dikkat edin. Önemli kelimeler üstüne biraz basın. Beğendiğiniz sanatçıların konuşmalarını taklit etmeye çalışın, her insan sesinin gizemli bir tarafı vardır, konuşmanıza biraz gizem katın. Konuşurken duygusal zekânızı mutlaka kullanın. Konuşurken, konuştuğunuz konuyu içinizde hissedin ve hissettiklerinizi karşınızdakine yansıtın.

Konuşarak kazandığım başarılar savaşarak kazandığım savaşlar kadar önemliydi.
Atatürk

Duygusal zekânız konuşmanızla bütünleştiğinde konuşma şekliniz mükemmelliğe ulaşır. Tıpkı bir heykeltıraş gibi, heykeltıraşın mermere verdiği şekil gibi sese ve konuşmaya istenen şekil verilebilir.

Sesteki rengi, inceliği, duygusallığı, anlaşılırlığı, heyecanı, canlılığı, coşkuyu, sevinci vermek için gırtlağı, akciğerleri, diyaframı, östaki borusunu, dili, dudakları ortak kullanmak şarttır. Ve tabii ki güzel/etkili konuşma isteğini yüreğinizde duymalısınız.

Konuşma teknikleri eğitiminde başarılı olmak için birebir eğitim gerekir. Çok iyi bir gözlemci olmakla da güzel konuşma kazanıldığı görülmüştür.

Etkili konuşmak düşünüldüğünden daha önemlidir. Yıllar önce tarih öğretmenim bir konu anlatmıştı:

Michelangelo ve Hz. Musa

Dünyaca ünlü İtalyan heykeltıraş Michelangelo Hz. Musa'nın heykelini yapar. Uzun süren bu çalışması sonucu yaptığı heykeli çok beğenir, çünkü çok özenmiştir. Heykel çok güzel olmuştur, kendisi de bu kadar başarılı olduğuna şaşırır. Son çekiç darbelerinden sonra heykelin karşısına geçer, bakar, bakar ve eseri karşısında o kadar heyecanlanır ki, elindeki çekici heykele fırlatır ve yüksek sesle, "Konuş Musa," der. Ama bu hareketine bir anlam veremez.

Heykel o kadar canlıdır ki canlı olmasını kanıtlamak için bir tek konuşması kalmıştır. Öğretmenimin anlattığına göre Michelangelo'nun fırlattığı çekiç heykelin sol dizine çarpmış ve orada bir iz kalmış.

Aradan yıllar geçti, çalıştığım Bayer ilaç firmasının bir İtalya gezisinde Roma'ya gittiğimizde Hz. Musa heykelinin bulunduğu müzeye gittim. Heykeli gördüğümde hem çok şaşırdım hem de çok heyecanlandım, heykeli nefes almadan uzun süre seyrettim. Gerçekten muhteşemdi, çok etkilenmiştim, bir heykelin bu kadar canlı, bu kadar görkemli olacağını hayal bile edememiştim, Hz. Musa görkemli haliyle oturuyordu ve oturduğu yerden biraz sonra kalkacak gibiydi. Öğretmenimin anlattıklarını hatırladım. Öğretmenimin anlattığı çekiç izini araştırdım, heykelin sol dizinde gerçekten bir iz vardı, rehbere sordum.

Gülümseyerek, "Demek biliyorsunuz? Evet doğru," dedi.

Her şey olabilirsiniz ancak, sizin bir bütün olduğunuzu tanımlayan konuşmanız olmadığı takdirde canlılığınızdan söz edilemez.

Güzel konuşmak için bilgi çok önemlidir. Kültürden konuşacağınız konuya kadar yeterince bilgili olmanız şarttır. Bilgi size konuşma rahatlığı verir, bilgi bir bilen olmadır, gerekli bilgiye sahip olmadığınız konudaki konuşmalarınız inandırıcı olamaz. Değil karşınızdaki, siz bile kendinizi beğenmezsiniz, bilgi yetersizliği sizi zor durumda bırakabilir.

Güzel konuşmak istiyorsanız konuşma teknikleri konusunda bilgili olmak gerektiğini de sakın unutmayın.

Güzel konuşmak sanattır.

Güzel konuşma sanatını içinizde hissetmelisiniz.

Konuşurken, genelde karşımızdakini dinler görünür ancak, şöyle bir araya girip konuşmasını yarıda keserek bir şeyler ilave etmek için can atarız. Bunu sık sık yaparız da, tabii ki bu davranışımızla konuşmanın içine limon sıkmış oluruz, karşınızdaki bundan rahatsız olsa bile o da aynı sizin gibi konuşmanızın arasına girerek bir şeyler söylemeye çalışır. Konuşma, konuşmadan çıkar, başka her şeye benzer. Sizi gören biri ne yapıyorlar diye merak eder. Burada her iki kişi de bu konuşma şeklinden memnun değildir. Ertesi gün konuşmayı hatırlarsınız, yaptığınızın hoş olmadığını aslında kendinize yakışan bir konuşma şekli olmadığını, bu davranışınızın kendinizi tanımlamadığını, kişiliğinizi olumsuz etkilediğini düşünürsünüz. Çünkü siz o değilsiniz ve bu işe oldukça içerlersiniz, içerlersiniz içerlemesine ama bir iki gün sonra yine aynı şeyi yaparsınız.

Kelimelerin gücünü anlamadan insanları anlamak imkânsızdır.
Konfüçyüs

İnsanlar konuşmalarının dinlenmesini, konuşurken tüm gözlerin ve kulakların kendilerinde olmasını isterler. Konuşmasının dinlenmesinin kendisine yapılan bir saygı gösterisi olduğunu, uzmanlığının kabul edildiğini, sözlerinin önemsendiğini düşünürler.

İnsanlar güzel konuşsalar da, çirkin konuşsalar da konuşmalarının dinlenmesini isterler. Bu insan egosudur. Gariptir ki insanlar ego seviyesinde sadece kendilerini düşünürler, kabul edilmek isterler, başkalarını düşünmezler. Kötü bir konuşmayı dinlemenin ne kadar zor olduğunu bilmelerine rağmen konuşma konusunda kendilerini geliştirmeyi düşünmezler ya da gereken özeni göstermezler.

İnsan gerektiği gibi konuşamıyorsa bunu önce kendisi fark etmelidir, güzel olmayan bir konuşmasının dinlenmediğini fark ettiğinde, bu haklı tepkinin bilincinde olmalıdır, çünkü dinlemek zor bir olaydır. Kötü konuşmada insanlar sıkılır ve konuşmayı dinlemeden konuşma ortamından ayrılmak isterler.

Konuşmayı dinlemek konuşma kadar önemlidir. İyi ve etkili konuşmak istiyorsanız önce dinlemesini öğrenmelisiniz.

Etkili konuşmak için önce dinleyin sonra konuşun, daha etkili olursunuz.

Konuşmak ve dinlemenin bir bütün olduğunu sakın unutmayın.

Pencereden dışarı bakın çiçekleri göreceksiniz

Doğayı seyredin, seyrederken konuşun, keyif alacaksınız çünkü konuşmak sevişmektir.

İletişim sanatında konuşma dili insanın en büyük gücüdür.

Konuşma dili konusunda yapılan bir araştırmada,

Ses tonunun	% 40
Konuşma şeklinin	% 42
Bilginin	% 18

Oranında önemli olduğu tespit edilmiş.

Güzel konuşmak için ilk bilinmesi gereken şey konuşmaya duygusallık katmak olmalıdır, yani duygusal zekâ kullanılmalıdır. Konuşmaktan keyif alınmalıdır.

Herkesin kendine özgü farklı bir ses rengi var, her sesin gizemli bir tarafı var, önce ses renginizin farkında olmalı ve ses renginizi belirlemelisiniz. Sesin nasıl kullanıldığı önemlidir, ses özelliğinizin farkında olmayabilirsiniz. Güzel konuşmaya ihtiyaç duymamış olabilirsiniz.

Zaten genelde de böyle olduğu tespit edilmiştir. Bunu ancak bir gün bir yerlerde konuşma ihtiyacı duyduğunuzda hissedersiniz. Heyecanlanırsınız, ayaklarınız titrer, dudaklarınız kurur. İşte o zaman, eğer konuşma becerilerinizi geliştirmemiş, kendinizi eğitmemiş ve eğitim almamış iseniz, bu eksikliğinizi hissedip keşke ben de güzel konuşabilseydim diye üzülürsünüz.

Güzel konuşma kalıtımdır, yetenektir düşüncesine katılmıyorum, çünkü herkes güzel konuşabilir.

Güzel konuşma kişisel çabalar ve eğitimle kazanılabilir.

Ses tonunu kötü kullananlara baktığımız zaman konuşma tekniklerini geliştirmediklerini görürüz.

Güzel konuşmak için önce güzel konuşmaya özen duymalısınız, sinemada, tiyatroda, televizyonda konuşmasını beğendiğiniz sunucu ya da oyuncuları çok dikkatle izleyin, konuşmalarını örnek alın ve onları taklit edin.

İlkokul yıllarında konuşma konusunda çok çekingen ve utangaç biriydim, öyle ki konuşma konusunda çok zorlanır, utanır, kızarır, ya konuşamaz ya da konuştuğum zaman da beğenilmezdim, bu durum beni çok üzerdi. Konuşma cesaretini gösterip duygularını dile getirenlere imrenir, içten içten onları dinler ve seyrederdim. Güzel konuşmaya içimden öyle yoğun bir özlem duyardım ki, benim için ulaşılması çok zor, hatta hayal olmasına rağmen bir gün ben de kendi kendime güzel konuşacağım derdim, derdim ama o günü çok uzaklarda bir gün diye düşünürdüm.

Önceleri ortaokul yıllarında izlediğim filmlerdeki güzel seslere hayran oldum, onları taklit etmeye başladım, kendi kendime taklitler yaptım, sonra arkadaşlar arasında, izlediğim filmlerdeki aktörlerin seslerini taklit etmeye başladım. Bir, iki, üç derken arkadaşlarımın bana karşı ilgilerinin arttığını hissettim, sesimin önemsendiğini, dikkat çektiğini gördüm. Her konuşmamın dinlendiğini görmekten mutlu oluyordum. O zaman bir şey fark ettim: Ben güzel konuşmayı becermiştim. Demek ki, istendiğinde oluyordu.

Arkadaşlarım arasında beğenilen taklitlerim benim bu işi çok daha iyi yapabileceğim inancını doğurdu. Evde yalnız olduğum zamanlar, sürekli ünlü sesleri taklit etmekle geçirirdim, annem bu konuşmalarımı şaşkınlıkla dinler, hatta o da beğenirdi. Aradan bir iki yıl geçti, derken gelişen konuşma çabalarımı şiir okuyarak sürdürmeye başladım. Okuduğum şiirler o kadar beğenildi ki, öğretmenlerim şiir okunması gerektiğinde bana okutmaya başladılar, çok da güzel oluyordu.

Önceleri utancından konuşamayan ben şimdi etkili ve güzel konuşabiliyordum. Sadece bu kadarla da kalmamalıydı, hem çok güzel konuşmalıydım, hem de bu işin uzmanı olmalıydım.

Çünkü;

Güzel konuşmak insanın dışına yansıyan sesli görüntüsüydü.

HİSSETMEK VE İSTEMEK

Yaşamımda kendimi iyi hissettiğim anları hiç unutmadım, o anlar benim için çok özeldi. Kendimi iyi hissettiğim anların hepsinin bir nedeni vardı. Bazen sevgili, bazen bir yelkenli, bazen tepesi karlı bir dağ, bazen bir çiçek, bazen yağmur, bazen rüzgâr o kadar çok şey vardı ki hiç birisi benim değildi; ama benim gibiydi. Hepsi benim için çok özeldi. Sevinçleri onlardan alır onlarla mutlu olurdum. Kendimi iyi hissetmek için mutlaka bir şeyler bulurdum. Doğadaki her şey sanki benim için yaratılmıştı.

Her insan kendini iyi hissetmek ister; çünkü kendini iyi hisseden insan mutlu insandır. İnsanın kendini iyi hissettiği anlar olduğu gibi kötü hissettiği anlar da olabilir. Her ikisinin de birçok nedeni vardır. Ancak, çoğu insanın bu nedenlerin farkında olmadıkları görülür. İnsanlar kendilerini iyi hissettiklerinde bunu hemen dışarıya yansıtırlar. Davranışlarındaki coşku, gözlerindeki mutluluk hemen fark edilir. Kötü hissettiklerinde ise mutsuz bir tablo sergilerler.

"Hayrola, neyin var? Kötü görünüyorsun." sorusunu "Yok bir şey," diye geçiştirirler ve nedenlerine ya inmezler ya da kendiliğinden geçmesini beklerler.

İnsanın kendini iyi hissetmesi için kendini iyi hissetmesini engelleyen nedenlerin farkında olması ve onları çözmesi gerekir.

Siz kendinizi ne kadar iyi hissetmek isterseniz isteyin bunu engelleyen bir takım nedenler oldukça, kendinizi iyi hissedemezsiniz. Önce, nedenleri bulun ve onları çözün. Ayrıca, olaylar olumsuz gelişse bile onları olgun karşılamak ve çözüm alternatifleri bulmak zorundasınız. Olaylar karşısında sesiz kalıp onları olduğu gibi kabul ederek olumsuz etkilerinin karşısında ezilmek ve hüzünlenmek yenilgiyi kabul etmektir. Her zaman ayakta kalabilmek için yaşamın bir parçası olan kötü sürprizlere karşı hazırlıklı olmak gerektiğini unutmamalısınız.

Kendinizi iyi hissetmek mi istiyorsunuz? O zaman, hemen şimdi bir değişiklik yapın olumsuzluklardan intikam alırcasına bir dünya kurun kendinize. Dünyanızda çok büyük bir güç olduğunuzun farkına varmalısınız. Bunu başardığınız takdirde yaşamdan daha çok keyif alırsınız.

Hissetmek ve istemek... Her insanda var olan bu iki duygu, bana göre çok özel ve insanın yaşama bakışında en etkili duygulardır. Hissetmek ve istemek iki sevgili gibi yan yana dolaşırlar. Bu iki duygu karşımızdaki şeylere karşı etkilendiğimizin göstergeleridir. Bu gösterge tıpkı bir termometre gibidir. İbrenin yükselmesi duygularımızın harekete geçtiğinin kanıtıdır. Harekete geçen duygularımıza göre davranırız; çünkü yaşamda bizi düzenleyen ve bizi yönlendiren bu duygulardır.

Her yaptırımın oluşumunda hissetmek ve istek vardır. Hissetmediğiniz bir şeyi istemez, istemediğiniz bir şeye ya başlamaz ya da yapmazsınız.

İstemek için hissetmek, hissetmek için istemek birbirini tamamlayan duygulardır ve yaptırımın ön şartlarıdır.

Bir giysi almadan önce size yakışacağını hissetmek istersiniz. Hatta onu giyer size yakıştığını hisseder ve almak istersiniz. Hissetmek duygusu sizde istek doğurur.

Bir şeyler hissetmek ve istek sonucu oluşan bilinçaltı yaptığımız davranış, yaşamın ta kendisidir.

İçinizdeki yaratıcı duygularınızı hissedin sonra isteklerinizi uygulayın.

İnsanın eğitim yaşamı, çalışma yaşamı, evlilik yaşamı yani tüm yaşamı boyunca kendisini iyi hissetmesi gerekir. Bu tuhaf ve bir o kadar da gizemli olan duygu insan yaşamının lokomotifidir. Her şey hissetmekle başlar.

Yaşamın dinamizmi olan bu duygu, sizi başarıya götürdüğü gibi, sizi hüzünlü bir ortamda kendinizle baş başa da bırakabilir.

Yapılması gereken işler ve insanlar, sizin kendinizi iyi hissetmenizi beklemezler hatta farkında bile olmazlar. Sizin kendinizi iyi hissetmenizi bekleyene kadar geçen zaman birçok şeyi kaybettirir.

Yaşamda neler hissederiz

- Mutluluk,
- Sevgi,
- Hüzün,
- Sevinç,
- Korku,
- Acı,
- Nefret,
- Kin,

- İntikam,
- Coşku,
- Acımak,
- Yalnızlık,
- Vs.

İnsan yaşamını etkileyen bu duygular yaşadığımız duygulardır. Bizi yönlendiren duygularımız kendiliğinden oluşmaz. Sokrates'in MÖ. 5. yüzyılda ortaya attığı nedensellik kavramında belirttiği gibi, neden / sonuç kuralının etkili olduğu gerçeği, "Mutlaka her şeyin bir nedeni vardır." mantığının kendisidir.

Yaşam bir neden sonuç ilişkisidir; acıktığınızda yemek ihtiyacı duyarsınız, üşüdüğünüzde örtünmek, giyinmek ihtiyacı duyarsınız, yalnızlık hissettiğinizde ya birinin yanına gidersiniz, ya da size gelmesini beklersiniz. Bir şeyi beğendiğinizi hissettiğinizde onu almak, birisini sevdiğinizi hissettiğinizde ona sahip olmak istersiniz.

Yaşamda her şeyin bir nedeni, bir karşılığı vardır. İnsan bu duygusal dünyasını öylesine benimsemiştir ki bütün bu duygular günlük yaşamın bir parçası gibidir.

Duyguları yönlendirmek biraz da insanın kendi elindedir. Kendinizi kontrol edip duygularınıza yön verirseniz kendinizi o kadar iyi hissedebilirsiniz.

Çalışma yaşamında çok gerekli olan kendini iyi hissetme duygusunu nasıl sağlayabiliriz? Duygularımızı nasıl kontrol altına alabiliriz?

İnsanlarda iki farklı yapı dikkat çeker:

1. İyimser/ optimist insan.
2. Kötümser / pesimist insan.

Kişiliğiniz sizin yaşama bakış açınızla ilgilidir. Bir şeyi nasıl görmek isterseniz öyle görürsünüz. Elbette ki geçmişte bir takım nedenlerin sizin kişilik yapınızda etkisi vardır. Ancak, siz şimdisiniz ve geçmiş geçmişte kalmıştır. Gelecekten sorumlusunuz, şimdiyi ve geleceği siz hazırlamalısınız.

Yaşamda hiçbir şeyin kalıcı olmadığını ve olmayacağını düşünecek olursak, o zaman yaşamda kalıcı olan tek şeyin duygular olduğunu hatırlamamız gerekiyor. Duygular, her bahar ılık rüzgârlarda uçuşan kelebekler gibidir. Her kanat çırpışlarında sevgi bırakırlar gökyüzüne. Bir iki günlük ömrü olan bu yaratıkların her ilkbahar gökyüzünde uçuşmalarının bir nedeni olmalı.

Sizin de kelebekler gibi gökyüzüne bırakacağınız bir şeyleriniz olsun.

Duygular rüzgârlar gibidir, duygular yaşanmak içindir. Duygunuz neden yana ise, sizi duygulandıran her ne ise önce onu hissedin ve yaşayın. Tanımadığınız, yaşamadığınız duygu size yabancıdır ve sizi olumsuz yönde etkileyebilir. Sizi alt da edebilir ama asla yenilmeyin.

Duygularınızı yaşayın ve önemseyin; ancak, bilmeniz gereken bir şey var: Duygu hangi konuda olursa olsun önemli olan sizi ne kadar etkilediğidir ve sizde neler bırakmıştır. Yapmanız gereken, olumsuz duygulara gereğinden fazla değer vermemek ve her olumsuz duyguya karşı içinizde direnç oluşturmaktır. O zaman, kendinizi daha iyi hissedersiniz.

Bir şeyi elde etmek mi istiyorsunuz? Bir konuda başarılı olmak mı istiyorsunuz? Çok kolay, ne duruyorsunuz?

Hemen başlayın. Başlamak bitirmektir. Elde etmek, sahip olmak isteği başarmak için gerekli olan her şeyi içinde barındırır.

İstediğiniz bir şeyi hissedin. İstediğinizin gerçekleşmesi için neler hissediyorsanız o işin yapılmasında o kadar etkili olacağınızı unutmayın.

KARARLILIK

Üstlendiğim her işi başardım, çünkü başarmak istedim.
Beni diğer insanlardan farklı kılan tek şey,
asla başarıdan tereddüt etmememdir.
Napolyon

Kararlı olmak kendine güvenmektir. Ne yapacağını bilmek, kendinden emin olmak ve başarılı olacağına inanmaktır.

İnsanın ne yapmak istediğini bilmesi kararlılık güdüsü doğurur.

Kararlılık, insanın gücü ile orantılıdır. Bu güç inanç gücü, bilgi gücü, deneyim gücü, yetenek gücü, yaratıcılık gücü, düşünce gücüdür. Kararlı olmak için insanın önce gücüne ve becerisine inanması gerekir.

İnandığınız ve kararlı olduğunuz şeylere başlamaktan çekinmeyin. İnanmadıklarınıza hiç başlamayın çünkü başaramazsınız.

"Kendimi çok iyi hissediyorum ve başarılı olacağımdan eminim. Mutlaka başarmalıyım; çünkü, gücümün ve yeteneklerimin farkındayım. Hedefim, yaptığım işte başarılı olmaktır. Yapacağım bir işe başlamadan önce çok büyük bir heyecan duyar, bir an önce başlamak isterim. İşimi çok iyi yapacağımdan eminim. Daha başlamadan, yapacağım işin nasıl olacağını görmek istiyorum. İş sonuçlanıncaya kadar çok büyük bir keyif alacağım ve sonuç mutlaka mükemmel olacaktır. Amacım başarılı olmak, yaptıklarımı insanlara göstermek ve de kendimi kanıtlamaktır; beni görsünler istiyorum."

Bu düşüncelere sahip birinin başarısından tereddüt edilmez.

Başarıyı önce düşlerde oluşturmalısınız.

İnsan yaşamında bir şeyler kanıtlamak zorundadır.

Ancak o zaman kendini iyi hisseder.

Başarılı olmanız için yaşamın size sunduğu o kadar çok imkân var ki bunları değerlendirmeli ve kendinizi kanıtlamak için hayati olan tüm objelerden yararlanmalısınız.

Herkes başarılı olmak ister; ancak başarılı olmak için doğru karar vermeniz gerekir. Her başarının arkasında doğru düşünmek ve doğru karar vermek vardır. Başarı için doğru düşünmek, doğru karar vermek ve doğru planlama şarttır.

İnsanların yaşamları boyunca doğru düşündüğünü sandığı kararlarında yanılgılar da vardır. İnsan yanlış kararlar da verebilir. Doğru karar vermek becerisi yanlış kararların deneyimi ile oluşur.

Kişisel deneyimler doğru karar verme ihtimalini arttırır.

On yedi yaşlarındayken bir arkadaşımın köydeki çiftliğine pikniğe gittik. Mevsim ilkbaharın son günleriydi. Doğa çok güzel, gökyüzü masmaviydi. Çiçekler, çimenlerin kokusu insanın ruhunu dinlendiriyordu. Öğlen olduğunda karnımızın acıktığını hissetmeye başladık.

“Ne yiyeceğiz?” diye sorduğumda arkadaşım, “O iş kolay,” dedi. Kolaydı ama ortalıkta yiyecek bir şey yoktu. Bulunduğumuz yere en yakın kasaba 15 kilometre uzaklıktaydı. Biraz ileride bir dere vardı. İçilecek kadar berrak ve temiz olan suyu bazı yerlerde iki karış, bazı yerlerde üç karış derinliğindeydi. Arkadaşım elinde balıkçılıkta “serpme” denilen bir ağ ile dereye doğru yürüdü; ben de arkasından gittim.

“Ne yapacaksın?” diye sordum. Elindeki ağı göstererek “Görmüyor musun, balık tutacağım!” dedi.

İki karış suda balık mı tutulurdu? Yüzümdeki ifadeyi gören arkadaşım, “Sen merak etme,” dedi ve serpmeyi atmaya başladı. Akan suda balıklar görünüyordu ama serpme ile balık tutmak için su azdı. Nasıl olacaktı, merak ediyordum doğrusu. Yaklaşık onuncu kez serpe atışıydı ama hâlâ bir sonuç yoktu. Ben, balık tutma konusundaki olmayan umutlarımı da kaybetmiştim; ama, arkadaşım hiç yılmadan didinip duruyordu. Zaman zaman, geçen balıkları gösterip “Bak, ben burada çok balık tuttum,” diyordu.

Aradan bir saate yakın bir zaman geçmiş, karnım açlıktan zil çalmaya başlamıştı. Kasabaya gidip bir şeyler yemeyi planlıyordum ki birden arkadaşımın haykırışlarını duydum. İki balık birden yakalamıştı, üstelik orta büyüklükteydiler. Arkadaşım hemen mangalı yakmamı söyledi. Mangalı yakma çabalarım sürerken arkadaşım üç balık daha yakaladı ve sonunda o balıkları pişirerek yedik çok lezzetliydiler.

Bana sorarsanız balık tutma işinden umutsuzdum; ama, arkadaşımın kararlılığı beni şaşırtmıştı doğrusu.

O gün için düşlediğim neler vardı halbuki. Neleri hayal etmiştim, nelerle karşılaşmıştım. Yaşam böyledir işte; düşlerinizle gerçeklerin çoğu kez örtüşmediğine şahit olursunuz ve bu sizde şaşkınlık yaratır.

Her ne olursa olsun doğru kararlarınızdan asla vazgeçmeyin.

Yaşamınız boyunca her şeyin mükemmel gitmesini beklemeyin, yaşam yolunda karşınıza çıkacak sürprizler olacaktır. Sürprizler ne olursa olsun, onları yaşamın bir parçası olarak kabul etmek zorundasınız ve bu durum sizi umutsuzluğa itmemeli. Beklenmedik sürprizleri nasıl geçiştirebilir ve onları nasıl onarabilirsiniz? Onları onarmanın yollarını bulmalı ve olası sürprizlere karşı hazırlıklı olmalısınız. Sürprizler her zaman olacaktır, çünkü yaşam sürprizlerle doludur.

Başarısızlığı nedeniyle okuldan bir yıllığına uzaklaştırılan öğrenci, öğretmenlerine verip veriştiriyordu. Onları suçlu buluyor, okuldan uzaklaştırılmasının nedeni olarak onları görüyordu. Bu düşüncelerinde doğruluk payı olsa dahi kendisinin hiç mi suçu yoktu? Bunu hiç aklına getirmiyordu. İnsan çoğu kez kendi hatalarını göremez; görse de kabul etmez ya da hatalarını başkalarına yükler. Böyle düşünen birinde henüz bilinç oluşmamış demektir. Eğer insan bilinçli olabilirse hatayı önce kendisinde arar, çünkü en yakın kendisidir ve önce kendinden başlamalıdır. Her olayda hataları eşit paylaşmak gerek, ancak o zaman doğru olan bulunabilir. Kendisine herhangi bir şeyi kabul ettiremeyen birinin, başkasına herhangi bir şeyi kabul ettirmesinin ne kadar zor olduğunu bilmesi gerek.

Başarı ve özgürlük

Dağ sporu yapan arkadaşlarım sık sık dağa çıkarlardı. Her tırmanış sonrası döndüklerinde yüzlerinde zafer kazanmanın mutluluğu okunurdu. Onlara imrenirdim. Çok güzel olmalıydı. Bir gün aralarından biri tırmanış esnasında ayağı kaymış ve ölmüştü. Çok hüzünlü bir olaydı, hepimiz üzüldük. Aradan çok uzun bir zaman geçmedi ki arkadaşlarımın birkaç ay sonra yine dağa çıkacaklarını öğrendim. Sorduğumda, şimdi daha bir kararlılıkla tırmanacaklarını söyledi. Bu onları kamçılamıştı sanki ama daha dikkatli olacaklarını söylüyorlardı. Oysa, ben onların bir daha dağa çıkmayacaklarını düşünüyordum.

Bir gün arkadaşıma sordum:

"Ne buluyorsunuz ıssız dağ tepelerinde?"

Güldü ve şöyle devam etti.

"Her dağa tırmanışta bazen karlar, bazen buzlar, bazen de kayalıklar arasından güvenli yol arayışlarımızı, ayaklarımızı sağlam yere basma çabalarımızdaki duygularımızı, tepeye yaklaşma heyecanı ve tepeye ulaştığım andaki duygularımı bir gün benimle dağa gelirsen orada anlatırım," dedi.

Arkadaşımın bu sözlerinden etkilenmiştim ve bir gün dağa çıkmaya karar verdim. Bunun için bir hayli hazırlık yapmak gerekiyormuş. Belirli yüksekliklerde mola vermek, herkesin birbirine belinden iple bağlanması, sırtta bir çanta, bazen tansiyon ölçmek de cabası. Bir hayli maceralı ve heyecanlı bir tırmanışın sonunda tepeye çıktık. Önce tepeden aşağıya baktım; bir daha asla yaşayamayacağım çok farklı bir duygu hissettim. Dağın eteklerinde bana tuhaf duygular yaşatan gizemli bir sis bulutu vardı. Yanaklarımı yalayan soğuk rüzgâr hiç duymadığım bir şarkı söylüyordu. Gizemli bir özgürlük duygusu kapladı içimi. Arkadaşım yanıma geldi, ağzından buhar çıkıyordu. Gözlerime baktı, duygularımı anlamıştı;

"Issız dağ tepelerinde ne bulduğumuzu sormuştun, anlatmamı ister misin?" dedi.

Yanaklarımda kupkuru soğuk bir rüzgâr dolaşıyordu. Başımı sallayarak,

"Hayır, artık gerek yok," dedim.

İstanbul Fatih'teki Erzurum Öğrenci Yurdu'nda kaldığım yıllarda çok değişik fakültelere giden arkadaşlarım vardı. Bunların içinde en ünlüleri Eczacılık Fakültesi öğrencileriydi. Eczacılık fakültesinin öğrenim süresi dört yıl olmasına rağmen beş, altı hatta sekiz yıldır mezun olamayan arkadaşlarım vardı. Onların ünü işte buradan geliyordu. Sekiz yıldır mezun olamayan arkadaşıma biraz da şakayla karışık sordum:

"Nedir bu böyle, ne zaman mezun olacaksın?" Gülerek Anibal'ın bir sözünü söyledi:

"Ya bir yol bulacağız, ya da bir yol bulacağız," dedi.

Eczacılık Fakültesi'ndeki sekizinci yılında olan arkadaşım o yıl sonunda mezun oldu ve Erzurum'da eczane açtı. Geçen yıl, arkadaşımın o şehrin en çok vergi verenlerinden biri olduğunu öğrendim, çok sevindim.

Başarıyı yakalamak için kararlı olmak gerekiyordu. Sonunda kararlılığıyla başarmıştı. Geçmişteki başarısızlıkların onun için çok büyük bir deneyim olduğu belliydi.

KALİTE

Kalite, toplumları kalkındıran, başarıya götüren, uygarlığa ulaşmasını sağlayan felsefe olmakla birlikte, kurallar topluluğudur.

Kalitenin sınırları yoktur; kalite mükemmeli arar.

Kaliteyi aramaya kalkmayın, çünkü uzaklarda değil çok yakınımızdadır. Onu önce kendinizde aramalısınız, çünkü kalite sizdedir. Kalite istiyorsanız önce kendinizden başlamalısınız.

Kalite günümüz toplumlarının özlemidir, beklentisidir. Kaliteyi ararız ama kendimizin kalite düzeyine hiç bakmayız. Kalite denince önce insan faktörü ön plana çıkar. Kaliteyi yakalayan, yaşayan ve yaşatan insandır. İnsan varsa kalite vardır.

Kaliteyi bir bütün olarak düşleriz. Bu elbette ki doğrudur; ancak, kalite bütünlüğünü oluşturan birimler topluluğudur.

Kalite istiyorsanız önce kendinizden başlayın. Başlangıç yeri ise tuvalettir.

Kalite

- Kişisel kalite,
- Eğitimde kalite,
- Çalışmada kalite,

- Üründe kalite,
- Hizmette kalite,
- Teknolojide kalite,
- Sosyal kalite,
- Politik kalite,
- Düşüncede kalite,
- Yönetimde kalite.

Kalite eğitimle başlar.

Eğitim genel bir kavramdır.

Eğitimin içinde yaşam, insan, okul, iş yaşamı, toplumsal yaşam, acımasız mücadele ve başarmak vardır.

Eğitim insanın yaşama şekli olduğu gibi, toplumsal davranışlar, insan ilişkileri, iletişim, sosyokültürel faaliyetler ve düşünce dünyasını içinde taşır.

Bu nedenle, kalite oluşturan toplumdaki eğitim düzeyinden ilk sorumlu kişiler, anne baba yani aile bireyleridir. İnsanların düşlerinde topluma yararlı, sağlıklı, eğitimli insanlar yetiştirmek yatmasına rağmen, başarı oranı çok yüksek değildir. Topluma yararlı, sağlıklı ve eğitimli insanlar yetiştirebilmek için önce aile bireylerinin eğitimde kalite bilincinde olmaları gerekir.

Kalite, kalite bilincinin oluşmasını sağlayan eğitimle kazanılır.

Okul eğitimi, aile eğitimi sonrası devam eden eğitimdir. Aile ve okul eğitiminde şekil alan kişilik gelişimi, beceri, yetenek, yaratıcılık, çözüm, hedef, yaşama bakış, kültür, yaşamdan keyif almak, iletişim, sosyal yaşam, zamanlama, pratik zeka, duygusal zeka, yaratıcılık, sanat, analitik düşünce ve daha bir çok şeyin kazanılmasıyla devam eder. Bunların hepsi birden kazanılır mı? Evet, çünkü kalite için gereklidir. Öğrenim ve gelişim ise yaşam sürdükçe devam eder.

Herkes biraz geriye gitsin. İlkokuldan başlamak üzere öğretmenlerini şöyle bir zihninden geçirsin. Öğretmenlerinden her birinin kendinde bıraktığı izleri hatırlasın. İki tür etki bırakanlar olduğunu görüyoruz: Sevdiklerimiz ve sevmediklerimiz. Ancak, her ikisinden de öğrendiğimiz birçok şey var.

Tüm öğrencilik yaşamımızda bir ya da iki kişi vardır ki onları bir başka hatırlarız. Onların kim olduklarını çok iyi hatırlarsınız, çünkü onları hiç unutmayız. Onlar bize bir şeyler öğretenlerdir. Sesinin tonundaki yumuşaklık nasıl konuşmamız gerektiğini öğretmiştir. Davranışlarındaki incelik nezaketi öğretmiştir. "Sen böyle olamazsın, daha başarılı olman gerek." diyen o gizemli gözler bize neden başarılı olmamız gerektiğini öğretmiştir. Düşünce gücünü kullanmayı, yeteneğin ne demek olduğunu, saygınlığı, iletişimi, beden dilini, başarının yaşamın en güzel yanı olduğunu hep onlardan öğrendik. Bu öğretmenler maalesef bir ya da iki taneyi geçmedi. Mutlaka sizde de bir iki taneyi geçmemiştir. Keşke daha çok olsalardı, kim bilir daha neler öğrenirdik.

Müzik öğretmeni

Orta öğrenimde okulun ilk günleriydi. İlk müzik dersine yeni bir öğretmen geldi. Yaklaşık 1.80 cm. boyunda yakışıklı biriydi. Adı Şükrü'ydü ve mükemmel bir kişiliğe sahipti. Her öğretmenin bir takma adı oldurdu, ona da "iki seksen" adı takılmıştı. Derslerde bazen gitar, bazen saz, bazen mandolin çalardı. Müzik yeteneği olmayanlara kızmazdı. Bir gün unutamadığım bir şey söyledi:

"Hepiniz ayrı bir dehasınız. Kiminiz müzik, kiminiz, edebiyat, kiminiz teknoloji alanında kim bilir neler başaracaksınız; ancak önce kaliteli insan olmanız gerek." Bu sözler beni öyle etkiledi ki, mutlaka yaratıcı bir şeyler yapmam gerektiğini düşündürdü. Ben de yaratıcı olmalıydım, kaliteyi yakalamalıydım.

Çalışmanın başlıca amacı başarmaktır, kazanmaktır. Başarıda en önemli kural, çalışmada kalitedir. Kişisel kaliteye sahip kurumsal yapı içindeki sistemi eksiksiz kalite yönetim çerçevesinde uygularsanız çalışmada kaliteyi yakalamış olursunuz. Kalite insana saygınlık kazandırır. Kişisel kaliteye sahip insan kaliteli iş üretir, çalışmalarıyla en iyileri sunar. Konuşma ve beden dilinden iletişim ve insan ilişkilerine, sistemi uygulamadan otokontrole, gelişimden yaratıcılığa kadar her şeyin bilincindedir ve tüm zorlukların üstesinden gelecek kalitededir.

Üretimde kalitenin sağlanması için her gün değişen isteklerin dikkate alınması ve müşteri memnuniyetinin sağlanması gerekir. Ürünün piyasaya sunulmadan önce, kalite kontrol departmanından geçerek kalite vasfını kanıtlamalıdır.

Kalitenin bütün yönlerini kullanabilirsiniz. Bu elbette-ki önemlidir. Gönüllerde taht kurabilirsiniz, unutulmaz bir marka olabilirsiniz; ama ancak ürün kalitesi çabalarınızı doğrular.

Hizmette kalite, ürün kalitesi kadar önemlidir. Bir ürünün sunuluşu çok önemlidir. Bir ürünün sunuluşu sevgiliye verilen çiçek gibi olmalıdır. Ürün kalitesi ile ambalaj şeklindeki kalite toplam kaliteyi tamamlar. Siparişlerin eksiksiz ve zamanında karşılanması, müşterinin bilgilendirilmesi, "Müşteri her zaman haklıdır" kuralının bilincinde olunması, hizmetin müşterinin ayağına götürülmesi, insana değer verildiği imajının ön planda tutulması, hizmet verirken mutlu tablolar sergilenmesi, hizmeti sunarken işten keyif aldığı görüntüsü sergilenmesi, özel günlerde hatırlamak, şikayetleri memnuniyetle karşılamak ve çözmek hizmette kalitenin temel kurallarıdır.

İnsandaki düşünce gücü, kalite bilinci ve pozitif enerjinin emeğe dönüşmesi hizmette kalite bilincini yakalar.

Kalite olgusu, iş dünyasında rakiplerin aralarında üstünlük yaratma çabaları ve üstünlüğü kanıtlamak için en üst değer yargılarının oluşturulmasıdır. Üst seviyedeki değer yargıları teknolojide kalitenin oluşturulmasını sağlar. Kalite ve teknolojik üstünlük birbirini tamamlar.

Teknoloji kalite, kalite teknoloji demektir.

Üstün beceri ve yaratıcılık yeteneğiyle neyin nasıl yapılması gerektiği konusundaki düşünce, kalitenin başlangıcıdır.

Kalitenin temeli, önce kişisel kalite ile başlar.

PLAN

Sabah işe geldiğinizde önce ne yaparsınız?

Hafızanızı şöyle bir yoklayın ve sabah işe geldiğinizde önce ne yaptığınızı bir kâğıda not edin, sonra karşılaştırma yapın.

Plan konulu eğitimlerde öncelikle bu soru ile başlıyorum. Oldukça işe yarıyor. Amacım insanlara plan bilincini aşılamak çünkü plansız yapılan işlerde başarılı olmak zordur.

Soru karşısında doğru cevabı verme düşüncesi, eğitim süresinin çok başarılı geçmesini sağlıyor. Doğru cevap ve detaylar konusundaki sorular, yine düşündürücü olduğu için dinleyenlerin sürekli dinamik kalmalarına neden oluyor.

Yaptığım eğitimlerde sabah işe geldiğinizde önce ne yaparsınız sorusuna verilen yanıtlar

- Çay kahve içerim.
- Kahvaltı yaparım.
- Bilgisayarı açarım.
- Gazetelere şöyle bir bakarım.
- Arkadaşlarıma günaydın derim.
- Plan yaparım.

- Program yaparım.
- Bir sigara yakarım.
- Takvime bakarım,
- Randevu defterime bakarım,
- Mail'lere bakarım.

"Sabah işe geldiğinizde ne yaparsınız? Sorusuna verdiğiniz yanıtı ya da yanıtları yukarıdaki yanıtlarla karşılaştırın."

Karşılaştırmalar interaktif şekilde devam etti.

Her insan işe gittiğinde farklı şeyler yapar bu doğrudur ancak bir tanesi var ki çok önemlidir ve mutlaka yapılmalıdır.

Sabah işe geldiğinizde önce; Plan yapmalısınız.

Yaşamdaki her şeyin ilahi güç tarafından planlandığını fark etmiş olmalısınız

Siz de kendinizi planlayın.

Evet, sabah işe geldiğinizde önce plan yapmalısınız. Eğer yapmıyorsanız, hemen bu günden itibaren başlayın ve bundan sonra işe geldiğinizde önce plan yapın daha verimli olursunuz.

Plan, yapılacaklar üzerinde çalışılmalı ve yazılı yapılmalıdır.

Plan yapma konusunda iyi olduğumuzu söylemek zor. Yapılan araştırmalarda, plan yapma bilincinin kolay oturmadığını, yapanların ise uygulamada gereken hassasiyeti göstermedikleri tespit edilmiş. Plan yapmış olmak için yapılan planın uygulama zorlukları ve birçok sorunlar yarattığı bilinmektedir.

Çalışmada kaliteyi yakalamak istiyorsanız planlı çalışmak zorundasınız.

Her şeyde olduğu gibi, yaşamın ve iş yaşamının en önemli bölümü satıştır.

Yaşayan herkes her gün bir şeyler alır ve satar. Ürün, hizmet, fikir gibi şeyleri satmak satış sanatının planlı uygulanışı ile mümkündür. Başarılı olmak için planlı çalışmak şarttır.

İlkokul yıllarında defterlerin en arka sayfasında haftalık ders programları vardı. O sayfayı görmek bile hoşuma giderdi. Plan ile tanıştığım o yıllarda plan yaptığım pek söylenemezdi ama plan yapma gerekliliğini hissetmek güzeldi.

Plan yapmanın en önemli özelliği plan öncesi (Pre plan) akılcı düşünmeye konsantre olmaktır çünkü insan plan yapacağı zaman daha geniş kapsamlı düşünerek işini doğrular üzerine inşa etmek ister, bir sistem oluşturur ve uygulama konusunda akılcı bir tablo oluşturur, ardından yaptığı tabloyu takip eder.

NEDEN PLAN?

- Plan, işin önemine göre öncelik sıralamasıdır.
- Plan, yapacaklarınız konusunda kendinizi programlamanızdır.
- Plan, zamanın efektif kullanılmasıdır.
- Plan, kendinizi disipline etmenizdir.
- Plan zamanı değerlendirmektir.
- Plan, konu / konulara hâkim olmaktır.
- Plan, uyarıcıdır.
- Plan, yapılması gerekenlere zamanından önce odaklanmaktır.
- Plan, insanın kendisine yaptırım uygulamasıdır.
- Plan neyin, nerede, nasıl ve ne zaman yapılması gerektiğinin bilincinde olmaktır.

İşin önemi, akışı ve işleyişinde olmazsa olmaz kurallar arasında yer alan plan, başarının ilk basamaklarından biridir.

Bir oluşumda, oluşumun aksaksız devamında ve başarısında plan / planlama vardır.

İnsanların genelde yazılı plan yapmadıkları, hafızalarına güvendikleri tespit edilmiştir. Yapılacakları hafızaya güvenerek planlama, diye bir plandan söz edilemez. Çünkü plan yazılı yapılır ve üzerinde çalışılarak yapılması halinde plan değeri taşır. Günümüz koşulları içinde, ne kadar meşgul olduğumuz düşünüldüğünde planın yazılı yapılmasının gerekliliği anlaşılır.

Eğer o gün neler yapılması gerektiğinin yazılı planını yapmadıysanız günün verimli geçmesini sağlayamazsınız, hafızanızdaki planın uygulanışında hatalar ve aksaklıklar ihtimali kaçınılmazdır. Hafızadaki planın efektif uygulanması çok zordur. Günlük olaylar, sizi etkileyebilecek bir takım nedenler, trafik, "Nereden başlasam?", "Acaba, şunu sonraya mı bıraksam?" gibi düşünceler sonucunda hiçbir yerden başlanamadığı gibi, başlandığında da istenen verimliliğin sağlanamadığı geçmişteki örneklerle saptanmıştır.

Plan yapma kriterleri nelerdir

1. Değer,

2. Zaman,

3. Etkili zaman,

4. Satış.

Şimdi bu dört kriterin ayrıntılarına bir bakalım.

1. Değer:

Önemli işler öncelik taşır ve ilk sırada olmalıdırlar. İşin potansiyeli, parasal getirisi ve uzun vadeli yatırımlar planda dikkate alınmalıdır

2. Zaman:

Günümüz çalışanlarının en büyük düşmanının zaman kaybı olduğu düşünülürse, zamanı efektif kullanmanın önemi anlaşılır.

Yapılması gereken iş en uygun ve en kısa zamanda bitirilmelidir.

3. Etkili zaman:

İnsanların etkili ve verimli oldukları zamanlar vardır. Bazı insanlar sabahları çok etkilidirler. Sabahları daha zinde, pozitif enerji dolu ve daha verimlidirler. Bu insanlar önemli işlerini sabahtan öğlene kadar olan zamanda planlarına almalıdırlar.

Bazı insanlar ise öğlene kadar kendilerine gelemezler. Kendilerine gelmek için çay, kahve içerler. Bu tür insanlar ise önemli işlerini öğleden sonraki planlarına almalıdırlar.

Bu etkili olduğunuz zaman dışında çalışmamak anlamına gelmez. Burada anlatmaya çalıştığım, etkili olduğunuz zaman özellikle satış görüşmelerinin, işin ana hedefi olan satışa dönüşecek çalışmaların yapılmasıdır. Diğer zamanlarınızı ofis işleri ya da benzeri işlere ayırmalısınız.

4. Satış:

Şirketlerin temel amacı satıştır. Yapılacak çalışmalarda ana hedef satış olmalıdır. Satışa dönüşmeyen çalışma, çalışma değildir; dolayısıyla satış ön planda olmalıdır.

İnsanların yapılarına göre, daha etkili oldukları bir zaman süreci vardır.

Etkili olduğunuz zamanı belirleyin!

Yedi tür plan vardır

1. Pre plan,
2. Günlük plan,
3. Haftalık plan,
4. Aylık plan,
5. Üç aylık plan / Quarter plan,
6. Altı aylık plan,
7. Yıllık plan,

Ana hedef, satışın gerçekleşmesi için yapılacak planın yapılmadan önce üzerinde düşünülmesidir.

Finans, pazar payı, pazarlama, satış hedefi, çalışma hedefleri, bölgesel dağılım, pozisyonlandırma, eleman konuşlandırma, çalışma stratejisi, promosyon, reklam, iletişim, üretim, ulaşım, lojistik konularında düşünülerek doğru kararlar sonucu plan yapılmalıdır.

PROBLEM ÇÖZME

Çalışma yaşamımın önemli bir zamanını alan problemler ve çözümleri zamanın efektif kullanılmasını hep engellemiştir. Problem çözüme kavuşmadıkça işyerinizde huzuru bulamazsınız. Problem kafanızda birçok sorulara neden olur. Mutlaka, kısa bir zamanda çözülmesini istersiniz. Önceleri geçici gibi gördüğüm, zamanla bir daha olmayacağını düşündüğüm problemler çalışma yaşamım devam ettikçe hiç eksilmedi ve şunu öğrendim: Hayat sürdükçe problemler olacaktır; çünkü problem yaşamın içinde vardır ve insan problemleri çözmek zorundadır.

Yaptığım eğitimlerde:

"İş yerinizde problem var mı?" sorusuna, insanlar problem kelimesini kendilerine yakıştıramadıkları için olsa gerek bir türlü "Evet," diyemediklerine şahit oldum. İnsanlar, problemin sorumlusu olarak kendilerinin düşünüleceğini zannederek problemi kabul etmemektedirler. Oysa problem her şeye rağmen vardır; olması gerekir ve çözülmesi gerektiğinin bilincinde olunmalıdır.

Problem yoksa işte o zaman problem var demektir.

İnsanların "Problem var mı?" sorusuna verdikleri yanıtlar, gerçeği yansıtmadığını bile bile "Hayır yok," oldu.

Bir iş yerinde problem yoksa; işte o zaman problem var demektir. Öncelikle bunun bilinmesi gerek. İnsanlar farklı görüşlere sahip yaratıklardır. Bu bile bir problemdir. Farklı görüşler sonucu problem olabileceği gibi, mükemmel fikirler de doğabilir. Ortak kararlarda sinerji yaratılabilir. Zaman zaman çeşitli nedenlerle kişisel sürtüşmeler, ardından departman savaşları olabilir; hele egosu baskın kişilerin bulunduğu ortamlarda problemler daha çoktur. Bu bilinçle önce problemi kabul edip çözüm bulunmalıdır. Problemin mutlaka en çabuk şekliyle çözülmesi gerekir. Çünkü problem virüs gibidir; çözmezseniz çoğalır ve çok büyük zararlar verir. Sonuçta, zarar gören insanlar ve şirketlerdir. Problemi kabul etmeyen insanlar, kendilerini geliştirememiş insanlardır.

Başarılı olmak problemlerin üstesinden gelmektir. Başarıya giden yolda o kadar çok problem vardır ki, bu yüzden başarının adı başarıdır. Problemleri çözerek gelinen nokta başarıdır.

Bir matematik problemini çözmek matematik bir başarı olduğu kadar gereksinimdir de. Problem çözmek, insanın istediğini elde etmek için yaptığı en doğal davranıştır.

Yaşamak için başarmak, başarmak için problemlerin üstesinden gelmek gerek.

Problem varsa çözümü de vardır

İnsanın doğuştan başlayan yaşam serüveni problemlerle başlar.

Beslenme problemleri, sağlık problemleri, eğitim problemleri, iş problemleri ile devam eder. Sınavda başarılı olmak, askerlik, iş bulmak, iyi bir ekonomik ortam oluşturmak, uygun bir eş seçmek, çocuk sahibi olmak, onu eğitmek, ve ona güzel bir gelecek hazırlamak vs. Yaşam boyunca insanlarla mücadele etmek yaşamın gerekliliğidir. Bunların hepsi problemdir ve biz bunları başarmak zorundayız.

Problem çözmek içgüdüsel bir davranıştır. Problem virüs gibidir, anında çözmeniz gerek. Bekletirseniz çoğalır ve sizi yok eder.

Elinize bir kâğıt kalem alın ve yakın zamanda yaşadığınız bir probleminizi aşağıdaki sıraya göre değerlendirin.

1. Problem nedir?
2. Nereden kaynaklanıyor?
3. Nedenleri nelerdir?
4. Problem kişisel mi? (Kişisel ise kişisel yaklaşın)
5. Problem genel mi? (Genel ise, genel olarak ele alın)
6. Çözüm alternatiflerini sıralayın,
7. En uygun çözüm alternatifini seçin,
8. Çözümü için hazırlık yapın,
9. Uygulayın,
10. Çözümü uygun mu? Değilse tekrar başa dönün.

Belirlediğiniz problemin nedenlerini azami on dakikada bulduysanız çözümünü de bulursunuz; eğer bulamadıysanız o zaman sizde problem var demektir.

Şimdi bir problem ele alalım ve onu çözmeye çalışalım.

Bir problemi çözmek için öncelikle kendinize zaman ayırın. Problemi tekrar tekrar gözden geçirin. Her gözden geçirişinizde problemin biraz daha anlaşılır olduğunu göreceksiniz. Anlaşılır problemi çözmek daha kolaydır; hatta belli bir zaman sonra problemin problemlikten çıktığını, yapılması gereken sıradan bir iş olduğunu göreceksiniz. Çünkü problem yapılması gerekenin yapılmaması ya da yanlış yapılmasından doğar. O zaman problemde insan faktörünün önemi ortaya çıkıyor. İnsan faktöründen kaynaklanan problemlerin çözümü ise yine insan faktöründe yatar. Dolayısıyla insanlar problemi önce kendilerinde aramalıdırlar. Bunu kabul etmek hem çözümü kolaylaştırır hem de problem sıklığını azaltır.

Kısacası problem nedenini siz olabileceğinizi düşünürseniz daha kolay çözersiniz.

ŞİKAYETLERİN KARŞILANMASI

Şikâyetler size sunulan bir armağandır; şikayetleri bir hediye paketi gibi karşılamalısınız. Şikayet konusu sizin bir eksikliğiniz ya da bir hatanız olabilir. Eksiklerinizi görmeniz için bu fırsatı iyi değerlendirmelisiniz.

Şikayete gelen kişinin mutlaka bir sorunu vardır ve o kişi kaybedilmek üzeredir. Onu tekrar kazanmak için şikayet konusuna bir çözüm bulmanız gerekir. Eğer dinler ve çözüm bulursanız kaybedilmişi tekrar kazanırsınız. Yoksa zaten kaybedilmiştir.

İnsanları herhangi bir konuda kendilerine şikayetle gelindiğinde genelde aynı şekilde tepki gösterirler. Hatta bazıları daha baskın çıkarak şikayete geleni geldiğine pişman ederler. Şikayete gelenin mutlaka bir sorunu vardır, aldığı ürün beklentilerini karşılayamamış olabilir ve daha başka bir çok şey şikayet nedeni olabilir. Böyle bir durum karşısında önce hoşgörülü bir şekilde yaklaşmak gerekir.

Şikayete gelen kadar siz de aynı tepkiyi gösterirseniz potansiyel bir müşteriyi tamamen kaybedersiniz.

Asıl önemlisi, müşteri, şikayetlerinde haklı ise sizden ya da üründen kaynaklanan bir hata varsa bunu görmeniz ve çok iyi değerlendirmeniz gerekir. Piyasaya müşterinin istekleri doğrultusunda ürünler sunmak ürünün kalitesini ve kullanılabilirliğini artırır.

Kalite, müşteri memnuniyeti ile onaylanır; bunu unutmayın.

ZAMANLAMA / TİMİNG

Yıllar önce 1940'lı yıllara ait bir film izlemiştim. Film bir öğretmenin yaşamını anlatıyordu. Filmde, her sabah o yılların nostaljik sokaklarından yürüyerek okula giden öğretmenin dakikliği öylesine dikkat çekiyordu ki sokaktaki dükkan sahipleri saatlerini hiç tereddüt etmeden öğretmenin geçişine göre ayarlıyorlardı. Bir gün öğretmen sabah kalktığında saatinin durmuş olduğunu görür. Alelacele tıraş olur giyinir ve okula gitmek üzere sokağa çıkar. Saati merak eder ve öğrenmek için geçtiği sokaktaki bir mağaza sahibine sorar. Öğretmenin saati sorduğunu gören mağaza sahibi şaşırır ve saatine bakar saat 08.20'dir; ancak, öğretmenin her sabah geçtiği saat 08.13'tür. Mağaza sahibi saat 08.20 olmasına rağmen yanlış olmalı diye düşünür ve her sabah öğretmenin geçtiği saati söyler: "Saat, 08.13" der.

Yıllar önce izlediğim bu film beni çok etkilemişti.

İnsan hayatı belirli bir zaman süreci ile sınırlıdır. Yaşadığınız sürece geçen her saniye, her saat size ayrılan zamandan alınan bir parçadır.

Ancak, insan zaman hiç bitmeyecekmiş gibi hayatını sürdürür.

Günümüzde zamanın tanımlanması değişmiştir. Zamana önemli bir değer olarak bakılmaktadır. İlk çağla başlayan zaman, o kadar hızlı ilerlemektedir ki; artık ışık hızından bahsedilmektedir. Gelişim içinde, zaman çok önemli bir yere sahiptir. Her şeyden önce insanlığın gelişimi için bir süreçtir. Acıları dindiren, hüzünleri unutturan, insanı uygarlaştıran zamandır. Çağımızdaki gelişim içerisinde, zamanı ışık hızına göre ayarlamayanlar uygarlık adına çok gerilerde kalacaklardır.

Çok uluslu şirketlerde zaman yönetimi konusundaki eğitimler her geçen gün artmaktadır. Zamanın ne kadar önemli olduğu ise kayıplar olduğunda fark edilir. O zaman da iş işten geçmiş olur. Çünkü zaman kaybedilmemesi gereken çok önemli değerdir.

Çalışma alanında fark edilmeyen bazı kayıplar vardır. Amaç daha verimli çalışmaktır. Her şeye rağmen bunu sağlamak kolay değil. Çalışma alanındaki kayıpların başında zaman kaybı gelir. Yapılan tespitlerde iş ortamlarındaki zaman kaybının çalışma sektörüne göre % 25 ile % 35 gibi çok ciddi rakamlara ulaştığı anlaşılmıştır. Yine, yapılan araştırmalarda, çok ciddi düzeyde olan bu kaybın nedeninin sorumluluk bilinci, iş tarifi, denetim ve koçluk/coching ve zaman yönetimi konusunda eğitim eksikliği olduğu saptanmış.

Ortalama % 30 olan zaman kaybının direk iş kaybına neden olduğu düşünüldüğünde, kaybın boyutlarının ne kadar ciddi olduğunu görüyoruz. Zaman yönetimi konusunda alınan eğitimler başarılı sonuçlar vermektedir. Hele şirket dışında sahrada çalışanlar için zaman yönetimi disiplininin oluşması için eğitim şarttır.

Zaman yönetimi konusunda yapılan çalışmalarda insanların çalışma zamanlarını efektif kullanmaları için gerekli olan yönlendirme, motivasyon ve zaman yönetimi eğitimi gibi desteklerle verimliliklerini iki katına çıkardıkları bilinmektedir.

Zaman yönetiminde insanın çalışmasını efektif kılan yöntem, aslında çok açık ve nettir. Bunun adı sistemdir; ancak, sisteme işlerlik kazandıran insandır. İnsanın zamanını efektif kullanıp kullanmama konusunda eğitim ve yönlendirme ile birlikte denetimin esas olduğu unutulmamalıdır.

Denetim değerlendirmesi:

1. Hedef tespiti doğru mu?
2. Plan, uygulanıyor mu?
3. Zamanlama efektif mi?
4. Performans düzeyi yüksek mi?
5. Satışlar nasıl?

Denetim değerlendirmesinde sonuç satıştır. İlk dört kuralın başarısı satış olarak sonuçlanmalıdır. Satış başarısızlığı ilk dört kuralın başarılı yapılmadığı anlamını doğurur. Denetim değerlendirmesi aşamalı olarak ilk dört kuralı kapsar ancak sonuçta yine asıl değerlendirme satıştır.

Zamanlama erken satış getirir.

Zaman şimdidir. Şimdiki zaman zamandır. Şimdiki zamanı değerlendirmek geleceğe yönelik plan yapmakla mümkündür. Yaşadığınız şu anı değerlendirmeli, zamanın başlangıcı olan hemen şimdi geleceğe yönelik plan yapmalısınız.

Yaşamda her şeyi alabilir her şeye sahip olabilirsiniz; ama, geride bıraktığınız zaman sizin için kaybedilmiştir. Onu bir daha asla geriye getiremezsiniz. Önemli olan onu nasıl değerlendirdiğinizdir.

Bir gün, dönüp şöyle bir geriye baktığınızda kaybedilmiş zamana hayıflanır, içerlersiniz. Yaptığınız iyi şeylere sevinirsiniz. Yaptığınız iyi şeyler sizi yaşama bağlayan, yaşamdan keyif almanızı sağlayan anılardır. Onları hatırladıkça gözlerinizin içi güler; ama, yapamadıklarınız daha çoktur. Neden yapamadım? Neden zaman boşuna harcadım, diye için için üzülürsünüz. Bir mucize sonucu on yıl, yirmi yıl geriye gitmeyi kim bilir kaç kez düşünmüşüzdür. Oysa önünüzde o kadar çok zamanınız var ki, geç kalmış sayılmazsınız. Zamanı siz yönetin ve şimdi hemen şimdiki zamanı değerlendirme planları yapın.

Çalışma yaşamında zaman kaybına neden olanlar:

1. Planlama hataları
2. Sistem hatası
3. Sistemi uygulayamamak
4. Eğitim eksikliği
5. Bireysel zaaflar
6. Kişisel /kurumsal savaşlar
7. Motivasyon
8. Oto kontrol
9. Denetim
10. Koçluk/Cpaching

Yaşam, bir zaman süreci ile sınırlıdır ve size her konuda ayrılan bir süre vardır ve bu süreyi iyi kullanmak zorundasınız. Size ayrılan zaman sürecini boşa harcayamazsınız. Bir konuda harcadığınız zaman bir başka konuda ayrılan zamandan alınan süreçtir. Hiç kimse size gereğinden fazla zaman ayırmaz. İnsan hem başkalarının zamanına hem de kendi zamanına özen göstermelidir. Herkes zamanının yöneticisi olmak zorundadır. Bir görüşmede gereğinden fazla zaman harcamaya kalkarsanız başkalarının tepkileri ile karşılaşacağınız gibi, görüşme konusunda da başarısız olursunuz.

Önemli bir görüşmede zaman nasıl efektif kullanılır?

1. Mutlaka planlı olmalı.
2. En uygun zamanınızı ayırmalısınız.
3. En efektif zamanınızı ayırmalısınız.
4. Neler konuşmanız gerektiği hakkında mutlaka ön hazırlık yapmalısınız.
5. Görüşmeye öncesi bilgi ve materyal açısından hazırlıklı olmalısınız.
6. Trafik gibi zaman kaybına neden olabilecek problemlere hazırlıklı olmalısınız.
7. Randevu almalısınız.
8. Randevusuz görüşmelerin planladığınız saatte yapılacağından % 100 emin olmalısınız.
9. Görüşeceğiniz kişinin size zaman ayıracağından emin olmalısınız.
10. Her görüşmenin bir zaman süreci olduğunu unutmamalısınız.
11. Görüşmeyi mutlaka başarı ile tamamlamalısınız.
12. Zamanlama denetimi yapmalısınız.

Günümüzün sosyal yapısı nedeniyle zamanın sınırlanması ve kontrol altında tutulması zordur; ancak, bu zoru başarmalısınız.

Zamanın sınırlarını siz çizin ve kontrol altına alın.

Kim ve ne için ne kadar zaman ayıracağınızı çok net bir şekilde belirlemeniz gerekir ve belirlediğiniz zamanda işinizi başarılı bir şekilde bitirmelisiniz.

Zamanı iyi yönetmek, çalışma yaşamının çok önemli kurallarından biridir; mutlaka iyi kullanılmalıdır. Çünkü çalışma yaşamının en büyük düşmanı zamandır.

Zaman zaman düşünmüşümdür, "Beş N" kuralı neden bu kadar önemlidir, yani:

- Ne?
- Niçin?
- Nerede?
- Nasıl?
- Ne zaman yapılmalıdır.

Çalışma yaşamımda başarılı olmak için neler yapmak zorunda olduğumu, günün hangi saatlerinde daha efektif çalıştığımı, hangi saatlerde daha verimli ve başarılı olduğumu zaman zaman düşünmüşümdür.

Efektif zaman

Günün belirli saatlerinde daha etkili, daha verimli, daha başarılı olduğumu fark ettim. Bu sabah saatlerinde, saat 08.00 ile 12.00 arasıydı. Bu arada, genel olarak diğer insanların da sabahtan öğlene kadar olan süreçte daha dinamik daha aktif oldukları dikkatimi çekti. Günün bu saatlerinde yapılan çalışmaların daha etkili ve kalıcı olduklarını gördüm; nedenlerini araştırdım. Büyük bir çoğunluğun sabahları yeniliklere ve beklentilere daha açık olduklarını gördüm. Yine, insanların sabah saatlerindeki yaşam görüşlerinin ve beklentilerinin daha pozitif olduğunu fark ettim. Bu saatlerdeki insanların insan ilişkilerine daha istekli oldukları, bu saatlerde yapılacak her şeyin daha çok kabul görerek etkilemek adına daha kalıcı olunduğunun farkına vardım. Öğleden sonraya göre, bakışlarda canlılık, dudaklarda tebessüm, dostluk arayışlarında ise daha istekli olunduğunu hissettim.

Bence, çalışma yaşamının en efektif zamanı sabahtan öğlene kadardır.

Bir de sabahları bir türlü kendine gelemeyenler vardır. Sabahları geç kalkıp işe geç gelen, kendine gelmek için çay ya da kahveden medet umanlar vardır. Bunlardan söz etmek istemiyorum. Çünkü bu tür insanların yaptıkları her iş ya yarım kalır ya da tamamlanmaz.

Her şey, yaşamdan keyif almaktan geçiyor. Yıllardır işe gitmek üzere evden çıkar çıkmaz şöyle bir etrafa bakar tuhaf bir keyif alırım. İçimden şarkı söylemek gelir; oysa, ekonomik şartlar başta olmak üzere bir sürü sorunlar vardır. Bir bankada ilk işe başladığımda otomobilim yoktu, işe banliyö treni ile giderdim. Her sabah tren tıklım tıklım olurdu, akşam dönüşlerinde de yine aynı kalabalık. Ancak, trendeki o kalabalık bile hoşuma giderdi. Bütün zor şartlara rağmen hayattan keyif alacak bir şeyler bulurdum. Trenin penceresinden dışarı bakardım. Yanından geçtiğimiz evler ve yollar beni çok etkilerdi. Her evde mutlu insanlar düşlerdim. Balkonlardaki çamaşırlara, pencerelerdeki tül perdelere bakar, keyif alırdım. Bir ip gibi uzayan yollar... Nice insanın bu yollardan geçişini, yolların yapımında çalışan insanların zorluklarını, mutluluklarını düşlerdim. Trendeki insanların yüzlerine bakar, zaman zaman cazip, zaman zaman gizemli bir şeyler hissederdim. İşe geldiğimde davranışlarımla mesai arkadaşlarıma pozitif enerji verirdim. Öğle yemeğine çıkmak çok büyük bir keyif olurdu, herkes birbirine yeni giysilerini göstermek için yarışırdı. Hele yaz günleri Karaköy'deki bankanın terasından boğazı seyrederek yemek yerdik.

İŞLETMELERDEKİ KİŞİSEL SÜRTÜŞMELER VE DEPARTMAN SAVAŞLARI

Aynı iş ortamlarını paylaşan insanlar karşılarındakini kendilerine rakip olarak görürler. Bu nedenle, çalışma ortamlarında her zaman gizli bir rekabet vardır ve zaman zaman rekabetten kaynaklanan agresif davranışlar hissedilir. Çalışanların, işlerin başarısı için çaba sarf etmeleri gerekirken, birbirlerinden daha üstün olduklarını kanıtlama çabaları önce kişisel sürtüşmelere ve ardından departman savaşlarına döner. Departman savaşları içindeki bireyler, sorumluluklarını unutarak kişisel yarış halinde birbirlerini karalama çabasına girerler.

Lider yöneticiler arasında başlayan kişisel sürtüşmeler çok daha büyük boyutlara ulaşarak işyerlerinde ciddi sarsıntılara neden olur.

Kaosa dönüşen departman savaşları konusunda önlem alınmadığı takdirde çalışanlar ve şirketler zarar görür.

Bana göre kurumsal yapısını tamamlamış, büyük ya da küçük ölçekli tüm şirketlerde en büyük tehlike departman savaşlarına neden olan kişisel sürtüşmelerdir.

Çalışanlar, yeteneklerini işlerinin başarısı için kullanmaları gerekirken, başkalarını karalamaları insanları rahatsız eder ve verimliliğin azalmasına neden olurlar.

Yönetici olduktan sonra departman savaşları beni çok şaşırttı. Departman savaşlarının bu kadar yoğun yaşanacağını hiç beklemiyordum. İnsanı bu kadar olumsuz etkileyebileceğini hiç düşünememiştim. Departman savaşlarını bizzat yaşamasaydım inanmazdım. Bu insanlarla asgari müştereklerde bile anlaşmanın zorluğunu maalesef yaşamak zorunda kaldım. Departman savaşlarına neden olan birçok lider yöneticinin birbirlerine "Günaydın" dahi demediklerine gördüm.

Bütün yaşamı insanlarla sürtüşmek olan, her şeyden önce kendini yenemeyen, başkalarının yaptıklarını kıskanarak yeteneklerini kabul etmeyen ve insanları kendine rakip görerek bir takım entrikalarla yıpratmaya çalışan ve bundan zevk alan insanların varlığının şirketlerin en büyük problemi olduğunu fark ettim. Bu davranışlar içindeki lider yöneticilerin lider yöneticilik becerisine sahip olmadıkları apaçık ortadaydı.

Departman savaşlarına hangi düşünce yapısının ve kökeninde kimlerin neden olduğunu araştırdım, çünkü bu saçma savaşın nedenini merak ediyordum. Uzun gözlemlerim sonucunda departman savaşlarının şirket yönetim kurulu başkanı ya da genel müdüründen kaynaklandığı yargısına vardım. Tek lider olan yönetim kurulu başkanı ya da genel müdürünün teşkilata karşı ya ilgisiz kaldığını ya da taraf tuttuğunu gözlemledim. Böyle bir durumda kişisel gelişimini tamamlayamayan zayıf lider yöneticiler genel müdürün ilgisizliği ya da taraf olması sonucu kendilerini olduklarından daha başarılı göstermeye çalışırken diğer çalışanların başarılarını kıskanarak içlerine sindiremeyen lider yöneticilerin şirket içinde bir yıpratma savaşını başlattıklarını gözlemledim. Departman savaşlarının nedeni, tamamen "ben" düşüncesinden kaynaklanıyordu. "Ben" düşüncesindeki departman yöneticileri başkalarının beceri ve yeteneklerini görmezlikten geliyor, başarıları ise kıskanıyorlardı.

Beni en çok şaşırtan, bu insanların lider yöneticiliğe nasıl geldikleri oldu. Çünkü böyle önemli bir konumdaki lider yöneticilerin kişilik gelişimlerini dahi tamamlayamamış olmaları, başarılı insan varlığını içlerine sindirememeleri, çevresindeki kaliteli bireylerin gücü karşısında ezilmenin acısını yönetim yetkilerini kullanarak çıkarmaya çalışmaları çok şaşırtıcıydı.

Tam "İnsan en sonunda layık olduğu yere gelir," sözünün doğru olmadığını düşünürken çok geçmedi, ardında yıkımlar bırakan bu yöneticilerin şirkete zarar verdikleri geç de olsa fark edilerek işlerine son verildi.

Departman savaşları ve kişisel sürtüşmeler nasıl çözümlenmeli:

Liderlik yöneticilik eğitiminde, eğitimcinin eğitimcisi Len WHITEHEAD, "Departman savaşları mutlaka çözümlenmeli ve departmanlar uyum içerisinde çalışmalıdırlar. Aksi halde hedeflere asla ulaşamazsınız, buna hakkınız yoktur," demiş ve şöyle devam etmişti;

"Dünyadaki bütün şirketlerde departman savaşları olabilir. Sizlerin görevi, olası departman savaşlarına neden olmamak, varsa şirket yararları dikkate alınarak bu savaşları çözmektir. Sizler şirkete zarar vermek için değil, yararlı olmak için buradasınız ve bunun için para alıyorsunuz. Görevinizi ve doğruyu yapmak zorunda olduğunuzu asla unutmayın."

Len WHITEHEAD'e göre departman savaşlarının çözümünün uluslararası alandaki adı, banka kredi hesabı yöntemidir ve yöntem şöyle uygulanmalıdır:

İki departman lider yöneticisinin biri erkektir, diğeri bayandır. Aralarında departman savaşlarına dönüşen kişisel sürtüşmeler vardır. Bayan erkeğe soğuk davranır, konuşmaktan kaçınır, toplantılarda gözlerini kaçırır ve göz göze gelmemek için belirgin bir çaba sarf eder. Bu durum diğer departman yöneticilerinin de dikkatinden kaçmaz. Ortada devamlı soğuk bir hava eser, taraflar birlikte alınması gereken kararlarda ortak karar yerine kendi kararlarını uygularlar.

Böyle bir durumda, birinin ortamı yumuşatması ve gerginliği gidermesi gerekir. Böyle bir olayın üstüne üstüne gitmek işi daha da zorlaştırır.

Yapılması gereken:

Erkek sabah işe geldiğinde, bayan yöneticiye duyacağı bir şekilde;

"Günaydın." der. Erkek "Seni gördüm ve sana değer veriyorum," anlamında bir davranış sergilemiştir. Bayan yanıt vermek istemese de yanıt vermek zorunda olduğunu hisseder.

Ertesi gün erkek bayana ismi ile hitap ederek; "Günaydın Ayşe hanım, nasılsınız?" der. Bayan bu ilgiye cevapsız kalamaz. Üçüncü gün erkek;

"Günaydın. çok çalışıyorsunuz. Yardım ister misiniz? Der. dördüncü gün:

"Bu gün sizi çok iyi gördüm. Gömlek çok yakışmış." der.

Yaklaşımlarıyla, "Ben sizinle bir çok şey paylaşabilirim. Niyetim size yardımcı ve destek olmak. Size değer veriyorum. Hiçbir kötü niyetim olamaz." düşüncelerini yansıtan sözlerle ortamı yumuşatıp departman savaşlarına neden olan kişisel sürtüşmeleri ortadan kaldırabilirsiniz.

Diye çözüm önerisinde bulunmuştu. Denemeye değer.

LİDERLİK VE KOÇLUK / COACHING

İşletmelerin altın kurallarının en sonuncusu ancak en önemlisi liderlik ve koçluktur/Coaching.

Liderlik ve koçluk/Coaching o kadar önemlidir ki değil uygulanamaması başarılı yapılamaması bile bütün değerlerin uygulanmaması anlamına gelir.

Liderlik ve koçluk/Coachig konusunda başarılı olmak için işinde deneyimli, kişisel yapısı liderliğe uygun, beceri sahibi, beyninin yaratıcı refleksini hisseden, analitik düşünen beyin yapısına sahip olmak gerekir.

Yoksa liderlik ve koçluktan/Coaching söz etmek doğru değildir.

Liderlik ve güdü

Çocukluğumun geçtiği kasabada sabahları güneş doğarken çıngırak sesleri arasında otlaklara giden koyun sürüleri, akşamları güneş battığında geri dönerken toz bulutuna karışan güneşin kızıl ışıkları, esrarlı bir tabloya dönerdi. Kuzuların meleyişleri, kızıl toz bulutuyla yükselirken sürünün önünde diğerlerine göre biraz daha iri yapılı kocaman boynuzlu bir koç, her zaman tetikte sürüyü gözetleyerek en önde yürürdü. Koçun görkemli görünüşü çok dikkatimi çekerdi. Sürüdeki her koyunun sahibi oydu sanki, sürüyü tek başına o yönetirdi, heybetli görünüşü ve kocaman boynuzlarıyla görkemli bir görüntü sergilerken, bir yandan da sürüyü izlerdi. Sürüyü dere kenarına su içmeye götürdüğünde bile önce sürünün su içmesini bekler sonra kendisi de bir yandan su içerken gözleri sürünün üstünde olurdu. Nasıl bir sahiplenme duygusuydu bu?

Koçun sürü içindeki sorumluluk taşıyan davranışları o kadar ilgimi çekerdi ki onu seyrederken keyif alırdım.

Koçluğun içgüdüsel olduğu kadar gereksinim olduğu doğanın yapısında var. Doğadaki her canlının yönlendirilmeye ihtiyacı vardır, her toplumu yöneten, yönlendiren biriler olduğu gibi. (CHD)

İşletmelerde koçluk

Şirketlerde koçluk, lider yöneticilerin önemli görevlerinden biridir.

Koç, çalışanları yönlendirmeden motivasyona, eğitimden verimli olmaya kadar her aşamada aktive edebilecek deneyim ve beceriye sahip olmalıdır.

Bir liderin koçluk yapabilmesi için işin alt yapısından gelmesi şarttır. Önceleri kuzu olan koçun sürü içinde büyümesi gibi. Lider seçiminde genelde alt yapıdan gelenler tercih edilir. Günümüzde çok uluslu şirketler başta olmak üzere tüm şirketlerde lider yönetici olabilmek için alt yapıdan gelme şartı aranmaktadır.

Her şeyden önce ekibin çalışma yaşamında nelerle karşılaştığını, sorunların neler olduğunu, çalışma şartlarının püf noktalarını, zorlukları, rakipleri, rekabet koşullarını, pazardaki genel durumu, beğenileri, tepkileri ve istekleri bire bir yaşamalıdır. Ekibi anlamada, yönlendirmede ve pazar koşullarında doğru kararlar verebilmek için aynı dili kullanmalıdır, yoksa çalışanları anlamada, yönlendirmede, planlamada zorluklarla karşılaşacağı gibi başarılı olması da zordur, aksi halde olumsuz sonuçlar kaçınılmazdır.

Koçlar ekibin başarısından sorumludur, ekibin başarılı olması koçun yetenek ve becerisine bağlıdır. Koçluk, çalışanları yönlendirmek kadar, çalışmalarındaki aksaklıkları yerinde tespit ederek aksayan yanların giderilmesi için ikili görüşmelerle olmazsa olmaz kuralı içinde ortak bir karara varmaktır.

Koçluk yapabilmek için lider yöneticide olması gerekenler.

Koçta olması gerekenler:

1. Bilgi,
2. Deneyim,
3. Pozitif enerji,
4. Hoşgörü / Optimizm
5. Eğitim,
6. Yaratıcılık
7. Eğitimci özelliğine sahip olmak,
8. Planlamacılık,
9. Yönlendirici olmak,
10. Adil olmak.

Çalışanları yaptıkları işe göre değerlendirmek

Lider yönetici çalışanları fiziki görünüşlerine göre değerlendirmemelidir.

Çünkü

Maalesef genele yakın sayıdaki liderler ya da yöneticiler çalışanlarına farklı davranmaktadırlar.

Çalışanları kaşları, gözleri ya da sempatik oldukları için değerlendirmemeli, şov yapanlara izin vermemeli, çalışanları başarılarına göre değerlendirmelidir; unutulmamalıdır ki lider yöneticiler liderlik yetkilerini kendi egoları için kullanamazlar, şirket çıkarları her zaman ön planda olmalıdır.

Yeni bir satış müdürü gelmişti ve yeni bir grup eleman alınıyordu. Dikkatimi çeken bir şey oldu; satış müdürü eleman seçerken özellikle bayan olmasını istemişti. Bütün bayanların manken gibi olmasına özen gösteriyor ve bizzat kendi seçiyordu. Bölge müdürleri olarak buna karşı çıkmaya çalıştıksa da reddedildik. Çok yetenekli insanlar olmasına rağmen seçilmeyen ancak manken görüntülü adayların başka hiçbir özelliği olmamasına rağmen seçilmesi bana anlamlı gelmemişti ve sonucu herkes gibi ben de merak ediyordum.

Eğer siz cinsel duygularınızın baskısıyla eleman seçerseniz, diğer çalışanların 'Mankenlik ajansı mı açacaksınız?' sorularına maruz kalırsınız. Bu sizin zaafınız olarak algılanır ve liderlik saygınlığınızı yitirirsiniz. Bir işte başarılı olabilmek için çok güzel, çok yakışıklı olma kuralı diye bir şey yoktur. İnsanları fiziki görünüşlerine göre değerlendiremezsiniz. Eğer bunu yaparsanız başta insanlık adına hakaret etmiş olursunuz. Her insan güzeldir, her insan yakışıklıdır, her insanın farklı bir takım özellikleri vardır, her insan ayrı bir değerdir, ayrı bir yetenektir. Önemli olan insanların fiziki özellikleri değil, işe uygun olup olmamasıdır.

Maalesef güzel görüntülü bayanlar karşısında işin kurallarını dahi unutarak tavır değiştiren, bu zaaflarını farkında olmadan açık bir şekilde belirten yöneticiler öyle farklı düşüncelerle muhatap olurlar ki; değil saygı duyulmak, nefret edilirler. Bu davranışlar ekip ruhunu bozar, verimliliği düşürür, üretkenliği olumsuz yönde etkiler.

Kaldı ki şirketler çalışanları arasında duygusal ilişkiye yer yoktur.

Manken görüntülü bayanların alınmasının tercih edilmesinden sonra aradan pek fazla bir zaman geçmedi, satışlarda düşüş gözlendi, denetim sonuçları ise bir felaketti. Manken görüntülü bayan çalışanların çalışma planlarına uymadıkları, çalışmadıkları halde hayali rapor verdikleri, mesai saatlerine uymadıkları tespit edildi. Bunun nedeni sorulduğunda güzel yüzlerinden çok çirkin ve anlamsız konuşmalar dikkati çekti. Bu çalışmalar ekibe yansıdı. Çok zor oldu; ama, işe ve ekibe daha çok zarar vermeden bu elemanlar ve onları işe alan satış müdürünün işine son verildi.

Coaching / Koçluk yapmak için çalışanı tedirgin etmeden yakından takip etmek gerekir. Yönlendirici olmak için haberli ve habersiz olmak üzere çalışmalar yapmak gereklidir. Çalışmaların değerlendirilmesi için coaching / koçluğun ayda bir defa yapılması gerekir.

Coaching / Koçluk nasıl yapılır?

Koçluk yapmak çalışanların olmazsa olmaz kuralı içinde takibi, program çerçevesinde çalışanın haberli, habersiz kontrolü ve ikili çalışmalar yaparak sonuçları birlikte değerlendirmektir. Koç, haberli habersiz ve ikili çalışmalar sonucu çalışmaları çalışanla birlikte değerlendirmeli, aksayan yönleri düzeltmeli, eksik yönleri gidermeli, yönlendirmeli, eğitmeli, gerekiyorsa uyarmalıdır.

Coaching görüşmesi teke tek yapılır.

Lider elemanını odasına çağırır, önce çay ya da kahve ikram eder, kısa bir hatır sormadan sonra; "Genel çalışmalarını ve birlikte yaptığımız ikili çalışmaları değerlendirelim," diye başlayıp elemanının önce yaptığı iki güzel çalışmasından söz edilir. Örnek:

- Hedef tespitin çok iyi.
- Zamanlama konusunda da başarılısın.

Sonra eksik yönü konusunda:

"Ancak, plânlama konusuna daha fazla özen göstermen gerektiği kanısındayım. Sen de farkında mısın?" diye bir yaklaşımla, eksikliği konusunda hem düşünmesini hem de eksikliğini ve hatasını kendisinin fark etmesine ve gidermesine fırsat verilmelidir. Eğer yardıma ihtiyacı varsa önerilerle kendisinin de kabul edeceği bir planı uygulanmalıdır.

Eğer hatasını ya da eksikliğini fark etmiyor ve ne tedbir alması gerektiğini bilemiyorsa o zaman da yapması gerekenler konusunda yönlendirmek ve eğitmek gereklidir.

Habersiz yapılan denetimlerde kendi yaptığı planına uymamışsa, çalışma programı gereği olması gereken yerde yoksa, program uygulamada yetersiz ise, yapması gerekenleri zamanında yapmıyorsa ve doğru olmayan raporlar veriyorsa tablo çok ciddi bir düzeydedir. Böyle bir durumla karşılaşıldığında önce nedenleri sorulmalıdır. Büyük bir ihtimalle bu durumun mantıklı bir nedeni olamaz, eğer yönlendirme ve eğitim de sonuç vermiyorsa böyle biri ile çalışmak imkansızıdır.

Lider yönetici koçluk görüşmesinde kesinlikle despot tavır sergilememeli, yapıcı olmaya özen göstermelidir.

Çünkü;

İnsanlar hata ve eksiklerini kolay kolay kabul etmezler, böyle bir durumda yaklaşım şekli çok önemlidir.

Hatalarını kabul etmeyen birine doğruyu kabul ettirmek zordur. Hataların kabul edilmesi için karşı tavır oluşmasına neden olmamak için çok dikkatli olmalısınız, çünkü hata ve eksikliğini kabul etmeyen, hata ve eksikliklerini gidermek için neler yapması gerektiğinde bilemez.

İnsanların hata ve eksikliklerini kabul ettirmek için koçluğun özel becerisi olan yaklaşım ve hoşgörü tavrı ön planda olmalıdır. Hataların ve eksikliklerin kabul edilmesi çözümü kolaylaştırır. Bu konuda yapıcı ve net olmak koçun işini kolaylaştırır.

Amaç hataları ve eksikleri nedeniyle insanı suçlamak değildir, eğitimle eksiklerin giderilmesidir.

Coaching / Koçluk yapmanın kuralları:

1. Sistemin temel kural olduğu bilincini oluşturmak,
2. Plânlı çalışmak, çalıştırmak,
3. Çalışırken eğitmek,
4. Motivasyon becerisine sahip olmak, (Önce psikolojik sonra ekonomik motivasyon)
4. Yapılan çalışmaları birlikte değerlendirmek, Önce yaptığı iki iyi çalışmayla söze başlamak. Sonra eksik ya da hatasını birlikte değerlendirmek konu hakkındaki eksikliği/hatasının farkında olup olmadığını anlamak, farkında ise önce kendisinin çözüm önerisini almak, öneri yetersiz ise uygun öneride bulunmak.
6. Problemleri dinlemek ve çözmede yardımcı olmak,
7. Takım ruhu aşılamak,
8. Yönlendirmek,
9. Hedef tespitinde yardımcı olmak,
10. Yalnız olmadığı duygusunu hissettirmek,

11. Değerli ve önemli olduğu duygusunu hissettirmek,
12. Sana güveniyorum duygusunu hissettirmek,
13. Sana ihtiyacım var duygusunu hissettirmek.
14. Her insanın farklı özellikleri ve farklı cevherleri olduğu bilinci ile çalışanların cevherlerini fark etmek ve kullanmasına imkân tanımak,
15. Örnek çalışmalar ve davranışlarla kalite imajı çizmek,
16. Eğitimler aldırmak,
17. Toplantılar yapmak ve toplantılarda prezantasyonlar yaptırmak,
18. Kariyer planı yapmak ve gelecek için yönetici adayları yetiştirmek,
19. Role Playing yaptırmak,
20. Denetimin şirketlerin beş altın kuralından biri olduğunu kabul ettirmek ve her zaman denetime hazır olmaları bilincini oluşturmak,
21. Otokontrolün her iş sonunda yapılmasını sağlamak ve yapılanış konusunda sözlü ve yazılı rapor almak.
22. Performans değerlendirmesi yapmak, başarılı olanları takdir etmek, başarısızları öncelikle eğitmek, olmadığı halde elemek,
23. Başarıları paylaşmak ve ödüllendirmek.

Coaching / Koçluk yapmanın temel amacı eksiklikleri tespit etmek, aksayan tarafları görmek ve gidermek, başarılı bireyler yetiştirerek insan kazanmak olmalıdır.

Vizyon pencerenizden görmeniz gerekenler

* **İnsan :**

İnsan eşittir duygu :

İnsana bakarken duyguyu hissetmelisiniz, bu sevgidir. Sevgiyle başlanan yaşam, yaşamın en güçlü duygusu olarak karşınıza çıkar. O zaman yaşamdaki her şeye en güçlü duyguyla başlamalısınız, çünkü insanlar duyguları ile yaşarlar. İnsan yaşamını yönlendirenler hobiler ve zaaflar ön plandadır. Yaşam boyunca hobilerinize ve zaaflarınıza göre hareket edemezsiniz. Çünkü yaşam sadece size göre değil, toplumsal değerlere göre planlanmıştır. Hobilerinizi ve zaaflarınızı kontrol altına aldığınızda başarı kendiliğinden gelir.

* **Doğa :**

Doğa eşittir görkem :

Doğada olanların kim için yaratıldığını biliyor musunuz? Eminim ki herkes az çok bunun farkındadır. Peki, o halde, doğanın görkemini içinizde hissettiniz mi? O görkemi hiç yaşadınız mı? Onu hiç kullandınız mı? Sakın, "Nasıl kullanılır, nasıl hissedilir, nasıl yaşanır?" diye sormayın. Çünkü bunu size, sizden başka hiç kimse daha iyi anlatamaz, olsa olsa sadece böyle bir gücün bilincinde olmanız hatırlatılabilir. O halde doğanın görkemini hissedin.

* **Güç :**

Güç eşittir yaşam :

Yaşam güçler topluluğudur. İnsancıl değerler başta olmak üzere, yaşamsal tüm objelerdeki güçleri toparlamalı ve değerlendirmelisiniz. Taşın sert olduğunu, ateşin yaktığı her şeyin bir güce dayandığını ve bir güç gösterisine döndüğünün farkında olmalısınız.

Gücü bir masalla süsleyin, güçlü bir masal kahramanı yaratın ve ardından seyredin. O masal kahramanının sizin yapmaya çalıştığınız şeyleri başardığını göreceksiniz.

Yaşam güçler topluluğundan oluşur. Büyük işler için illa ki büyük beden ya da büyük güç gerekmeyebilir. Gücün kullanım şekli ya da küçük güçlerin büyük işler başardığı fark edilmelidir.

Gücün düşünceden kaynaklandığını unutmamalısınız.

*** Başarı**

İnsana en çok yakışan şey

İnsana yakışanları ikiye ayırılır

1. Görünenler

2. Görünmeyenler

Görünmeyenlerin yani başarının, mutluluğun, aşkın insanın yüzünüze yansıyan güzelliğini hiç gördünüz mü? O görüntü insanın yaşamdaki en güzel görüntüsüdür. Görünmeyenlerin yüzünüze yansıyan görüntüsü kadar hiçbir şey sizi daha güzel gösteremez. Dünyanın en güzel görüntüsü beyin ve kalbin birleşmesi sonucu oluşandır. İnsan patolojisinin iki dehasının baş başa vermesiyle meydana gelen dünyanın en güzel görüntüsünü neden kendinizden esirgersiniz, neden çevrenizi bu keyiften yoksun bırakırsınız, buna hakkınız var mı? Yaradılışın ilahi gücü Tanrı, size sunduklarını neden almıyor, neden önce içinizde yaşatmıyorsunuz diye sormaz mı? Bunu önce siz kendinize sorun ama mutlaka sorun. Unutmayın her şeyin bir nedeni var.

*** Mutluluk :**

Düşler dünyası

Yaşam pencerenizden baktığınızda yaşamın beşlisi olan bu gördükleriniz öncelikli görmeniz gerekenlerdir.

Bilmelisiniz ki, dünyada yalnız değilsiniz ve dünyadaki her şeyle aranızda görünmeyen ya da göremediğiniz bir bağ var. Aslında gördüğünüz bu yaşam beşlisi doğanın size sunduklarıdır. Onlar sizin için yaratılmışlarıdır, sizin almanızı beklemektedirler. Gördükleriniz sizin gücünüz demektir, size sunulanları fark etmez ve sunulanları almazsanız pencerenizi kapatın, çünkü baksanız da bir şey göremezsiniz.

Leonardo ve Mona Lisa

Leonardo da Vinci'nin Mona Lisa adlı tablosunu herkes bilir. Bu tabloda ilk önce dikkati çeken görüntüler vardır, ancak tabloya baktığınızda biraz daha dikkatli bakmak gereksinimi duyarsınız. Sanki sizden bir şeyler varmış gibi, kendinizden bir şeyler ararsınız ve kendinizi çok büyük bir dünyada hissedersiniz. Hayranlığınızı gizleyemezsiniz, başka bir insanın dünyasında bulursunuz kendinizi ve ona hayranlık karışımı saygı duyarsınız. Leonardo da Vinci, Mona Lisa adlı tablosuyla aslında kendi vizyonunu sunmuştur. Bir yerde, gördüklerini sunmuştur. İşte vizyon insanın kendisine saygı duyulmasını sağlama biçimi. Leonardo Da Vinci bu tablosuyla kendi vizyonunun büyüklüğünü göstermiş ve kendisine saygı duyulmasını sağlamıştır.

Sonuçta fark edilmemesi imkansız olanı başarmak adına ne denli bir pencere buna siz karar verin. Çünkü yaşam pencerenizi siz belirlersiniz, hiç kimse size bir pencereden söz etmez. Böyle bir pencere tanımlanamaz ve sunulmaz da. Pencere sadece sizin bakışınızdır.

Aşık Veysel gözleri görmemesine karşın her şeyi o kadar net görmektedir ki, görmediği halde içinde yaşattığı sevgiliyi göklere çıkarmakta ve onu görmüş gibi ondan övgüyle söz etmektedir. "Sendeki güzellik beş para etmez, bendeki bu aşk olmasa" sözleriyle görmediği halde görüyormuş gibi gördüğünü, kendi dünyasında çok büyüttüğünü anlatmak istemiştir. Görmenin hissetmek olduğunu, hissettiğini algılamanın ise şart olduğunu bilmek ve algıladığını değerler dünyasında şekillendirerek bir dünya oluşturmak vizyonun başarısıdır. Vizyon yani bakış, bakarken görmek ve başarıyı düşlerde çizmekle başlar. Siz de bakmayın, görün ve düşlerinizi hayal dünyasında şekillendirin ve düşlerinize başarı duygusallığınızı katarak uygulayın.

*** Yaratıcılık :**

Yaratmak tanrısal bir güdüdür. Herhangi bir şey başarmanın ardında yaratıcılık yatar çünkü başarmanın tek kuralı yaratıcı olmaktır. Herhangi bir şeyde başarılı olmak için yapılması gerekenlerin sıradan şeyler olduğunu düşünemezseniz. Yapılması gerekenleri sıradan şeyler olarak düşünürseniz başarıyı yakalamanız zordur. Çok sıradan olsa dahi sıradan davranışlar sizi yanıltır ve başarı şansınızı kaybedersiniz; oysa yaşam dahil olmak üzere başarı şansa bırakılamaz, yaşamda ve yaratıcılıkta şans yoktur.

Yaratıcılık ileriyi görmektir. Günümüzde yaratıcılık olarak gördüğümüz telefon örneğini ele alırsak, ne kadar önemli bir gereksinimi karşıladığımızı anlamış olmalıyız. Bir radyo, bir TV, bir ilacın ne kadar önemli olduğunu biliyoruz. Yaratıcılık ileriyi görmek ve gereksinimlerin karşılanması için şarttır. Düşünce gücü büyüme sınırlarını zorlamaktadır. Bunun kökeninde insanın sürekli yeni buluşlar ve arayışlar içinde olduğu biliniyor. Bence bilmek, yapılanları seyretmek, hayranlık duymak ama aslında sizin ne gibi yaratıcılıklar düşlediğinizi bilmenizdir. Sizinde bu benim diyeceğiniz ve yaratıcılık adına bunu düşlüyorum demenizin vakti çoktan geldi.

*** Kararlılık:**

Kararlılık genetik olmaktan ziyade sonradan edinilen bir özelliktir / yetenektir. Karalılık aile bireylerinin okulu olmayan hatta okulunun olmasının dahi düşünülemediği ve de planlamasının dahi yapılamadığı deha bir yaşam örneği sergileyen ebeveynlerin eseridir. Bu konuda aile bireylerinin nasıl davranmaları gerektiği konusunda hiçbir kitap yok, çünkü kararlı bir deha olabilecek insan yetiştirmenin öğrenimi maalesef sağlanamadı. Ancak kararlı insan yetiştirme konusunda anne ve baba çok ama çok önemli bir faktördür. Bunu kişisel gelişim açısından kendini tanıyan, kişisel gelişimini tamamlayan bireylerde gördüğümüzde fark ederiz. Nasıl yapmışlarda kararlı bir insan yetiştirmişler, sorusunun yanıtlarını asla yeterli olmamıştır. Bunun aksi düşünülemez bile çünkü birden fazla çocuğun yetiştiği aile ortamlarında çocukların her birinin değişik yargıları olduğu, birinin kararlı olmasına karşın diğerinin kararsız olduğu çok açık görülür.

Var olmanın altın ilkelerinde insanın en başta olması gerekir, çünkü insan varsa her şey vardır; sevgi vardır, yaşam vardır; liderlik vardır. O halde insan olarak insan olmanın kurallarını ve bu kurallar içinde insanı gerçek yapan ilkelerin öncelikle bilinmesi gerekir.

İnsan evrenin en görkemli yaratığıdır. İnsan Tanrının özenerek yarattığı canlıdır. Tanrı evrenin tüm gücünü insana vermiş ve her insanı bir deha olarak yaratmıştır. İnsan tanrısal özellikler taşır, çünkü Tanrı insana kendinden bazı özellikler katmıştır. Dünya kuruluşundan bu yana insanın gücünün neler yarattığı çok açık görülmektedir. Bu, insanın yaratıcılığı ile başarılmıştır. Burada başarısından söz edilen insan olduğuna göre liderlikte insanın ne kadar önemli olduğu ve her insanın bir deha olduğu bilinci bilinçten de ötedir.

Bunun öncelikle en ön planda olduğu bilinmeli ve asla unutulmamalıdır, çünkü insan varsa değerler de vardır. Başarı insan içindir, başarıyı yakalayan insan değeri insancıl yaklaşımla ön plana çıkar. Siz lider olarak insanın başarısı karşısında eğilmelisiniz. Liderliğinizle insanın yaratıcılığını kullanmasını sağlamalısınız. Bir insanın gücünü kullanmasına yardım etmezseniz, bir insanın gücünü en az iki katına çıkaramıyorsanız sizin gerçek bir lider olmadığınız ortaya çıkar. Siz ancak yönetici olabilirsiniz.

İnsan öğesi liderlikte ön planda olmalıdır. Lider ilk önce kendisi olmak üzere insan gücünün bilincinde olmalıdır. Yapacağı her işte insan gücünün önemini en ince detayına kadar farkında olmalı ve bunu ekip/tim içindeki davranışlarıyla çok net açıklamalıdır. Bu açıklama insanlarla aranızda oluşması gereken çok önemli bir bağ oluşturur. Aranızda olağanüstü bir iletişim başlar, siz bir şeyler verirsiniz, onlar bir şeyler verir ve sinerji yaratılır. Tıpkı insanların Tanrı ile arasındaki bağ gibi.

İnsan büyük bir güçtür ve gücünün potansiyelini taşır. Vizyon insanın gücünün göstergesidir. İnsanın vizyon penceresinden bakarken gördüklerini, daha doğrusu görmeşi gerekenlerin görkemini hissettirmesidir. Çünkü lider herkesten önce hissedendir ve hissettiklerini hissettirendir. Liderin en büyük özelliği düşündüklerini duygularına dönüştürmesi ve duygularını bir tiyatro ya da sinema aktörü gibi kullanarak çevresini kendisine hayran bırakmasıdır. Yaşamdaki liderlere şöyle bir bakalım her birinin çok etkileyici bir yüzü ve bakışları olduğunu görürüz. Onların farkında olalım ya da olmayalım seveeriz ve özenti içeren sevgi duyarız, hatta onlar zaman zaman düşlerimizi süsler. Neden biliyor musunuz? Çünkü beynimizdeki tablo onları işaret ediyor, idol alıyor ve onların yerinde olmak istiyor.

Bu dünyada
fakirlik olduğu sürece bir milyar dolarım olsa bile,
hiçbir zaman kendimi zengin hissedemem.
M.Luther KİNG

Ortaokul yıllarımda öğretmen bir derste sözlü sınav yapıyordu. Sevimli ve hoşgörülü bir öğretmendi. Her soruda tebessüm eder, sorulara doğru cevaplar vermemiz için çabalar ve her doğru yanıtta bizim kadar sevinirdi. Gözlerindeki o sevinci ömrüm boyunca unutmayacağım. Her soruyu sormadan önce şunu söylerdi;

"Sorunun yanıtı sorunun içinde,"

Öğretmenin bu sözleri soruya odaklanmamızı sağlardı. Öğretmen şöyle devam ederdi;

"Soruyu anlamak cevabın yarısıdır," derdi.

Onun bu sözleri herhangi bir şeyi bilmek için çok iyi anlamak gerektiğini öğretti.

Düşünce ufkumun genişlemesinde soru şeklinin ne kadar önemli olduğunu şimdi çok daha iyi anlıyorum. Yaşadığım sürece yaşam devamlı bana bir şeyler sordu. İçimden bir ses kim olduğumu neler yapmam gerektiğini, niçin yapmam gerektiğini hep sordu. Tıpkı öğretmenimin dediği gibi, sorunun yanıtı sorunun içinde saklıydı. Yaşam sorularını hep kendisi yanıtladı.

Soru eksikliği gidermek içindir, eksikliğinizi fark edin ve giderin.

Çünkü sorular ve yanıtlar bir bütündür.

Erzurum Atatürk Üniversitesi'nde bir arkadaşım vardı. Çok ilginç bir insandı ya da bana öyle geliyordu. O yılların gençlik hareketleri giyimlere yansıyordu. Bu arkadaşım asker parkası giyerdi. Ayaklarında bordo Amerikan botlar vardı. Bir araya geldiğimizde Che'den, Castro'dan, Lenin'den bahsederdik. Kendisini hem fizik olarak hem de düşünce olarak Che'ye benzetmeye çalışırdı. Bir gün ona Che'ye benziyorsun, dedim. Gözlerinin içi güldü, çok hoşuna gitmişti. Ondan sonra adı Che kaldı.

Bu arkadaşım konuşurken kendinden geçerdi. Güzel konuşur kendisini dinletirdi. Aramızdaki fark; o ideolojik konulardan konuşurdu, bense edebiyat ve felsefeyi severdim. Yine de birleştiğimiz bir çok şey vardı. Bir gün yurt kantininde duvarda asılı duran bir tabloya uzun uzun baktı. Zaman zaman bir şeylere bakarken dalar giderdi. Gözlerini tablodan ayırmıyordu, bakışları uzayınca;

"Ne var, ne bakıyorsun bu kadar?" dedim. Şöyle bir bana baktı, iç geçirdi.

"Ben tabloya bakmıyorum ki." deyince ben de "Ya neye bakıyorsun?" diye sordum.

"Ben tabloyu yapan ressamın bu tabloyu yaparken neler düşündüğünü, neler hissettiğini hissetmeye çalışıyorum," dedi.

Kendinizi tanımanızla ilgili sorular, kendinizde eksik bir şeylerin olduğunu görmeniz için hazırlanmıştır. Eksik birçok yönleriniz olacaktır, mutlaka olmalıdır.

Bunu önce siz görün, başkalarının görmesine izin vermeyin ya da başkaları gördüğünde hoşgörüyle karşılayın ve farkında olduğunuzu hissettirin.

Sorular problemlerin ne derece önemli olduğunu gösterir. Sorular sayesinde eksikliklerinizi görebiliyorsanız, bu sizin mükemmele doğru yürüdüğünüzü göstergesidir. Bu soruların tamamının doğru yanıtı yoktur.

Yanlış yanıtlarınız kendinizi tanımanız ve seviyenizin farkında olmanız içindir.

Bol bol hayal kurun ama hayalci olmayın.

Kendini tanıma bölümündeki soruları dört dörtlük yanıtladıysanız ya da yanıtlamaya kalktıysanız megaloman olduğunuz söylenebilir; bu çok tehlikelidir. Megaloman, her şeyi bildiğini zanneden, zeki fakat gelişime kapalı, kendinden daha mükemmel birini kabul etmeyen, hem kendine hem de işine zarar veren biridir.

Yanıtlarınızda samimi ve dürüst davranmadıysanız, bu kendinizi aldatmaktan başka bir şey değildir. Kısacası gelişime kapalı, bir kısır döngü içinde kapalı kalan, düşünce gücünü kullanamayan, yaratıcı olmayan birisiniz.

Yanıtlarınızda eksiklerinizi görebiliyorsanız bu başarılı bir çalışan, başarılı bir lider ya da lider yönetici adayı olduğunuzun göstergesidir.

Kişisel başarı bir süreçtir. Mükemmellik zamanla, deneyimle ve eğitimle kazanılır ve unutulmamalıdır ki, insan her gün yeni şeyler öğrenen bir varlıktır. Öğrenme nedeni ise insanın eksiklerini ve hatalarını görmekle başlar. Her hata öğretici olmalıdır ve öğretici de insanın kendisidir.

Hebenneka bir Arap filozoftur. Hebenneka filozof olmasının dışında kişiliğiyle de ünlüdür. Herkes onu çok sever, fikir ve görüşlerine çok saygı duyar, düşüncelerinden ders almaya çalışırmış. Hebenneka filozof arkadaşları tarafından da çok sevilen bir kişiliğe sahipmiş. Ancak Hebenneka'nın özel bir durumu varmış; Hebenneka bazen kendini unutur, kendini unuttuğu zaman sokak sokak kendini ararmış. Sokaklarda rastladığı insanlara;

"Hebenneka'yı gördünüz mü?" diye sorarmış. Hebenneka'yı tanıyanlar "Hebenneka sensin," dediklerinde, Hebenneka; "Tamam, ben benim." diye sevinirmiş. Onun bu durumuna üzülen arkadaşları bir gün Hebenneka'ya;

"Senin bu durumuna bir çözüm bulduk," demişler. Hebenneka sevinerek;

"Nasıl?" diye sormuş. Arkadaşları; "Boynuna Hebenneka yazılı bir kolye takalım, kendini kaybettiğin zaman kolyeye bakarsın. Kolyede Hebenneka yazısını görür ve kendini bulursun," demişler.

Hebenneka bu fikre çok sevinmiş ve hemen Hebenneka yazılı bir kolye edinerek boynuna takmış, aradan günler geçmiş. Hebenneka'nın şakacı arkadaşlarından biri, bir gün Hebenneka uyurken boynundaki kolyeyi alarak kendi boynuna takmış. Hebenneka ertesi gün uyandığında kendini kaybetmiş ve başlamış kendini aramaya. Sonunda boynunda Hebenneka yazılı arkadaşına rastlar ve kolyeye bakarak;

"Tamam buldum sen bensin; ama," deyip kendini göstererek, "Bu kim, onu tanıyamadım?" demiş.

Yaşama şöyle bir baktığımızda yaşamımızda ne kadar çok problemle karşılaştık. Ya çözdük ya da altında ezildik. Çözdüklerimize sevindik ve övündük, çözemediklerimizin altında ezildik. Oysa hepsini çözmek istedik. İnsan yaptıklarından mutluluk duyduğu gibi, pişmanlık da duyabilir. Kaldı ki, insan zaman zaman pişmanlık duymalıdır. Pişmanlık hep olacaktır.

Kendini tanıma konusundaki soruların soruluş amacı, sadece bu kitapta yanıtlanmak için değildir. Bu soruları çalışma yaşamınız boyunca her gün kendinize sormalısınız. Ancak o zaman eksikliklerinizi görebilir ve kendinizi eğitebilirsiniz.

EĞİTİMCİNİN EĞİTİMİ

Eğitimcinin eğitimi bana hissetmenin ne demek olduğunu düşündürdü.

Öğrendiklerimin başında eğitimci olmak için mutlaka eğitimcinin eğitimini almak gerekiyordu. Hiç kimse eğitimcinin eğitimini almadan eğitimciyim dememeliydi, eğitimci olduğunu düşünmemeliydi.

Büyük ölçekli ulusal bir kuruluşun satış ekibine eğitim vermek için Abant'a gittim. Alanında en ileri teknolojiye ve marketin en ünlü markasının ürünlerine sahip çalışanlar arasında kişisel gelişim farklılıkları çok dikkatimi çekti. Satış ekibi arasında inşaat mühendisleri, iktisatçılar vardı. Kimi kişisel gelişim konusunda kendini geliştirmiş, kimi kişisel gelişim konusundan haberdar bile değildi. Eğitimlerde en zor olan da budur: Kişisel gelişim konusunda üniversite bitirmenin yeterli olmadığını burada bir kez daha hissettim. Kişisel gelişim düzeyinin eşdeğer olmadığı bir ortamda eğitim vermenin zorluğunu bir kez daha yaşadım. Zor olan problemin karşımdakilerden kaynaklanmasıydı. Yetmiş kişilik katılımcının dikkatleri ve anlayışları farklıydı. Bazılarının gözlerinden "Zaman geçse de kurtulsam," ifadesi açıkça okunuyordu. Nedenini anlamakta gecikmedim; problem birkaç taneydi. Lider yönetici, ekip ruhu, pozitif enerji ağırlıklı problemlerdi. Akşam oldu; aynı masada oturduğumuz genel müdür, departman müdürleri ve bölge müdürleri arasında genel müdür:

"Eksik yönlerimiz neler? Ekibin iyi olması için neler gerekiyorsa yapalım," dedi.

Problem çok açık ve netti; ama, nasıl söylemeliydim? Çünkü problem, yönetme ve yönlendirme eksikleriydi ve bu yönetici kökenliydi; yani öncelikle lider yöneticilerin eğitim almaları gerekliydi.

Şöyle sordum:

"Daha önce eğitim alındı mı?"

"Evet."

"Hangi eğitimler alındı?"

"Satış teknikleri, motivasyon, konuşma ve beden dili vs."

"Liderlik, yöneticilik, eğitimcinin eğitimi eğitimleri alındı mı?"

Genel müdür şöyle bir sağa sola yardımcılarına baktı; ne demek istediğimi anlamış gibiydi:

"Hayır."

Departman lider yöneticileri ve bölge müdürlerinin yüzlerinden bu konuşmadan hoşnut olmadıkları okunuyordu. Konuyu yumuşatmak zorunda kaldım.

"Hepiniz çok deneyimli ve yeteneklisiniz; yine de son değişiklikler için arada sırada bile olsa liderlik yöneticilik, eğitimcinin eğitimleri gibi eğitimlere katılmak gerekir. Ben zaman zaman katılıyorum; çünkü dünya gelişim içinde, her gün yeni bir değişiklikle karşı karşıya kalabiliyoruz.

Bu sözlerim etkili oldu ve ortam biraz da olsa yumuşadı, yemekle birlikte konuşmalar devam etti. Yemeğin sonunda genel müdür:

"Satış ekibinin dört günlük eğitimi sonrası bir gün liderlik yöneticilik eğitimi yapabilir miyiz?" diye sordu.

Bir günlük liderlik yöneticilik eğitimi sonunda ortaya çıkan en önemli sorun, lider yöneticiler ve bölge müdürleri arasında çıkan departman savaşlarıydı. Konuyu fark ederek üstüne gitmem başlangıçta pek olumlu başlamayan ortamı, saatler ilerledikçe katılımcı ve başarılı bir atmosfere dönüştürdü. Sorunlarının fark edilmesi nedenleri ve çözüm önerileri katılımcıların gözlerinde öyle mutlu tablolar oluşturdu ki ben bile şaşırdım. Bireyler arasında sorunlar vardı ve bu gizli departman savaşları halinde sürüyordu.

Lider yöneticiler eğitimden öylesine memnun olmuşlardı ki, eğitimin sonunda verilen gala yemeğinde gece boyunca devam eden dans ve eğlence sırasında yanımdan ayrılmadılar.

Sonradan öğrendim, o yıl ki satış hedeflerini aşmışlar.

Eğitimler kişiye göre değişkenlik gösterse de genel olarak sıkıcıdır. (CHD)

Eğitimin sıkıcı oluş nedenleri

1. Kendinizi anlatılan konunun dışında tutarsanız sıkıcıdır.
2. Gelişime açık değilseniz sıkıcıdır.
3. Eğitim bilinci oluşmamışsa sıkıcıdır.
4. Eğitimciden beklediğinizi alamadığınızda sıkıcıdır.
5. Eğitimci yeterli değilse sıkıcıdır.

Bu sayılanlar, eğitimin sıkıcı olduğu anlamına gelir; ancak, bu bireyseldir. Sizin düşündüklerinizi başkası düşünmeyebilir. Her şeye rağmen eğitimlerde bir şeyler bulabileceğinizi düşünürseniz, mutlaka eğitimin bir yararı olduğunu görürsünüz. Eğer eğitimci yetersizse, hataları varsa, siz yetersizliklerin ve hataların neler olduğunu öğrenir aynı hataları yapmazsınız.

Aldığım eğitimlerde tüm eğitimcilerin başarılı olmadıklarını ben de itiraf edebilirim, ama her şeye rağmen her birinden bir şeyler aldım. Kiminden çok önemli bilgiler aldım, kişisel gelişimde çok yararlan oldu; kiminden de hataları ve eksik yanları öğrendim. Mutlaka öğrendiğim bir şeyler vardı.

Her eğitimcinin kendine özgü bir takım davranışları vardır. Bu davranışlar insanlar üzerinde çok etkilidir, bazı eğitimciler biraz daha sevilir. Nedeni; eğitimi cazip kılmak için araya espriler sokar, konuşma ve beden dilini iyi kullanır, karşılıklı sorulu yanıtlı konuşmalarla dikkatleri konuya çekerek eğitimin başarılı geçmesini sağlarlar.

İnsan ilişkilerinde olduğu gibi eğitimde de ilk izlenim çok önemlidir.

İlk görünüşteki imajınız, ses tonunuz ve beden diliniz hem sizin eğitimciliğinizden kişiliğinize kadar bir çok konuda hem de eğitimin başarılı geçeceği konusunda kararlar verdirir. Sizi dinleyenlerin sizden ne kadar alacaklarını belirler. Bu sizin gücünüz olarak da algılanır.

Eğitimcinin gücü anlatmaya çalıştıklarının kabul edilmesi ile orantılıdır,

Birçok eğitimcinin imajı, vizyonu, ses tonu, konuşma ve beden dili bazı izler bırakır. Çok başarılı olanlar da oldu başarısız olanlar da ama ben ayrımsız hepsinden çok önemli şeyler öğrendim. Başarısız eğitimcilerden başarısızlık nedenlerini öğrendim.

Doktor Suat Somer, salona girer girmez tebessüm ederek kürsüye gelir, sol bileğindeki saati çıkararak kürsünün üstüne koyar ve eğitim süresince saatine bakardı. Dr. Suat Somer'in bu davranışı herkes gibi benim de çok hoşuma giderdi. Zamana özen göstermesi konuya konsantre olmamızı sağlardı. "Her şeyin bir süreci vardır," kuralının eksiksiz uygulanması karşınızdakini rahatlattığı gerçeğini burada hissetmiştim.

Öğrencilik yıllarımızda bazı öğretmenler zilin çalmasıyla sınıfı terk ederlerdi, bu hoşumuza giderdi. Bazıları ise zilden sonra bir ya da iki dakika oyalanırlardı, hiç hoşumuza gitmezdi.

İnsan yaradılış özelliği nedeniyle, neyin ne zaman başlayıp bittiğini bilmek ister.

İNİSİYATİF

Çalışanlarına inisiyatif kullandırmayan şirketler hedeflerine ulaşmakta zorluklarla karşılaşırlar.

İnisiyatif kullanmak özel bir beceri olduğu kadar eğitim gerektirir çünkü insanlara inisiyatif verecek kadar güvenmezseniz başarılı olmanız zordur.

İnisiyatif kullanmak, işin daha kısa bir zamanda ve doğru bir şekilde sonuçlandırılması amacına yönelik karar verme yetkisine sahip olmak demektir. İnsan yaptığı işlerde karar verme yetkisine sahip olmalıdır. Bu işin kısa bir zamanda başarılı bir şekilde sonuçlanmasını sağlar. Eğer, siz karar verilmesi gereken bir olay karşısında karar verme yetkisine sahip değilseniz, karşınızdakini değişik alternatifler aramaya sevk edersiniz. Olayı o anda çözme yetkisine sahipseniz, hem işin bir an önce bitirilmesini, hem de size karşı güven duyulmasını sağlarsınız. Bu hem müşteri devamlılığı hem de zaman kazandırır.

Kimi yöneticiler etrafındakilere inisiyatif kullandırmadıkları gibi yetki vermeyi de pek sevmezler. Onlar için varsa yoksa kendileridir. Bu, tuhaf ve mantıksız bir egodur. Kurumsal yapılaşmasını tamamlamış şirketlerde bu tür egoları olanlara kesinlikle yer olmamasına rağmen, zaman zaman rastlanmaktadır.

İnisiyatif kullandırma konusunda öncelikle lider yöneticiler olmak üzere çalışanlara eğitim şarttır. Çünkü, inisiyatif verme ve kullanmada zafiyet önemli iş kayıplarına neden olur.

Kurumsal yapıdaki şirketlerde her bireyin yetki ve çalışmalarını belirleyen iş tarifi vardır. Bireyler, şirket çıkarları söz konusu olduğunda yetki sınırlarını zorlayarak inisiyatif kullanmalıdırlar. Şirket çıkarlarının söz konusu olduğu bir durumda inisiyatif kullanmayanların kurumsal yapılarını tamamlamış şirketlerde yerleri olmamalı. Yetkinin verilmediğinin, alındığının bilinmesinde yarar vardır.

Asıl problem, inisiyatif kullandırmayan yöneticilerdir. Ancak, çalışan bireyler olan sizler, her şeye rağmen şirket çıkarları konu olduğunda inisiyatif kullanmaktan kaçınmamalısınız. Her konuda yöneticinizden onay alma düşüncesi, sizin inisiyatif kullanma konusunda yetersiz olduğunuz yargısını doğurur. Ancak her şeyin bir sınırı olduğu gibi, sizin de sınırlarınızı bilmeniz gerekir.

Başarılı liderler, ekibine inisiyatif kullandıran yöneticilerdir.

Bir metrelik kablo

Bir yönetici, elemanlarından birisine bir metrelik elektrik kablosu almasını söyler. Eleman üç metrelik bir kablo alıp gelir çünkü kablonun kullanılacağı yerin uzunluğunu biliyordur. Elemanın üç metre kablo aldığını gören yönetici:

"Ben sana bir metrelik kablo al dedim," der. Eleman,

"Belki bir metre kısa gelir diye üç metrelik kablo aldım," diye cevap verir.

Yönetici sinirlenerek:

"Derhal bunu bir metrelik kablo ile değiştir," der.

Eleman gider ve kabloyu bir metrelik kablo ile değiştirir ve getirip yönetişine verir. Ancak yönetici bir metrelik kablonun yetmediğini fark eder. Yanında duran elemanın yüzüne bakmadan:

"Sen bu işten anlıyorsun, bu işi hallet," der ve odadan çıkar.

Bir hafta sonra hatasını anlayan yönetici, hatasını telafi eder.

Nasıl mı?

Elemanı onarımdan sorumlu şefliğe terfi etirir.

PROF. DR. İSMAİL HAKKI AYDIN
CAN HİKMET DEĞİRMENCİ
Beynin en görkemli duygusu hissetmektir
BEYNİN ŞİFRESİ
BU KİTAPLA BEYNİNİZİN ŞİFRESİNİ KEŞFEDECEKSİNİZ
GİRDAP

Neşterin İzinde!...
BEYİN
FIRTINASI
PROF.DR.İSMAİL HAKKI AYDIN
GIRDAP